グローバリゼーションの政治経済学

第三版

有賀 敏之 著

同文舘

第三版　はしがき

　2005年春，ライブドア社がフジサンケイグループの資本関係に着目し，日本初となる本格的なTOBをしかけて話題を撒いたことは記憶に新しい。これを伝える報道はNHKから民放に至るまで，風雲児のライブドア社長を支持するか，秩序を重んずるフジのサイドに立つかという忠臣蔵も同然の仕立てで，視聴者がライブドア派か否かということに焦点が当てられていた。贔屓の野球チームの話と何ら次元が変わるところがない。日頃テレビを視ない私は，出先でたまたまこのニュースの仕立てを見ては，ただ呆れた。駐在する欧米人も同じ心境であったであろう。メディアの当事者は日本的現実に首まで漬っていて気づかないのである，国を挙げて各社皆同じ料理を供していることに。

　各局が力を注ぐ「報道」番組が，キャスターにジャーナリストではなく噺家の手合いを起用して味付けしたニュース・ショーと化していることにかねて辟易としていたのだが，今回のできごとを機にこの国が今も，判官か鎌倉方か，会津か薩長かといった図式の，当事者とは何の関わりもない火事場の取り巻きのような人々の好悪の念だけで回っていることに，あらためて気づかされたのである。初版刊行以来本書では，この種の浮かんでは消えるうたかたの社会的事象の根底に在るものを追究している。それゆえ今回のように，用意したわけでもないにも関わらず，現実と結果的に斬り結ぶことも起こってくる。

　今回の版では，従来より読者からきわめて興味深いと好評を博していた，注に盛られた個別企業に関する博物誌的な叙述をさらに充実させるとともに，新たに巻末に独立させた「企業索引」を設けて企業名から網羅的に引けるように配慮した。多くが各社のホームページに直接取材したものである。これを事典のように引いていただくことで，企業には生命があり，あたかも生物のように成長や進化を遂げてゆく存在であることが体得していただけるものと思う。

また第二版以降，進展した IT 化の流れを踏まえ，全面的なインターネット対応を追求して執筆・編集に当たっている。著者が依拠した資料のうち，ウェブ上に存在するものについては注に，下記のようにソースの情報を提示した。*http://www.nikkei.co.jp/*，「国際」，**過去記事一覧**，「…」。

　しかもテキスト類にありがちな，長々とした URL を直接打ち込む表記方法ではなく，各サイトのトップページの最小限の URL（上記のイタリックス体）のみを入力し，そこから画面上のボタンを順次クリックしてゆくだけで，目当てのページにたどり着ける親切な編集を施している。これにより読者が居ながらにして，注に盛られた情報の一次資料に容易にアクセスすることを可能にした。その意味で CD-ROM こそ付いていないものの，もはや活版印刷の発明以来の旧い範疇の「本」ではない。パソコンを傍らに読み進めていただくことで，本書の分量をはるかに上回る有益な情報への扉が開かれ，内容を何倍にも膨らませていただくことができるであろう。ぜひ各自の関心に応じて，豊富な図版を含むオリジナルのページに当たっていただきたい。有用で信頼できるサイトを厳選して提供しているので，一般の調べ物のさいのヒントとしてもお役立ていただけるものと確信する。

　以下に凡例を示せば，ブラウザのアドレスバー（URL 入力欄）に，注でイタリックス体で記された URL を直接打ち込んで Enter キーを押し，それぞれのサイトのトップページが表示された後に，続けて「」（欧文は‘ ’）で括られている表記の順にボタンをクリックしてゆくだけで，手軽に目当てのページにたどり着ける。なお途中で「A」の項「B」と表示されている場合は，A がプルダウンメニューのボタンになっていて，その下から B を選べばよいことを示す（場合によっては，リンクが全体として大きな表になっていて，そのうち 1 ヶ所の A という見出しの中から B のボタンを選ぶこともある）。実際に使っていただければ，合理的な表記であることが納得していただけるはずである。

　江湖の読者の支持をもって初版刊行時の「はしがき」で約した継続的改訂を，4 年と空けず果たせている。本書は著者が 20 代から 30 代半ばにかけての知的な放浪の日々に，後に「国際関係学」という言葉で括られるようになる世界の

問題について自問自答しつつ書き溜めた論考の集成である。後年，成果の一部を発表したある研究会の席上，「いったい君は経済学（の既存の体系）をどうしようとするつもりなんだ」と感極まって言葉を発する方がいたことを，まざまざと思い出す。先達からこう言っていただけるのは，研究者としての冥利と今にして思う。その時私はただ微笑んだだけのように記憶するが，結果的に私の理論家としての仕事は，かつて「世界経済論」と呼びならわされた領域の骨格の組み替えであろう。本書を紐解くことにより，読者は標題のグローバリゼーションはもとより，今日の焦点となっている国際的企業再編，TOB，金融コングロマリット化，FTA，テロ，ナショナリズム，日中・日韓関係といった諸問題について，独自の知見を得ていただけるものと思う。読者にとり本書のページを繰ることが，あたかも大切な小説を読むごとく，時に胸躍る体験となるのであれば著者にとってこれに勝る悦びはない。

　今回の版が成るにさいしても，本書の助産士である同文舘出版の練達の編集者，田村純男氏を大いに煩わせた。いささか私事にわたる回顧を許していただけば，京都は木屋町の名店「すみれ寿司」の主人にして郷里の大先輩である高橋寛治氏が昨秋来，現役復帰に向けリハビリに励んでおられる。暖簾は二代目が守っている。かつて60年安保の著名な指導者の一人であった氏は，迷っていた若き日の私を京都の街で初めて認め，議論の相手になって導いてくださった。京洛は私にとり学問的な故郷であるが，その都へ足繁く「帰る」目的の相当部分を，漢と漢として，そしてまるで昨日も来たような顔で，カウンター越しに氏と向かい合うことが占めていた。また奇しくも最終的な校正作業のさなかに，著者は長女朱音を授かった。妻涼子の内助の功なくして，私の思索とその媒体であるこの主著が，こうして生長を重ねて世に出続けることはない。以上の方々に，この場を借りて謝辞を献ずるものである。

　　　2005年4月　桜花散り敷く日に

　　　　　　　　　　　　　　　　　　　　　　　　著　　者

初版はしがき（抄）

　現代とは、あるいは現在とは一体いつであり、我々はどこにいるのであろうか。読者諸賢と共時的に体験した、この世紀末の 10 年、さらには戦後期を通じた国内外の社会的な大変動の意味は何であったのであろうか。本書は表題の示すごとく、資本制の始期より冷戦後に至る世界経済の問題を包括的に論じた考察であり、こうした問いに対して何がしかの答えを用意できているならば幸いである。本書は学術書であるが、単に海外の学説を紹介・解説したり、特定の対象について実証した書物ではない。国際経済学・国際ビジネス論を主たる領域としているが、国際関係学・企業論・経営史・現代史・技術論・情報社会論等々の隣接領域の研究者・院生の方々にも手に取っていただける内容のはずである。形式面では、従来の了解もしくはパラダイムとの相違の理解に資するよう、随所に表解による整理が挿入されているので、一般の読者の方々には、ひとまずこの表解を通覧の上、関心を抱いた箇所の本文に当たるという読み方をしていただくのも一法であろう。一部からは当然、図式主義とのそしりを免れないであろうが、説明の便宜として図式化しうる部分は図式化したところで、別段分析自体が後退するものでもあるまいというのが、著者の立場である。

　本研究はそもそも多国籍企業論を入り口とする世界経済論であったが、現代資本制と世界体制の問題全般の解明に努めるうちに、おのずと一書を成した。本研究の特長の一つは、当該諸領域において自明視されてきた基礎的な諸範疇の原理的な再検討に、相当の精力を振り向けたことであろう。ただし学史的ないし訓詁学的な関心から為されたのではなく、現実とのいっそうの整合性の追求を意図すればこそであることは、一読ただちに了解されるはずである。またおのずと"近代の終焉"の問題と相対する内容となっているのは、時代状況の為せる業である。本書の内容は多岐にわたるが、総体として主張されているこ

とは実はきわめて簡明な議論であって，冷戦の終結と前後して国民国家という近代の原理の限界が明らかとなり，それがあたかも同一の地層の異なる露頭のごとく，さまざまの姿をとって現代世界の随所に表出しているということが述べられているにすぎない。もっとも，各章の母体となった個々の論文の執筆の時点で，著者にこの視座の自覚はなかったが。

以下，各章の執筆にさいしての問題意識にふれながら，全篇の構成を示しておく。

第Ⅰ部「寡占の国際化と寡占理論」は，企業の寡占形態の理論的再検討を基礎として多国籍企業現象を解明することを主題とする。**第1章「資本の集積・集中の現段階」**においては，戦前来の歴史的な寡占・独占現象に関する研究と現代の多国籍企業論との断絶を埋めることを意図した。既存の多国籍企業研究が本質的規定を欠いていたのに対して，第1章を踏まえ，多国籍企業に国際寡占体としての規定を与えたものが，**第2章「多国籍企業の理論」**である。さらに**第3章「寡占形態の一般理論」**では戦後のコングロマリット現象を含めて，単なる独占の進行の告発に終わらない，寡占形態に関する理論的な総合を試みた。また多国籍企業を「国際コングロマリット」と規定する見解に対し，**補論ⅰ）「合衆国におけるコングロマリット分類の解明」**においてコングロマリットについて論理的に厳密に解明した上で反駁した。付随してこのほど解禁された純粋持ち株会社が日本の企業集団の構造に与える影響について，**補論ⅱ）「持ち株会社解禁とコングロマリット型合併」**において考察する。

第Ⅱ部「技術ならびに資本制の変容」は，現代資本制に至る資本制の段階的変化の特質の解明に充てられる。**第4章「産業と競争の段階の理論」**は，第Ⅰ部で示された，産業一般の視角を排した分析をおし進め，現代資本制の変容にアプローチする。第1章以来のパラダイム転換の議論が，ここに至って競争段階という概念の下に明示される。併せて，今世紀におけるソ連型社会主義の隆盛と衰微についても解明を図るものである。**補論ⅰ）「デ・ファクト・スタンダードの解明」**では，本章に示された現代資本制の段階論的把握との関連において，この新しい概念の含意を明らかにする。また**補論ⅱ）「『収穫逓増』論**

をめぐって」において，本章における分析と「収穫逓増」論との関連を示し，併せて「収穫逓増」論の正当な位置づけを図る。

　第Ⅲ部「世界体制の転換」において，冷戦終了とソ連型社会主義の崩壊後に再検討の必要が生じていながら，宇野学派を例外として為されてこなかった，世界経済における段階論の再検討を行う。この作業を的確に行うことなくして，世界経済論という部門経済学は成立しえないからである。**第 5 章「ポスト冷戦と世界経済の融合化」**では，今日では放擲されたも同然のかつての「現代帝国主義論」に対し，冷戦の終了にさいして新たな光を照射している。**補論ⅰ）「覇権周期論の展開」**において冷戦終了との関わりで，世界システム論を含め覇権周期論についてサーヴェイした上で，冷戦後の覇権のありようについて，**補論ⅱ）「ポスト冷戦期における『覇権』の問題」**に論ずる。**第 6 章「現代世界経済分析の方法について」**が，本研究全体の体系化のための概括に当たる。

　言うまでもなく，本書は現時点における著者の学問の集成である。冷戦体制の動揺に始まる，数十年に一度の時代の激変はすでに節目を経過し，新しい材料はほとんど出尽くしたと考えられる。冷戦の終了を最終的に画したソ連邦の崩壊より早 7 年余，変化の跡づけと新たな趨勢の展望という知的営為の公表には，ほど好い頃あいではあるまいか。できあがった本書は小著であるが，各章の母体となった諸論文の叙述は，通常の書物であれば結論に当たる内容の連続であると評されもした。このたび一般の読者を得る機会に恵まれ，真価を問う次第である。大方の御叱正を俟ち，また現実の展開を追っている部分に関してはその後の推移を見極めて，版を改め育ててゆく所存でいる。

　本書を恩師，杉本昭七京都大学名誉教授に捧ぐ。

　　　1999 年 6 月　　二度目の「世紀末（ラ・ファン・ド・シエークル）」に

　　　　　　　　　　　　　　　　　　　　　　　　　　　　著　者

目　　次

第Ⅰ部　寡占の国際化と寡占理論

第1章　資本の集積・集中の現段階 ―――――― 3
　　　　はじめに ――――――――――――― 3
　Ⅰ　歴史的な一国寡占現象 ――――――――― 3
　Ⅱ　現代の寡占の国際化現象 ―――――――― 6
　Ⅲ　グローバル再編の行方 ――――――――― 10
　補論　装置産業のグローバル再編 ―――――― 25

第2章　多国籍企業の理論 ―――――――――― 47
　　　　はじめに ――――――――――――― 47
　Ⅰ　従来の規定 ――――――――――――― 48
　Ⅱ　寡占形態による規定 ―――――――――― 49
　Ⅲ　展開形態による規定 ―――――――――― 51
　Ⅳ　資本範疇による規定 ―――――――――― 56

第3章　寡占形態の一般理論 ――――――――― 65
　　　　はじめに ――――――――――――― 65
　Ⅰ　一般トラスト理論 ――――――――――― 65
　Ⅱ　コングロマリットをめぐって ―――――― 71
　Ⅲ　寡占形態の理論 ――――――――――― 77
　補論ⅰ）合衆国におけるコングロマリット分類の解明 ――― 89
　補論ⅱ）持ち株会社解禁とコングロマリット型合併 ――― 97

第Ⅱ部　技術ならびに資本制の変容

第4章　産業と競争の段階の理論――113
　　　　はじめに――113
　　Ⅰ　産業と競争の段階――114
　　Ⅱ　ポスト一国寡占へ――122
　補論ⅰ）　デ・ファクト・スタンダードの解明――139
　補論ⅱ）　「収穫逓増」論をめぐって――161

第Ⅲ部　世界体制の転換

第5章　ポスト冷戦と世界経済――171
　　　　はじめに――171
　　Ⅰ　分析の地理的レヴェル――172
　　Ⅱ　帝国主義論の脱構築――174
　　Ⅲ　冷戦の位置づけと冷戦後の世界――179
　補論ⅰ）　覇権周期論の展開――193
　補論ⅱ）　ポスト冷戦期における「覇権」の問題――217

第6章　現代世界経済分析の方法について――225
　　　　はじめに――225
　　Ⅰ　段階論をめぐる提起の概括――225
　　Ⅱ　方法上の問題――238

終　章　グローバリゼーションとは何か――253

　　索　引――275

第 I 部　寡占の国際化と寡占理論

第1章　資本の集積・集中の現段階

は　じ　め　に

　いわゆる「独占」，現象としての寡占資本の分析に関しては，政治経済学の側に19世紀以来のカルテル・トラスト・コンツェルンを論じた分析枠組みが在り，一方いわゆる「コングロマリット」現象や多国籍企業現象に注目した，ビジネス論の側からの研究が存在するものの，両者の間には決定的な断絶がある。この分野においても戦前以来の伝統的な分析枠組みは直接には現実を的確に分析しえなくなっている。政治経済学の側では，金融資本に基づく「国家独占資本主義」をもってすべてを説明しようとすることが永らく行われてきた。著者はその種の議論はきわめて不充分であると考える。一方，国際寡占体と目される多国籍企業を論じた研究には規定が欠如しており，しばしば資本の数量的な指標がそれに代えられている。

　第Ⅰ部は上記の双つの議論の懸隔を埋め，戦前以来のいわゆる「独占」資本と戦後の多国籍企業現象を包摂しうる，寡占の一般理論の構築に向けた作業である。本章は，歴史研究として見れば充分な実証を欠いているが，本書全体の議論の雛形を，企業と産業とを題材に歴史的な文脈の中で提示するものである。

Ⅰ　歴史的な一国寡占現象
――巨大企業の生成――

製鉄業の事例

　産業革命で世界に先駆けたイギリスにおいては，製鉄業に関して，極端な集

積・集中は進行しなかった。合衆国においても事情は同じであって，製鉄業は当初まったく自由競争的な産業であった。19世紀後半までの米製鉄業は，英国のみならず大陸欧州各国にすら遅れをとっていた[1]。英国での1855年のベッセマー転炉の発明は，手作業の攪拌に頼って錬鉄を生産していた従来のパドル炉のほぼ100分の1の時間で，炭素を含有する強靱な鋼鉄を生産することを可能にした。しかも転炉とこれに後れて1860年に出現した平炉[2]は精錬工程が自動的に進行するものであったから，この製鋼工程における生産性の向上は，1873年以降しばしば訪れた世界恐慌[3]の終息後の本格的な設備投資の再開にさいして，先行する製銑工程における高炉の大型化を触発する契機となった。旧転炉[4]は，高炉からの熔銑の温度を下げることなく連続して精錬することが可能であり，かくして18世紀末の石炭製鉄法の確立以来，製銑・製鋼・圧延の3工程に分かれていた鉄鋼生産は統合へと向かう[5]。大規模な一貫製鉄所の出現は1891年以降，製鉄業におけるトラスト運動を惹き起こした[6]。合衆国を例にとれば，1899年に一貫製鋼6社が合併して業界第3位のナショナル・スティールが，1901年にはモルガン商会の関与により，11社が統合してUSスティール（のちのUSX）が成立している[7]。USスティールは当時全米の粗鋼生産能力の約65％を占め，以後ガリヴァー型寡占企業として君臨することになる[8]。最終的にこのUSスティール1社に集約された群小の製鉄所は，170に上った[9]。

またこの時期には化学工業においてもトラストが出現してくる。これらは装置産業であったから，生産力上昇の結果として，この時期に至って化学反応に基づいた工業生産上の最適規模が見いだされ，それが競争力の新たな基準となって各国における集積・集中を促したのである。

自動車産業の事例

さてトラストは，その成立経緯のみならず業種に基づく分類が可能である。ここでは製造業を装置産業と組み立て産業に二分し，前者における合同を「装置トラスト」，後者を「組み立てトラスト」と規定する。装置トラストには金

属・化学工業等の伝統的な装置産業以外に，石油化学工業の前段階としての性格をもつ石油精製業を含める。次いで組み立てトラストであるが，この範疇には装置産業同様のトラスト化によって経営規模を拡大した，20世紀を代表する組み立て産業，ゼネラル・モーターズを配する。以下，組み立て産業における資本の集積・集中の代表的事例として自動車産業について検討を行いながら，組み立てトラスト概念を提示する。

　米国の自動車産業の草創期には馬車メーカーから企業が次々に参入し，67社ものメーカーが存在したとされる。そうした中，ビュイック・モーター[10]の社主であったW. デュラントがゼネラル・モーターズを設立し，精力的に既存の自動車メーカーを傘下に収めていったのは，H. フォードがT型を発表する直前の1908年以降のことであった。大量生産方式の実現は，確かに組み立て産業にも規模の経済をもたらしはしたが，フォードは1909年にT型を売り出したあとで生産上の技術革新を重ね，10年以上の歳月をかけて徐々に量産とそれに伴うコスト・ダウンを実現して，売り上げを伸ばしていったのであるから，フォードの発明とGMの経営拡大との間に直接の関連はない。両社の経営戦略は，後にGMがフォード・システムを，フォードがモデル・チェンジ戦略とフル・ラインナップを導入することで収斂するのであるが，当初はまったく別の方向を志向していたのである。GMは後に業容を拡大し，巨大な企業グループと化したが，その本体は持ち株会社と傘下の一群の事業会社を一体化した形をしていた。いわば「1社トラスト」とでもいうべき構造であり，成立の経緯をその形態に強く留めていた点で実に興味深い[11]。このGMの企業構造こそが，初期フォードの単品種大量生産に対して数品種の大量生産を可能にし，31年にフォードを逆転したあと今日まで続くその市場覇権を可能にしたのであった。やがてフォード・モーターを含め，トラストによって成立したわけではない他の組み立て産業各社が，成熟した大量生産時代を迎え，こぞってGMの組織形態を模倣することになる。すなわち事業部（division）制である[12]。とりわけ自動車産業にGMが与えた影響は，単に製品部門別に設計・販売等を行うディヴィジョンを導入するに留まらなかった。「キャディラック」，

「ビュイック」等の愛称を与えられた，価格帯および製品コンセプトを異にする車種を単位として，設計から販売ならびに整備に至る企業組織を数個の系列に編成し，その上で戦略的にモデル・チェンジを行うという GM 特有の手法が模倣されたのである。

元来トラストによって成立していない他社の場合，しばしば販社の複線化に留まりはしたものの（多チャネル・フランチャイズ方式），成立の経緯は別として，総合乗用車メーカーはことごとく，企業構造の面で組み立てトラストに接近したと言えるであろう。各ディヴィジョンの看板を掲げたディーラー網，販売チャネルは完成車の取り引き系列であるから，自動車メーカー本体とは必ずしも資本関係がないのであるが，ユーザーにすれば直接ディヴィジョンの製品に接する場であり，それぞれのディヴィジョンを擬似的な独立企業のように見せかけている最大の要素となっている[13]。1966 年に日産自動車が合併したプリンス自動車は，近年まで日産の販売系列としてそのまま姿を留めてきた（日産プリンス自動車販売）[14] が，日産自動車は日本における正真正銘の「組み立てトラスト」である。

II 現代の寡占の国際化現象
──国際寡占資本の発現と国家の介在──

寡占の国際化現象としては国際カルテルが，やはり装置産業を中心に早くからみとめられている。レーニンは『帝国主義』第 5 章において，前世紀初めに相次いだ，世界市場の分割を約する国際割り当てカルテルとして，電気工業・海運業・軌条製造・亜鉛工業・火薬工業の例を挙げている。他方トラストの国際化・世界化に関しても，先述の工業生産の規模拡大過程におけるのと同様に装置産業が先行し，ともに英蘭間で早くも前世紀の前半に，1907 年にロイヤルダッチ・シェル[15]，1930 年にはユニリーヴァ[16] という大規模な国際的「装置トラスト」が成立をみた。第 3 章第 I 節において検討するように，「トラスト」なる術語は独占一般を指して曖昧に用いられることもまま有るが，本書で

はこれを純然たる「合同」現象の国際化に限定するものとする。そのうえで前節に取り上げた産業について、さらなる資本集積・集中の進行の問題の分析を行う。

製鉄業の事例

第2次世界大戦で戦火を被らずに済んだ合衆国鉄鋼各社は、いち早く生産設備を更新したが、皮肉にもその直後の1950年代に製鋼法上の技術革新が起こった[17]。おりから復興を遂げた日本メーカーは、60年代よりLD転炉を導入して世界最大級の高炉を擁するに至り、60年代後半以降は一貫製鉄プラント受注による技術供与に乗り出す[18]。この動きは、旧式の設備で相変わらず操業を続けたことにより衰退を余儀なくされた、米欧の既存メーカーとの合弁という形をとる場合も多かった。日本鉄鋼大手5社すべてが、89年までに合衆国鉄鋼メーカーとの合弁を果たしている[19]。

わけてもNKKが90年4月、全米6位のナショナル・スティールの株式保有率を84年の提携当初の50％から70％にまで高め、同社を傘下に収めたことは、鉄鋼業における「国際トラスト」現象そのものであって、注目される[20]。そして、この場合の「国際トラスト」化は一国における特定産業の衰退局面に成立した国際的事業提携の一種であることに注意を喚起しておく。この事例においてNKK日本本社は、日米両国の製鉄所に跨がる「国際事業持ち株会社」に相当する。またこの製鉄業における「国際トラスト」が、本節冒頭にふれたロイヤルダッチ・シェル、ユニリーヴァと同様に前節で規定した「装置トラスト」の国際版、つまり「国際装置トラスト」にほかならないことについても、併せて指摘しておきたい。

自動車産業の事例

眼を自動車産業に転ずれば、日本の資本自由化後の70年代から80年代にかけ、米ビッグ・スリーは競って日本の下位メーカーや韓国のメーカーへ資本参加し、小型車種の開発・生産・販売に関して提携した。すなわち日本国内での

GMといすゞ（71年）・スズキ（81年），フォードとマツダ（79年），クライスラーと三菱自動車（71年，93年に解消）の提携である。韓国においては米自動車産業のみならず，欧州・日本の企業をも交えて進出が試みられたが，関係が持続したのはGMと大宇，マツダ・フォードと起亜，三菱と現代との提携程度であった[21]。さらに進んだ国際的な資本関係強化の事例として，80年代にはデトロイトが30年ぶりに，欧州の下位自動車メーカーをそのブランド・車種ごと傘下に収めるという現象が見うけられた。フォードは87年，英国のアストン・マーティンおよびACの株式の過半数を取得し，GMはロータスを買収した。イタリアにおいては，クライスラーがランボルギーニを買収している[22]。89年にはGMとフォードが英ジャガーをめぐって争い，結局フォードが傘下に収める。これらは上述の国際トラストが貫徹された場合に当たる。こうした自動車産業における合併に関しては，単なる国際的企業グループ化にすぎないとの異論がありうるが，先述のラインナップという自動車産業の特性から，主要な車種が保全されていれば「組み立てトラスト」とすべきであろう。先に提示した「組み立てトラスト」の国際版，「国際組み立てトラスト」である。GMを例に挙げれば，同社は戦前に独オペルを傘下に収め，以来オペルは同社の国内のディヴィジョンと同様に機能してきた。同社にしてみれば，今回再び機会を捉えて，国外発祥のディヴィジョンのラインナップを充実させたというだけのことである。

　その一方で比較的近年まで，自動車産業は一国の工業を代表するシンボリックな産業であり，生産・雇用上の波及効果が甚大であることから，いかに資本移動が自由化されていようとも，一国の主要メーカーの株式の過半が他国の資本によって取得されることは稀であり，国内の寡占の場合とは異なって資本支配関係が明確に現れてこなかった。後述するダイムラーによるクライスラーの事実上の取得とルノーによる日産自動車の取得は，この傾向と人々の意識とを大きく変えたできごとであった。英仏両国政府は70年代まで，産業国有化政策によってBL（ローバー），ルノー，プジョーといった自国資本の自動車産業の経営不振に対処した。この政策には単なる雇用の確保に留まらず，米独の

自動車メーカーやその現地生産子会社による自国資本の吸収合併，ひいては国内市場席捲を拒絶することで，自国の産業競争力と国家の威信を保つという側面をみとめざるをえない。

　先の米日・米韓の提携の事例に戻って，まず戦前流の概念装置による把握を試みよう。70年代から80年代にかけて，米大手は「ワールド・カー」という構想を掲げたが，その含意は微妙に異なっていた[23]。設計から製造・販売に至るまでのプロセスを，世界経済の三極間の有機的連携によって確立しようとした唯一の企業は，フォード・モーターである。文字どおりの「ワールド・カー」構想を掲げる同社は，同一のモデルを進出先の国・地域単位で垂直統合的に生産することを目指したGMやトヨタとは明らかに異なる経営戦略に立っていた。フォードは79年にマツダの株式の24.5％を取得したあとの87年，マツダの設計を基にした車種を，やはり資本参加している韓国の起亜に製造させ，これを合衆国に持ち込んで，マツダ自身の製造した同種の車とともに「フォード」ブランドで販売することを始めた[24]。次いで北米フォードとマツダ，北米フォードと欧州フォードというそれぞれ三極にまたがる形で新モデルの共同設計に着手し，89年以降これが順次販売されている[25]。この種の水平分業はフォード社の内部では全世界的に実施されているところであり[26]，この時期なりに経営上の合理性を地球規模で追求したにすぎない。以上を基に寡占形態に関する理念型の論理上の操作として，公権力という要素を捨象して考えるならば，フォードの70年代末以降の活発な国際的提携は，他国自動車資本買収による「国際組み立てトラスト」の貫徹が東アジア地域において阻害された過渡的な状況の下で，理念型としての「国際トラスト」が変形して現象した形態として基本的に把握される。資本所有が貫徹すれば，本来十全な国際トラストとして発現すべきものが，国家の介在に伴って阻害され，技術提携とOEM生産による生産委託，分業に基づく設計とが結合した形で現象しているのである。さらに言うならば，商業資本としての自動車ディーラー網は顧客の需要に幅広く応えうる車種の品揃えが欠かせず，そこで取り扱う車種は必ずしもみずからの系列メーカー製である必要はない。フォードが資本参加に基づいて米国内でマツ

ダ製・起亜製の小型車を自社の販売網に流していることは，フォード本社の米国内における商社機能と，その販売網の輸入代理店としての機能の発現としての分業に基づく販売でもあるのである。このように自動車産業における他国資本との提携や他国資本への資本参加は，単に生産部面に限定されたメリットを追求するものではない。

90年代に入り，不況の長期化の下での自動車業界全般の不振の中で，好況時に販売系列を拡大しすぎたマツダの経営は93年以降ことさら悪化し[27]，フォード側はすでに4代に亙って代表取締役社長を派遣して人的な結合を強め，東南アジア地域における生産・販売戦略の摺り合わせを行うなどして提携の度合いを深めてはいるが，フォードはあえて出資比率を33.4％（96年5月以降）に引き上げて経営権を握るに留め，「日本フォード」としての現地法人化までは決して踏み込もうとはしない[28]。その目指すところは，小型車を主体とするマツダの開発能力をMAZDAブランドともども保った上での，ディヴィジョンの国際化，国際トラスト化である。

なお今日では，ことさら「ワールド・カー」と称さなくとも，各社とも主力モデルとそのヴァリエーションを中心にプラットフォーム（車台）を集約し，プラットフォームとエンジンを共通化することによる規模の経済を追求することがトレンドとなっている。この動きは，かつての世界同一モデルによる規模の経済の達成と，リージョナルもしくはローカル市場専用モデルがもつ市場へのマッチングを両立させるためにたどり着いた解であるといえよう。

Ⅲ　グローバル再編の行方
——未完のプロセス——

以上の叙述は，1991年に執筆され，95年に投稿，翌年公表された原テクストに基づく（初出一覧参照）。その後の事態の推移は，国境を超えた企業合同の趨勢を捉えた本稿の展望を裏書きするものである。本章で取り上げた産業に関して，その後の国際的合同の主だった展開を記しておく。

製鉄業の事例

　製鉄業は欧州において資本の集中が先行し，産業国有化体制の民営化プロセスで1国1社体制へと移行した英ブリティッシュ・スティール，仏ユジノールの後を追うように，独ティッセンとクルップが97年3月，鉄鋼部門の統合で合意し，ティッセン・クルップ（TSK）が成立する。また同じく9月には，ルクセンブルク最大手のアルベドが，民営化されたスペイン国営総合製鉄公社（CSI）の株式の35％を落札して筆頭株主となり，事実上の企業合同を果たして粗鋼生産量で当時世界第3位のブリティッシュ・スティールと並ぶ欧州最大級の鉄鋼メーカーとなった結果，域内は4社による拮抗した寡占体制となった[29]。

　1国1社体制は今日さらに進んで，ナショナル・チャンピオン相互の再編にまで踏み込んできており，99年6月にはブリティッシュ・スティールが蘭ホーゴベンス（ホーホヘンス）の経営権を取得し，同年9月両社の合併によりコーラスが誕生する。世紀を挟んで再編の動きは矢継ぎ早になり，2001年2月には欧州最大手の仏ユジノールと，先述のルクセンブルクのアルベド・グループが合併で合意し，世界最大となる新会社アルセロールが成立した。

　一方米大手は，80年代に傘下の一部の製鉄所に日本メーカーから資本参加を受けることで部分的ながら生産性の向上を果たし，リストラクチャーの方向性を模索して一息つくことができていた。90年代以降に本格化したIT化の技術革新は，日本を除くアジアと欧米に景気拡大をもたらし，いわゆるインターネット関連の産業，つまりは通信と分散処理端末としてのパソコンの結合を主体とする一連の産業が勃興したものの，それが旧来の素材産業へ与えた恩恵は限られた。しかもそれ以前に東アジア地域においては，各国が日本の70年代の一貫製鉄所を競争力の基準として新鋭の大型高炉を擁するに至っており，供給能力は過剰となっていた[30]。これに，IT化以前の時代に適合しすぎていた産業構造からの転換過程に入った日本国内の内需不振と資産価格の下落が加わり，財務の逼迫した日本大手は高炉の新設どころか改修によって寿命を延ばし

て凌いできた。対外的にも過去の直接投資の清算により、リストラクチャーの原資を捻出するとともに資産の目減りに対処してきた。この産業に関してはもともと輸出競争力をもたない米メーカーは、10年に及んだ自国の好景気によって、根本的な生産性の低さと再編の必要性の問題を先送りできていたが、同時多発テロをきっかけに遅れ馳せながら抜本的な再編の気運が興ってきた[31]。再編劇の主役となったのは、やはり国内最大手のUSスティール[32]と投資会社である。この動きは日本側の米国の現地生産からの撤退の動きと呼応していた。

　翻って日本国内では、戦後長らく続いた高炉大手5社体制についに変化の兆しが現れた。2001年4月、国内2位のNKKと同3位の川崎製鉄は、経営統合で合意する。すでに2002年9月に共同持ち株会社JFEホールディングスが設立されており、2003年4月に傘下の製鉄メーカーを鉄鋼、エンジニアリングなど事業別に再編した。JFEグループの粗鋼生産量は新日鐵を抜いて国内最大、世界2位となった。大仰に言うならば、旧日本製鐵とその後身が首位でなくなるのは日本の近代産業始まってこのかたのことである。これに対して新日鐵は2001年12月、神戸製鋼所との包括提携を発表した。続いて新日鐵は残る住友金属工業とも包括提携で合意する。かくして国内大手が2大グループに収斂してゆく方向性があきらかとなった。日本の国内市場の規模とメーカーの国際競争力を勘案すれば、この産業では充分に2社が生き残ることができるであろう。

　むろんそれには国際的なアライアンスが前提である。2002年1月、住金は前述のコーラスと包括提携することを正式に発表する。同じ月、NKKは53.5％を保有していた米子会社ナショナル・スティールを、米最大手のUSスティールに売却することで合意した。4月、世界第7位の独ティッセン・クルップと、経営統合で合意している川鉄・NKKが包括提携を発表する。日欧間の鉄鋼アライアンスの焦点は、世界最適調達を推し進める自動車産業の巨人による各地の現地生産に対応した、表面処理鋼板の供給である。背後には国内の製鉄メーカーの再編が完了する間の一種の政治的な休戦として、米ブッシュ政権

がセーフガード（緊急輸入制限）の導入をちらつかせて貿易政策を利用してきたという事情も作用している。欧州の製鉄メーカーは従来，米市場への輸出に困難を感じてこなかったが，ここへきて米現地での資本関係をもち，多年に亙り対米貿易摩擦をくぐり抜けてきた日本メーカーと協調することの必要性が生じている。

自動車産業の事例

　他方自動車産業では94年に独BMWが英ローバーを買収し[33)]，英ロールス・ロイス・モーターカーズへのエンジン供給契約を結ぶ。98年5月には独ダイムラーと米クライスラーが合併合意に漕ぎ着け，西欧と北米の2地域に均衡のとれた生産拠点と市場を有する自動車メーカーが初めて出現をみた[34)]。この合同は自動車産業の歴史の中できわめて重要なメルク・マールとなるべき，象徴的なできごとである。高級車が傘下のアウディのみで手薄な独フォルクスヴァーゲン（VW）は，売上高・利益のみならず生産台数においても，ドイツ最大の自動車企業の地位を脅かされるに至った。BMWとダイムラーに相次いで出し抜かれたVWは，欧州戦略とラインナップ戦略双方の巻き返しを図る。その直後の6月，高級車の代名詞ロールス・ロイス・モーターカーズ社の買収をBMWに競り勝って決めたものの，商標権を握っていたかつての親会社ロールス・ロイス社（航空機エンジン・メーカー）との取り引き関係に基づいたBMWの妨害に遭い，VWは結局英国における生産拠点を手に入れておきながら，2003年以降は肝心の「ロールス・ロイス」の商標を使い続けることができない羽目に終わる。

　98年12月，GMはいすゞ自動車への出資比率を従来の37.5％から49.0％にまで高める。翌1999年1月にはフォードがスウェーデンのボルボの乗用車部門を買収することで合意し，フォードは欧州におけるシェアでGMを抜き，全世界シェアに関してもひさびさにGMと並ぶ[35)]。12月，GMは富士重工と包括提携を結び，出資比率を20％に引き上げて巻き返した。さらに翌2000年1月，90年以来折半出資してきたスウェーデンのSAABの全株式を取得し，

同社を完全に傘下に収めて突き離す。3月には伊フィアットとの戦略提携で合意している[36]。同じ月，仏ルノーは負債に喘ぐ日産自動車の発行済み株式の36.8%を取得し，COO（最高執行責任者）を派遣して経営権を掌握した。ルノー＝日産連合はトヨタ，VW，ダイムラークライスラーと横並びの規模となり，GM・フォードに次ぐ400万台クラブとしてのグローバル・プレーヤーの第2グループを形成する。10月にダイムラークライスラーは三菱自動車の単独筆頭株主となり，乗用車部門での提携を決める。さらに2001年4月，ボルボから三菱自の株を買い取り，商用車部門をも傘下に収めた[37]。その他，韓国の関連では，9月にGMはフォードに替わって経営破綻した大宇自動車への交渉権を獲得し[38]，また翌2002年の6月には，ダイムラークライスラーは韓国最大手の現代自動車の株式の10%を取得する包括提携に合意した[39]。

　以上にみるように，鉄鋼業は先進国では世界的にすでに相当集中の進んだ寡占体制となっている[40]。U. S. スティールを始めとする米大手と日本における高炉大手5社の再編を焦点として，アライアンスを保ちつつ，今後も世界経済の三極を中心に資本の集中は徐々に進行してゆくであろう。これに対して，全世界で400万台以上の生産能力を有する資本しか生き残れないとされる自動車産業においては，劇的な再編は21世紀初頭のうちに決着するはずである。残る焦点は欧州中位のフィアット・VW・BMW・プジョー等の一段の再編と，これに日本の勝ち組でインディペンデントで残っているトヨタ・ホンダとのアライアンス関係であろう。現時点では第Ⅲ節は当分未完のまま，本章を終えざるをえない。

　「独占資本主義」が進行する一方であるように見うけられたのは，旧来の一国単位の重化学工業が主導的な産業であった，一時期の現象にすぎない。以上にみるように，1980年代以前に為された長期的展望は，今日根本的な改訂を迫られている。「産業資本主義」から「独占資本主義」段階さらに「国家独占資本主義」段階へという，ケインズ主義を摂り込んだ後に一国経済で完結してしまう従来の単線モデルを棄て，自由競争段階から一国水準の寡占，次いで寡

占の国際化へという移行過程の分析を，産業一般について単に概括するのではなく，産業の適切な区分に基づいて行うべき時が来ている。

注

1) 製鉄業が需要の多くを鉄道に求めるようになった当時，錬鉄製レールしか存在しなかった合衆国に初めて鋼鉄製レールが英国から輸入されたのが1862年のことだった。65年から国産の鋼製レールの製造が開始されるが，価格は英国産の3倍近かった。英国での船積み価格に匹敵する高率の従量税に守られ，80年代に至ってようやく自国の市場を確保できたのだ。67年時点での国内のベッセマー転炉の数は，英が52基，独22基（プロイセンのみ），仏14基であったのに対して，米国はわずかに2基にすぎなかった。錬鉄製レールが平均6箇月しかもたなかったのに対して，価格が2倍の鋼製は5-6年間使えた（永田啓恭『アメリカ鉄鋼業発達史序説』日本評論社，1978年，393-95，400ページ）。米国の製鉄業は世紀を挟んだ集中による大型化の結果として初めて，欧州の水準を凌ぐことができたのであった。

2) 反射炉の一種。シーメンスの考案した方式をマルティンが改良して1865年に英国で特許申請したことから「シーメンス・マルティン法」と呼ばれる。その名のとおり平たい炉に溶銑を流し，蓄熱室で熱しておいた燃料ガスと空気を上部に導いて炉内で燃焼させることによって，転炉同様にパドル炉（1,200℃）よりも300℃高い温度を達成し，鋼に変えるもの。日本では第2次世界大戦後，高炉大手では後述のLD転炉の普及につれコスト高から淘汰されてゆき，残った小規模なものも電気炉に置き換わった。

3) 1873年に始まる恐慌以外にも，83年，93年と立て続けに恐慌が起こった。

4) 現在のLD転炉以前の初期転炉の総称である。ベッセマー法は，その改良型であるトーマス法・LD法ともども，原理的に熔銑を必要とする。ベッセマー転炉は燐を除去できず，また屑鉄を原料に配合できないため，20世紀前半には平炉が一般化するが，合衆国においても低燐鉱の尽きる前世紀初めまでは転炉が支配的であった。

5) 米ナショナル・センサスによれば，3工程のそれぞれを専業とした企業の数は1880年まではいずれも増加していた。ところが1890年になると製銑企業の数が4割近くも激減するほか，そもそも統計自体で製鋼と圧延の区分が行われなくなっている（永田前掲書369-70ページ）。つまり統合の結果，区分が無意味になっていっ

たのだ。
6) 1894-95 年の日清戦争に勝利した日本が，当時の国家予算を上回る賠償金を基に築いた一貫製鉄所，官営八幡製鐵所（現新日本製鐵）が 1901 年より操業する（溶銑による一貫製鉄は 1910 年より）。高炉の有効内容積は 495 m³ だった。八幡製鐵はむろんトラストではなかったが，このさいに「後発効果」がいかんなく発揮され，明治期日本の製鉄事業への参入が世界的な巨大高炉の建設運動に大きく遅れをとるものではなかった点に，注意を喚起しておきたい。

官営八幡製鐵所は 1934 年の株式会社化にさいして，釜石他の各地の製鉄所を合併し，日本製鐵株式会社となった。この前年に主力の八幡に有効内容積 838 m³ の高炉が操業を開始し，我が国の近代製鉄は欧米の水準に達した（下川義雄『日本鉄鋼技術史』アグネ技術センター，1989 年, 87, 111 ページ）。

なお戦後の高炉 5 社のうち，民間企業として始まった他の 4 社は日本鋼管（現NKK）を除いていずれも戦前期には平炉メーカーで，高炉を擁さなかった。住金は戦時下で認可を得て，和歌山に工場の建設は進めていたが高炉自体の建設には至らなかった（同上, 126-31 ページ）。

7) 黒川博『U.S. スティール経営史』ミネルヴァ書房，1993 年。

なお US スティールは 1982 年にマラソン石油（Marathon Oil Company）を買収し，エネルギー産業への転換を図る。同社は 86 年に USX（USX Corporation）と改称するが，2001 年末に持ち株会社の名称をマラソン石油に戻し，US スティールをスピン・オフ（米国の狭義の用法では株主に新会社の株式を割り当てること）した（*http://www.marathon.com/,* 'About Us', 'Our History'）。結果的に資本としての US スティールは石油資本に転換し，収益の上がらない鉄鋼部門を切り離したということになる。

8) 前世紀初頭の合衆国においては，進行しつつあったトラスト運動が党派を問わず危惧されていた。共和党のセオドア・ローズヴェルトは大統領在任中に，44 もの巨大企業を反トラスト法違反で訴え，trust buster の異名をとった。続く共和党のタフト政権の下で連邦政府は 11 年，最大の鉄鋼トラスト US スティールの解散を求める訴訟を起こし，下院に特別委員会が設けられる。この件は結局，次のウィルソン民主党政権下の 20 年，連邦最高裁において僅か 1 票差で政府提訴が退けられ，結審をみるのである。

9) 佐藤定幸『コングロマリット』毎日新聞社，1969 年, 60-63 ページ。

10) GM はアルフレッド・スローン Jr. の下で乗用車のラインナップを上位からキャディラック，ビュイック，オールズモビル（2000 年 12 月に近年中の廃止決定），

ポンティアック（26 年までは「オークランド」），シボレーの 5 つのディヴィジョンに配し，これらを独立採算制として互いに競わせることで成長した。
11) 周知のように，フォード（Ford Motor）を始め他社の社名が単数であるのに対して，GM（General Motors）が複数形であることが，この間の事情を物語る。
 自動車のデザインは当初馬車の延長にあり，米国に限らず富裕層はシャーシのみを購入してコーチビルダー（Coachbuilder，ボディ製作を専業とする業者）に送り，架装してもらうのが一般的であった。キャディラックは当初，先駆的な技術をいち早く導入することを特徴としていたが，その 27 年モデルで GM は始めてデザイナーのコンセプトを導入し，以来キャディラックのトレンドセッターとしての地位が確立した。そもそも走行性能にさしたる違いがなく，うわ物の部分で奢侈品が規定された馬車の時代からの移行期には，自動車もボディの仕様がすべてであった。GM はキャディラックによって，量産性を伴ったラグジュアリーという価値を打ち出すことに成功したのだった。
12) GM の「ディヴィジョン」のラインナップについては，http://www.gm.com/，'Automotive' の項 'Auto Brands' 参照。
13) 個々のディヴィジョンは後年には，製造部門を主体として内部では横に結合しているのだが，GM の外部から見れば，縦に並立した仮想的な独立の企業に見える点に大きな特徴がある。本章では元来独立の自動車メーカーであった，GM を構成するこの縦の単位を，原語のまま「ディヴィジョン」と呼んで叙述を進めることとする。
 木製のボディの時代から金型から起こした金属製のボディの時代に入ると，GM は 26 年に取り引き先だったフィッシャー・ボディ（Fisher Body Works）を買収して自社の車体部門とした。この結果，GM 車が発売されるまでのプロセスは，各ディヴィジョンがデザインを承認してフィッシャー・ボディが車体設計を行い，製造部門（45 年から The Buick-Oldsmobile-Pontiac Assembly Division, 65 年以降 GMAD, General Motors Assembly Division）が生産設備の手当てをして組み立てに入るというものになった（マリアン・ケラー著，鈴木主悦訳『GM 帝国の崩壊』草思社，1990 年，Keller, Maryann. *Rude Awakening: The Rise, Fall, and Struggle for Recovery of General Motors*, HarperCollins, 1990）。実際には GM もまた，各ディヴィジョンの間接部門のみならず設計・製造部門まで，内部では一体化していったのである。
14) このさいに取得したスカイライン，グロリア等の車種が，今も日産自動車の主要なラインナップであることはいうまでもない。

15) M. サミュエルがロンドンに店を構えたのは，1833年のことだった。当初ヴィクトリア期の博物学ファンを相手に，本当に貝殻（shell）を売っていた小さな店は，やがて貿易商へと発展する。彼の息子はある時カスピ海に旅行し，石油を東南アジアに輸出するビジネスの将来性を見抜いて，92年に最初の専用タンカーを発注した。同じ時期にオランダでは蘭領東インド（現インドネシア）での油田開発のために王立オランダ石油（Royal Dutch）が設立されていた。同社もまた，英国勢に対抗して96年にはタンカーの船隊をもつに至る。両社は互いに協力することに利益を見出し，1907年に the Royal Dutch/Shell Group が形成された。この時代，自動車の大量生産は石油産業に巨大な市場をもたらした。同社は29年から化学工業にも進出する（*http://www.shell.com/*, 'About Shell', 'Who we are', 'History of Shell'）。

16) ユニリーヴァの社史も，きわめてよく似た物語を語っている。オランダのマーガリン・メーカー，マーガリン・ユニは1920年代に欧州での合併を通じて巨大化した。一方イギリスの石鹸メーカー，リーヴァ・ブラザーズは世界各地に石鹸工場を配置し，17年から食品加工へと進出を始めた。両社はともに国外に展開し，同じ原料（植物性油脂）を求めて争う一方で，消費者向けの大規模なマーケティングが必要になり，また類似した販売網を抱えていた。ユニリーヴァは今もロンドンとロッテルダムの双方に本社を構えている（*http://www.unilever.com/*, 'COMPANY', 'OUR HISTORY'）。

17) 1950年，従来の炉底から空気を吹き込んでいた転炉に代えて，純酸素を上から吹き込むLD転炉がオーストリアで特許出願された。LDとは，技術開発の中心となったフェスト・アルピネ社の2つの製鉄所の所在地の頭文字である。この方式自体は戦前からドイツで研究されていた。日本の大手各社はLD法の工業化直後から関心を寄せており，世界的にみても早い時期にLD転炉が導入された。

18) この典型的な事例としては，ともに新日鐵の技術援助によって高炉が築かれたイタリアのタラント製鉄所（Italsider, 67-73年第1次技術援助），韓国の浦項綜合製鉄（POSCO，68年設立・73年操業開始），中国の上海寶山鋼鐵（上海宝山鋼鉄集団公司，85年操業開始）が挙げられる。

19) 日米鉄鋼資本間の資本提携については，石川康宏「アメリカ鉄鋼資本の多角的事業展開と日米合弁事業の位置づけ」（『経済論叢』第148巻第1・2・3合併号）に詳しい。新日鐵はインランド・スティール（91年10月），NKKはナショナル・スティール（84年8月），川鉄はアームコ（89年5月，現AKスティール社），住金はLTV（93年6月），そして神鋼はUSX（89年7月）とそれぞれ提携した。多くは

米側の特定の製鉄所に日本側が出資して合弁会社とするという手法であった。

　その後インランドは 98 年 3 月英イスパットに買収され，LTV とナショナルは米連邦破産法 11 条（会社更生法に相当）申請に追い込まれている（それぞれ 2000 年 12 月，2002 年 3 月）。住金は米国内の合弁プラントの持ち分を売却したり，損失の引き当てを行ってきたが，残る合弁事業についても解消し，日本メーカーとしては初めて米国での自動車用鋼板の生産から撤退する方針（『日本経済新聞』2002 年 7 月 16 日づけ）。ナショナルは US スティールに譲渡される予定。新日鐵とイスパット・インランド，川鉄と AK，神鋼と US スティールの合弁関係は継続しているが，日本側の経営不振もあって出資比率は大幅に下がっている。資料としては，*http://www.mof.go.jp/*，「新着情報」，「バックナンバー」，「4 月」，「4 月 12 日（金）」の項「税制調査会　第 10 回基礎問題小委員会（4/12）資料」，「我が国産業の現状と今後の政策の方向」27 ページで鉄鋼業の国際的再編の図版（PDF）が得られる。

20)　なお，この問題に関しては日米両国の鉄鋼資本による高度の政策的・政治的判断の産物として，慎重に吟味する必要がある。アメリカの側からすれば，60 年代以降露呈した国際競争力の低下に対して，80 年代に本業における新規の設備投資を通じた生産性の向上ではなく，エネルギー産業他への多角的進出を通じたコングロマリット化の途を選択した合衆国鉄鋼寡占体が，もはや日本側と根本的には争う意志のないことを示して，いわば資本としての産業構造転換となった，事業再構築の間に要する資金の提供を求めたということである。一方，新鋭の生産設備により，製造面で高い品質と生産性を達成するのみならず，戦後の継続的な設備投資と国際的なプラント輸出の結果として，一貫製鋼に関する最新の製造技術を世界で唯一，保持していた日本鉄鋼寡占体にしてみれば，史上最高水準の円高の下，合衆国連邦政府と議会に対するロビー活動を通じて強力な政治力を有する長年の競争相手に対し，窮状に応ずる形で資本参加して影響力を行使することは，投資収益の点ではともかく，長期的に観てきわめて好ましい選択であったと思われる。ダンピング提訴にしても，これにより相当抑えられてきた面があろう。なお結局のところ米製鉄各社の多角化経営は奏功せず，90 年代以降は本業回帰を強めた。

21)　GM は大宇自動車の前身，新進自動車の株式の 50% を 72 年に取得したが，92 年に提携を解消して撤収した。フォードは，同社が資本参加しているマツダが 83 年に起亜自動車に 8% の資本参加をした後を承け，86 年より起亜と提携した。三菱自動車・三菱商事は，82 年に現代自動車の株式の 10% を取得し，85 年にはこれを 15% に高めた（藤本隆宏「日韓自動車産業の形成と産業育成政策」『東京大学経済論集』第 60 巻第 8 号，6979 ページ）。なお韓国の金融危機のあとの 98 年 12 月，

現代自動車は起亜を取得して子会社としている。

22) Womack, J., et al., *The Machine That Changed the World,* Macmillan, 1990. （沢田博訳『リーン生産方式が，世界の自動車産業をこう変える』経済界，1990年，351ページ）。なお，その後ロータスはマレーシアのプロトン・グループに，ランボルギーニはインドネシアのスハルト一族に買収された。

23) GMの場合，小型車Jカー（いすゞ名「アスカ」）のコンポーネントの調達をグループの内部で世界的に行い，組み立てはいすゞ・オペル等の傘下の小型車メーカーがそれぞれ現地で行う形だった。

24) 「フェスティバ」である。オートラマ（94年5月以降「フォード」）チャネルを通じ，日本でも販売された。続いて韓国国内販売のみのモデルとして，「カペラ」・「ルーチェ」の車体・エンジン技術も供与され（『日本経済新聞』1991年7月16日づけ），さらに起亜は同様に技術を供与された小型車「レビュー」を米フォードに輸出した（同紙1996年4月16日づけ）。

25) Womack, J., et al., 前掲訳書，261-63ページ。それぞれ「エスコート」（マツダ「ファミリア」）と「モンデオ」（ただし日本に導入されたのは2代目以降）である。この種のモデルの売れ行きは芳しくなく，再び仕向地別のモデルが主流になった。

26) 同上，339-40ページ。

27) 国内で1つの販売チャネルが収益を上げるためには年間20万台の販売台数が必要とされるが，マツダの場合5チャネルにした直後の90年ですら合計約60万台に留まっていた（『日本経済新聞』1996年4月14日づけ）。

28) 他国資本に買収された自動車メーカーが社名をまったく変更せず，従来の車種を造り続けるという自動車産業におけるこの種の現象は，今に始まったことではない。GMは戦前の29年に取得した独アダム・オペルを，そのままの形で自らの国際企業グループの傘下に収め，キャディラック・ビュイック等の，今日ではそのディヴィジョンとなっているかつての米国内の自動車メーカーの製品とまったく同様に，オペル製品を欧州のテイストをもつラインナップとして全世界で販売している。

29) アルベドによるCSI合同の過程については，『週刊ダイヤモンド』1997年9月27日号を参照。フランス・スペイン等の政府による国有企業の株式放出は，1999年1月の通貨統合に備えて財政赤字を削減するためであったし，小国ルクセンブルクの企業が隣国でもない域内国の企業を合同するという行動もまた，経済統合の進展に伴って域内経済が一体化し，かつての一国経済に限りなく近い存在となったことによるものであって，この「国際トラスト」は民営化と欧州統合の産物であるといっ

30) 韓国の浦項綜合製鐵（POSCO）が新日鐵の技術援助により73年6月に，台湾の中國鋼鐵（CSC）はUSスティールの子会社の協力により77年10月に，中国の上海宝山鋼鉄もやはり新日鐵の技術協力により85年9月に，それぞれ操業を開始している。いずれも2,000-4,000m^{3}級の第1高炉に続いて高炉を増設している（戸田弘元『シリーズ世界の企業 鉄鋼業』日本経済新聞社，1987年）。

31) 2001年12月，米高炉最大手USX（当時）と高炉大手のベスレヘム・スティールは，両社を含む米鉄鋼数社が合併を含む事業統合に向けた検討を進めていると発表した。両社は事業統合を実現するため，米政府に米通商法201条に基づく鉄鋼製品のセーフガード（緊急輸入制限）の発動を要求し，また退職者向けの年金・健康保険負担を軽減するための政府支援を求めた（『日本経済新聞』2001年12月5日づけ）。

97年の韓国金融危機の処理に与り，破綻した旧相互銀の幸福銀行（現「関西さわやか銀行」）の買収でも知られるウィルバー・ロス氏のWLロス＆カンパニーは，2002年4月にLTVを買収して，新興鉄鋼企業ISGを設立し，さらに翌03年5月には老舗のベスレヘム・スチールを買収して，粗鋼生産でUSスチールをしのぐ米最大手にのしあがった（*http://www.intlsteel.com/*, 'NEWS', 'Press Release Archive', '04/12/2002 International Steel Group Completes Acquisition of LTV Steel Assets' 他）。

一方，インド系アメリカ人L. N. ミッタルがインドで経営していた電炉メーカー，イスパットは，92年にメキシコ国有製鉄の民営化の結果生まれた同国第3位の鉄鋼メーカーを，94年にはカナダ4位を買収するなどして徐々に規模を拡大していった。この新興企業グループは，97年にアムステルダムとニューヨークの両市場にイスパット社として上場する。98年には米4位のインランドを，2003年にはチェコ最大手を政府から買収するなどして世界各地で着々と規模を拡大し（*http://www.mittalsteel.com/*, 'Company' の項 'History'），ついに05年4月の株主総会で，45億ドルでISGを買収することを決める（合意は04年10月）。これに伴い従来LNMグループとして，LNMとイスパットという2つの持ち株会社で統轄していたグループを再編し，ミッタル・スティールとした。

合併により前年の1.5倍増の7,000万トンに及んだ粗鋼生産はアルセロールを抜き，新日鉄の2倍に達する（『日本経済新聞』2005年4月13日づけ他）。ISGはLTVやベスレヘム他の資産買収時に人員を約20％削減していたが，ミッタルはISG買収に当たって，今後5年間で世界人員の27％に相当する最大4万人の人員

削減を検討している（『産業新聞』2005 年 2 月 25 日づけ）。

　ミッタルの成長は見様によっては脅威であろうが、後発国が工業化を志した夢の跡、世界的寡占体に成長しきれなかった中小のプラントを後から買い漁っているだけの話である。本書 70 ページも参照。

32)　US スティールは、2000 年 11 月、旧チェコ・スロヴァキアでかつて最大の鉄鋼コンビナートであった、スロヴァキアの VSZ 社の買収を完了した。さらに 03 年 1 月にナショナル・スティールに買収を提案して 4 月に最終合意に達し、世界 5 位に浮上する。

33)　その後 BMW はローバーとの間で主要部品と電子機器の共通化を了え、エンジンの共通化を果たすべく、2000 年に稼働予定のエンジン工場を英国に建設中だったが、この間のポンドの高騰もあり、ローバーは業績不振に陥って 1 日に 300 万ユーロを越す赤字を垂れ流し続けた。BMW はローバーの解体に踏み切り、新型の発売を準備していた「ミニ」（2001 年 7 月以降欧州で発売）の商標を手元に残して開発を続ける一方、唯一収益の出ていたランドローバー部門を 2000 年 6 月に約 26 億ドルでフォードに売却し、残りはわずか 10 ポンド（2,000 円弱）で処分した（*http: //www.jetroparis.fr/*、「各国労働事情」、「イギリス」）。この話にはさらに後日譚ができ、当時の経営陣が買い取って最後の英国資本の自動車メーカーとなったローバーは結局、2005 年 4 月に上海汽車工業との間で進めていた資本提携交渉が決裂し、最終的に倒産手続に入った。

　なお、BMW とは、Bayerische Motoren Werke（Bayern Motor Works, バイエルン原動機製作所）の略である。元来が 1913 年に州都ミュンヘンに設立された航空機エンジンメーカーで、その名高いロゴ・マークの円に十字の図柄は実はプロペラの象徴であり、青は空、白は雲の色を含意する。28 年に買収した自動車工場で、29 年からオースティン車のライセンスによる 4 輪生産に着手し、30 年代後半にはすでに高級車メーカーとしての地位を確立していた。

34)　発足は同年 11 月である。それぞれの売上高の内訳は、旧ダイムラーが欧州が 65 %、NAFTA 17% であるのに対して、旧クライスラーは欧州が 3%、NAFTA 89% となっており、両者は好ましい相互補完関係にあった（1998 年 5 月 7 日、ロンドンにおける合併共同記者会見より。『日本経済新聞』同年 5 月 8 日づけ）。旧クライスラーは 78 年に、戦前の英タルボット社だった欧州部門（Chrysler Europe）をプジョーに売却して手放しており、その輸出は米州に偏っていた。

35)　残るボルボの商用車部門は、ルノーが 2000 年 4 月に 20.0% 出資することを発表し、ダイムラークライスラーに次ぐ世界第 2 位のトラックメーカー・グループが誕

生した。またルノーは翌01年5月，韓国のサムスン自動車の株式の70.1％を取得することで合意し，アジア第2位の市場である韓国に，欧米メーカーとして初めて生産拠点をもつに至った。

36) GMが経営危機に陥っていたフィアットの株式の約20％を取得するのと引き替えに，フィアットはGMの株式の約5.1％を保有するとの取り決めがなされ，GMはさらに，フィアットの残り株式を市場価格で購入するオプションを手に入れた。国内のほとんどの自動車メーカーを合併し，国内唯一の大手自動車メーカーとなっていたイタリア最大の民間企業フィアットは，この契約によりいつでもGMに身売りできる状態になった。以前であれば政府系投資銀行が介入し，決して許さなかった事態である。しかしながらこのオプションは行使されることなく終わり，GMは2005年2月に事実上の違約金として15億5,000万ユーロを支払うとともに，フィアットの自動車部門の発行済み株式の10％を返還することで合意する。両社の提携関係は大幅に縮小された（『日本経済新聞』2005年2月14日づけ）。

37) 2004年に入ると，ダイムラークライスラーは三菱自の増資要請に応じなくなり，アジア戦略全般の見なおしに入る。前後して三菱製自動車のリコール隠しが表面化し始めたことは，偶然にしては符合しすぎている。

三菱自は三菱グループの主要企業に救済を求め，ダイムラーとの提携関係は，三菱自の増資後にそれまでの約18％から13％に低下する見通しである。2000年6月に10％の株式取得で合意したのち，全保有株式の買却の意向を表明した韓国の現代自との関係と異なり，三菱自とは今後も業務提携を続けるとの考えを表明している（『日本経済新聞』2005年2月10日づけ）。

その一方で三菱自の商用車部門（三菱ふそうトラック・バス）については，さらに株式の20％の譲渡を受け，完全に傘下に収めている（同上）。

38) 2002年8月にGMの韓国法人としてのGM大宇（GMDAT）が設立され，同社にはGMがグループとして67％を出資しているが，そのうちGMと提携関係にあるスズキが14.9％を出資している。

1998年9月，ダイハツが資本提携関係にあったトヨタの出資比率を34.5％から51.2％に引き上げてトヨタの子会社となったことに，軽自動車で同社と長年争ってきたスズキは機敏に対応する。11月にはGMの出資比率をそれまでの3.3％から9.9％に引き上げ，GMはスズキの筆頭株主となる（*http://response.jp/*,「special feature」,「2000年5月10日」）。さらに2000年9月には，GMは出資比率を10％から20％に引き上げて関係を強化した（*http://www.suzuki.co.jp/*,「NEWS」,「企業ニュース」の項「2000年4月～」,「2000.9.14 スズキとGM新たな戦略的提

携を発表」)。

39) ダイムラークライスラーは 2004 年 8 月,韓国の現代自の全株式を売却すると表明した(*http://www.daimlerchrysler.com/*, 'Home', 'Top Stories' より検索, 'DaimlerChrysler Sells Its Stakes in Hyundai Motor, Stuttgart, Germany, August 16, 2004')。

40) この産業では製造の容易な初歩的な鋼材も多いため,発展途上国を含めた場合の生産量は非常に多くなり,自動車産業等に較べて先進国の比重は低く出る。したがって今日的には,他の主要産業との比較で集中・集積の態様を論ずるうえで,高炉の規模と並んで高張力鋼板や継ぎめ無し鋼管等の一定の技術水準を基準とする必要がある。

補論　　装置産業のグローバル再編

　製鉄業は装置産業の典型であるが，化学工業を始めとするそのほかの装置産業では製鉄業や自動車産業と異なり，その成立期に必ずしも合併が繰り返されたわけではない。そして装置産業の再編は，近年までナショナル・ベースで行われてきた。したがって本章の構成にはなじまないが，ここへきて他の産業と同様に国際的再編のプロセスが活発化している。ここでは，本章の第Ⅲ節に相当する近年の動向を主体として紹介し，グローバル再編が本来は腰の重いはずの産業にまで及んでいることを示しておく。

アルミニウム産業
　この産業はボーキサイトとして出土する酸化アルミニウムを採掘し，大消費地に運んで電気分解により精錬する。精錬施設の立地には発電コストが大きな要因となる特異な産業である。製鉄と兼営される場合もあるが，大手でその事例は少ない。そして欧米の場合この産業には，鉱山採掘の権益を握り，精錬から製品の販売まで手がける石油メジャーときわめてよく似た類型の企業が存在する。この産業は他産業がグローバル再編時代に突入する以前から，米4社，加・仏・瑞に各1社の「アルミ・メジャー」7社が世界市場を分割しており，きわめて集中度が高かった。

　1994年7月，以前よりオーストラリアにおいて共同の事業展開を行っていた，金属工業世界最大手のアルコアと豪州鉱山大手のウェスタン・マイニング（WM）は，両社のボーキサイト・アルミナならびに関連化学製品の事業部門

を統合することで合意し，95年1月に新会社を設立する[1]。97年から98年初めにかけては鉱山関連の合併が活発化したが，その背景には旧共産圏諸国の市場参入があった。98年通年でアルミ相場が20％下落するなど，金属価格が下落したことで鉱山会社の株価は大幅に低下していた。両社はアルミニウム製品の「ヴァリュー・チェーン」を分割し，双方の事業を部分的にトラスト化することで，川上の工程に関しては「事業持ち株会社」となって電解精錬の前工程を共同で行い，川下のアルミニウム精錬・加工・製品販売は従来どおり別個に行おうというのである。さらにアルコアは98年3月，アルミ・メジャーの一角を占めた米アルマックス社の買収に乗りだし，7月に同社の負債を含め約38億ドルで取得を完了する[2]。この時期，アルコアは同時にスペインの旧国有アルミ会社イネスパルを約4億1,000万ドルで取得している[3]。また99年8月には，国内に残ったメジャー，レイノルズ・メタルズを株式交換により買収することで同社と合意する[4]。

　最大手のアルコアがアルミ・メジャーの半数にも及ぶ国内のライヴァルをまとめ上げたのを見て，北米に残されたカナダのアルキャン（世界2位）は欧州側メジャーとの合併に動く。1995-99年の間，アルミ価格は下落し続けており，各社とも新たな経費削減の必要に迫られてもいた。99年9月，アルキャンは仏ペシネー（世界3位），スイスのアルグループ（旧アルスイス・ロンザ）[5]との合併合意に漕ぎ着けるが，いったんは破談する。2003年7月にアルキャンは改めてペシネーにTOBを持ちかけるが，拒絶された。最終的に2004年2月，アルキャンはフランスとアメリカの市場に残っていたペシネーの全株式を取得して完全子会社化したことを宣言し，4年半に及んだ買収プロセスはようやく完了したのであった[6]。

　この再編の最中の2002年2月，ただ1社取り残されていた米メジャー，カイザー・アルミナム[7]が連邦破産法第11条の適用を申請する。大合併から取り残されたカイザーの破産は，アルコアが合衆国における正真正銘の独占企業となったことを意味した。アルミ産業は北米に偏在しているという特徴があったものの，かねてより他産業のグローバル再編後の姿を先取りしたかのような

世界市場分割が果たされていた。この産業へのグローバル再編の作用は極端な集中を招き，最終的に2社で世界市場を分割するという事態となったのであった。このグローバル複占体制以上の集中は世界市場における競争の停止となることから，欧州委員会も米連邦政府も承認するはずがないことはいうまでもない。この体制は将来的に隣接産業の有力企業による本格的な進出がないかぎり安定的である。

石油採掘・精製

以下，化学関連の大合併の実証として，世界経済の複数の極に跨がる国際的生産の代表的事例のいくつかを紹介しておく。

まず石油化学工業の前段階を成すと考えられるいわゆる「メジャー」，国際石油資本についてであるが[8]，産油国による資源カルテルの弛緩がもたらした供給増が，97年7月以降のアジア経済危機による需要減退によって加速され，深刻な価格下落が続いた。これに伴い，第2次石油危機後の84年6月にシェヴロンが誕生（注15参照）して以来の再編劇が進行する。かつてSeven Sistersと呼びならわされたメジャー（エクソン，モービル，ソーカル，テキサコ，ガルフ，BP，ロイヤルダッチ・シェル）は自国内で強力な流通網を握るにとどまらず，中東を始めとする海外の油田に探査の段階から関与して権益をもち，世界の石油流通を支配してきた。この7社は今日では4社に集約されている。このプロセスは単に旧スタンダード石油系の地域石油会社の後身が米国内で再編を遂げたというにとどまらず，旧スタンダード石油系の2社を相次いでBPが取得するという展開となった。

98年11月，ブリティッシュ・ペトロリアム（BP）の株主総会は石油精製で米国5位のアモコ[9]との合併を承認し，世界第3位の新メジャーが誕生する運びとなった[10]。続く12月1日，米国第1位のエクソンが約810億ドルで2位のモービル[11]を買収することで合意し，ロイヤルダッチ・シェルを大きく引き離して世界最大の「スーパー・メジャー」，エクソン・モービルが成立し

た。奇しくも同じ日，フランス第2位のトタルがベルギーのペトロフィナを吸収合併し，世界第6位に浮上する[12]。このトタルフィナは続けて，99年3月に仏国内に残っていたエルフ・アキテーヌを買収して世界5位に浮上，旧国営石油会社同士の合併によりフランス版のスーパー・メジャー，トタルフィナ・エルフが出現する[13]。

　余波はさらに続く。エクソン・モービルの売り上げは，97年時点で繰り上げによって米第2位となったテキサコのちょうど4倍，3位となったシェヴロンの5倍に達し，下位に取り残された米国資本相互ないしは欧州資本との間で，さらなる再編が避けられなくなった。米欧間の大競争が，1911年のスタンダード石油トラストの解体によって生まれた，米国内のかつての地域石油会社相互の合同を通じた再結集を促し，司法省も国内における独占の進行，スタンダード・オイルの再現に近い事態を容認せざるをえないことは皮肉である。このケースであれば，アクターとしてEUの企業BPとロイヤルダッチ・シェルが加わっていることで，国内の反トラスト規制が大幅に弾力運用されているのである。99年4月，1月に発足したばかりのBPアモコ（現BP）は米第5位のアトランティック・リッチフィールド（ARCO）の買収を発表し[14]，この結果スーパー・メジャーは3社体制となった。上位メジャーの合併による規模拡大の結果，中堅のメジャーから下位に取り残される形になったシェヴロンは2001年6月，テキサコを約350億ドルで買収して世界第4位，米2位のシェヴロンテキサコが成立する[15]。

　石油資本もまた，早くから国際的寡占体制にあったのだが，この産業に関しても今次のグローバル再編は完了したと言ってよい。

汎用樹脂

　代表的な石油化学基礎製品であるエチレンは，輸送に特殊な冷凍船を用いる必要があるため，価格に比して運賃が割高となる。このため石油化学工業は消費地立地を基本とし，その市場は運賃の採算の合う範囲で，リージョナルに形成されてきた。加えて日本の場合，高い関税率を適用して国内市場を保護して

きたが，ウルグァイ・ラウンド合意の結果 95 年以降段階的に引き下げられ，ポリオレフィン（ポリエチレンとポリプロピレン）以外の品目ではすでに 99 年から最終税率が適用されている。従量税が適用されてきたポリオレフィンについても，2004 年に最終税率が適用された。エクソン・モービルが 2001 年にシンガポールで稼働させたプラントや，BASF・シェル化学・BP[16]が 2005 年にそれぞれ中国で稼働させるプラントは，高度成長期に建設された日本国内のエチレン・センターの 2 倍前後の規模である。92 年の韓国企業による国内市場参入に始まったこの産業のアジア地域における競争は，これからが本番となるにもかかわらず，日本国内での設備廃棄は進んでこなかった。業界協調では進みにくい設備の廃棄・集約を否応なく執行するうえでの，合併・経営統合の作用が注目されるところである。

　97 年 10 月に三井東圧と三井石化の合併により成立した国内第 2 位の化学トラスト，三井化学は合併を機に海外生産を強化し，シンガポールに 150 億円を投じて世界最大規模の新工場を単独で設立し，モービルの現地精製施設からエチレンを購入して 2001 年より年産 30 万トン（日本の 1996 年年間総生産量の 20 数％に相当）の高密度ポリエチレンの生産を開始した[17]。

　国内 3 位の住友化学工業は早くも 1977 年から，ロイヤルダッチ・シェルとの合弁で，すでにシンガポールにおいて同様のプロジェクトをたちあげ，ポリエチレンの生産を行ってきている[18]。日本の国内市場が自動車・電機産業等の需要者の海外生産に伴って拡大が見込めなくなっていることが，各社の積極的なアジア市場進出の背景にある[19]。またロイヤルダッチ・シェルは 1997 年 9 月，20 億ドルを投じ，伊モンテジソンとの 95 年以来の合弁事業であった世界最大のポリプロピレン・メーカー，モンテル社の持ち分を買収して 100％所有の傘下子会社とし，世界市場において首位に立つ[20]。さらに三井・住友の両社は 2000 年 11 月，2003 年 10 月を目処とする全面的統合に合意したが，この話は統合比率をめぐる確執から同年 3 月に破談した。

　これらの，欧米石油資本の現地精製施設に化学メーカーのエチレン生産プラントが付設される事例に対して，独 BASF は 1997 年 5 月，中国側との合弁に

より，南京に精製から生産まで一貫して行うエチレン・センターを設立した[21]。2000年8月にはマレーシアに，マレーシア国営石油企業ペトロナスとの合弁による年産16万トンのアクリル・コンプレックス（複合施設）が稼働した[22]。さらに2001年6月，韓国のSKエヴァーテックの蔚山(ウルサン)石油化学コンプレックスの年産32万トンに達する新鋭スチレン・モノマー（SM）工場を買収することで合意する[23]。2002年6月には，BASFはシェルとの合弁でシンガポールのセラヤ島に年産プロピレン25万トン，スチレン55万トンの世界最大級のプラントを建設した[24]。また北米では2001年12月，トタルフィナ・エルフとの合弁でテキサス州に世界最大のエチレン・センターを稼働させており，世界の主要な消費地に均衡のとれた生産拠点を配した世界初の化学企業となった[25]。一方99年8月にはエチレン世界2位の米ダウ・ケミカルが同5位の米ユニオン・カーバイドを合併することで合意し，世界最大の石油化学企業に躍り出ているほか[26]，最大の石油資本エクソン・モービルの化学部門は2001年7月，シンガポールのジュロン島に年産80万トンというアジア太平洋地域最大のエチレン・センターを単独で完成させ，商業運転に入っている[27]。

汎用樹脂からの伝統ある総合化学企業の撤退と，それに伴う特化が相次ぎ，残ったメーカーは繊維メーカーを含めた事業統合により，品目ごとのグローバル・シェアの確保に走った。1997年7月，デュポンは30億ドルを投じて英ICIのポリエステル・フィルム部門を買収し，ポリエステル・フィルムの世界市場で首位に立つ[28]。これは先に述べたロイヤルダッチ・シェルによるモンテル買収と同様の「事業交換」と呼ばれる事例である。なおこの概念は，必ずしも二者間の相互の事業の交換を意味するものではない。さらにデュポンは99年10月，帝人との折半出資による事業統合に踏み切った[29]。

この結果ポリエステル・フィルムの世界市場で2位に転落した東レは，直後に全世界的な増産投資計画を発表し，1,000億円近くを投じて日本・マレーシア・合衆国・フランスの4箇国に跨がる現有の生産拠点[30]すべてにおいて1999年より工場を増設したことに加え，韓国・中国で現地企業と新たに合弁

関係を結んで[31]，2001年には生産能力を1.5倍の30万トンとした。三菱化学と独ヘキストの企業連合も2003年までに300億円を投じ，現在の7割増しに増産することを決めた。ポリエステル・フィルムの年間需要は全世界で約100万トンで，年率数%の成長率で伸びているその世界市場は，デュポン，東レ，三菱化学=ヘキスト連合の三者が6割を占める寡占市場であった[32]。

　なお，その後ヘキストはポリエステル関連事業からの全面的撤退を表明する。三菱化学とのポリエステル・フィルムの合弁事業から撤退する一方，欧州・米国・メキシコに子会社を，トルコと中国に合弁会社を配して展開してきたポリエステル繊維事業の株式を，米KOSA社とメキシコのエクストラ・グループが設立する合弁会社に譲渡し，付加価値が高い医薬・農薬関連分野への特化を進める戦略を鮮明にした[33]。この結果，三菱化学のポリエステル・フィルムは年産12万トンとなり，デュポンに次いで世界第2位となった[34]。さらにヘキストは染料部門を売却し，残った化学事業も分社化して株式上場させ，切り離す方針を明らかにした[35]。この再編は，新たな中核事業となる製薬分野で規模を同じくする，仏ローヌ・プーランとの対等合併を見越したものとの観測どおり，その後1998年12月1日，両社は合併合意した（新社名アヴェンティス）。総合化学で97年までは世界第4位を占めたヘキストと第7位のローヌ・プーランの再編・合併は劇的であったが，再編の方向性としては，96年にスイスのチバガイギーとサンドが合併して成立したノヴァルティスが先鞭をつけていた。アヴェンティスは2004年1月，仏サノフィ・サンテラボによるTOBを受け，ノヴァルティスとの合併案でこれに対抗するも，仏政府の意向により4月に屈服した[36]。

　また合繊産業においては，デュポンは三菱商事・IFC（国際金融公社，世銀傘下）・蘇州化学繊維廠（江蘇省所在）との合弁（外資75%出資）で1億1,500万ドルを投じ，同社としてアジア地域初のポリエステル長繊維工場を蘇州に設立し，98年より年産8万トン規模で操業を開始した[37]。

　この産業では，もはや品目を総合した売り上げを比較することには意味がな

くなっており，また石油メジャーと化学メーカーを区別する意義も薄れている。①母国に加えて東南アジアもしくは中国に世界最大級のエチレン・センターを確保した企業，②特定の品目で世界シェアの 20% 以上を確保している事業連合[38]，そして③この産業から退出する形で製薬・生命科学大手として特化した資本は生き残ることができるであろうが，それ以外は他社の傘下に入るか，品目ごとの事業連合に持ち分を有する出資者として存続する途しかない。

ゴム・タイヤ産業

　化学関連の製品として，ゴム・タイヤがある。この産業では 80 年代半ばから後半が世界的再編の第 1 の波であった。83 年，住友ゴム工業が英ダンロップ社の欧州事業を，さらに 86 年には米ダンロップを買収したことが他社を刺激する。ちなみに住友ゴムは 1909 年，英ダンロップの日本工場として創業しているから[39]，この逆の買収により同社の国際トラストとしての生産拠点は日米欧 3 極に跨がるに至ったものの，ブランドは依然として共通である。88 年，ブリヂストン[40]が米 2 位のファイアストン社（Firestone Tire & Rubber）を買収し，日米両国に跨がって米グッドイヤー・仏ミシュランと拮抗する世界的な寡占体，ブリヂストン／ファイアストン（BFS）が成立した。この国際トラストは日本で知名度の高いブリヂストンと，アメリカで親しまれたファイアストンという 2 つの有力ブランドを擁し，しかもラインナップとしてそれぞれを相手方でも販売している。ブリヂストンによるファイアストン社買収に要した費用は 26 億ドルに達し，新生 BFS の収益を圧迫したが，慢性的に赤字であった旧ファイアストンの生産施設の更新を終えた BFS は 97 年，サウス・キャロライナ州に 4 億 4,000 万ドルを投じて新たな工場を設立するまでに持ちなおした[41]。また 89 年には横浜ゴムが，米モホーク・ラバーを買収している。

　同様の動きは欧米間でも広まり，87 年には独コンチネンタルが米ゼネラル・タイヤを，89 年には仏ミシュランが米ユニロイヤル・グッドリッチ[42]を，それぞれ買収する。この第 1 次再編を通じ，それぞれ世界市場の 6 分の 1 強を占める BFS・ミシュラン・グッドイヤーの 3 強に，その 3 分の 1 以下の規模の

独コンチネンタル・住友ゴム・伊ピレリ・横浜ゴム・米クーパータイヤ等が続くという構図となっていた。

　現在，世界的再編の第2波が到来しており，97年3月に米クーパータイヤが英エイヴォン・ラバーを買収した後，99年2月，世界第3位のグッドイヤー[43]と世界第5位（傘下の旧オーツタイヤを含めれば4位）の住友ゴムが，資本・業務提携することで合意した。この提携は株式相互持ち合いを踏まえて技術交流・購買のそれぞれに共通の合弁会社を設立し，日米欧の地域ごとに出資比率を定めて生産・販売を統合するという全面的なものである。この結果，世界市場における3大寡占体の均衡は崩れ，グッドイヤー＝住友ゴム連合が頭一つ分，脱け出すことになった[44]。同じ月，中位に取り残されていた世界第6位のピレリと同8位（米4位）のクーパーは戦略提携で合意し[45]，また2001年6月には同4位のコンチネンタルと7位の横浜ゴムが戦略提携で合意した結果，世界第4位（コンチネンタル＝横浜ゴム）と第5位（ピレリ＝クーパー）の連合が形成された[46]。

　この産業では現在のグローバル再編の時代以前から，8社が世界市場を分割しており，しかもその多くはマーケティングや生産に関して，早くにナショナル・ベースを超えていた。レースへの参加を通じて培われたブランド力がものを言うこの産業には，単なる応用化学産業としては扱うことができない側面があるからである。ゴム・タイヤ産業では80年代末以来の3強の地位は不動のものとなっており，グローバル再編はほぼ完了したものと思われる。今後の再編は緩やかに推移するであろう。世紀を挟んで出現した第4・第5グループは，たぶんにそれぞれのブランドのグローバル・マーケティング面での地域的な補完関係を主体とするものであり，その凝集力には限界がある。

注
1) 新会社はアルミナの年間生産能力990万トンの世界最大のアルミナ・メーカーと

なった（日本経済新聞1994年7月7日づけ）。世界最大のアルミニウム精錬プラントであるこの事業は現在，アルコアが60％を保有するAlcoa of Australia Limitedとなっている。50年代末に豪州の鉱山会社3社が合同して国内のボーキサイト採掘を企てたが資本が足りず，アルコアにも声をかけて出資を得たのが，そもそもの始まりだった（*http://www.alcoa.com.au/*, 'About Alcoa', 'History'）。

　アルコア（Alcoa）はThe Aluminum Company of Americaの略称だったが，99年1月以降は正式社名となった。精錬部門を拡大する一方でアルコアは2000年3月，航空機器部品大手のコーダント・テクノロジーズを，その発行済み全株式を総額22億8,000万ドルで買収することにより合併することで合意し，アルミ工業の川下にも進出している（『産業新聞』2000年3月16日づけ，*http://www.japanmetal.com/*,「バックナンバー」で検索可能）。

2）取得は現金と株式交換によった。アルマックスの吸収の結果，アルコアの売り上げは170億ドルに達した（*http://www.alcoa.com/*, 'News'の項 'News Releases'での検索結果 'March 9, 1998 Alcoa to Acquire Alumax Inc.'）。

3）スペイン政府（SEPI, 産業出資公社）との合意は1997年7月，欧州委の認可は98年1月だった。アルコアは国内3箇所の精錬所や5箇所の圧延施設を手に入れた（*http://www.alcoa.com/*, 'News'の項 'News Releases'での検索結果 'February 6, 1998 Alcoa Completes Acquisition of Main Aluminum Businesses...'）。

4）当初アルコアはテンダー・オファー（株式公開買い付け）による買収を表明していた。この取引のエクイティ価格は約44億ドルとなった。99年上半期における両社の売り上げは205億ドルに達した（*http://www.alcoa.com/*, 'News'の項 'News Releases'での検索結果 'August 19, 1999 Alcoa and Reynolds Agree to Merge'）。

5）旧アルスイス・ロンザは，98年11月の時点でドイツのコングロマリットVIAG（フィアク）と欧州域内で合併することで合意していた（『日本経済新聞』1998年11月28日づけ）が，その後破談していた。両社は化学製品を共通の生産品目としていた。

6）*http://www.alcan.com/*, 'MEDIA', 'News releases', 'Alcan Acquires Remaining Pechiney Securities...2004/02/09'.

　アルキャンは米アルコアの前身（Pittsburgh Reduction Company）が1902年にカナダに設立したカナダ子会社（Northern Aluminum Company Limited）として始まっている。同社は25年に，Aluminum Company of Canada, Limitedと改

称しており，これを縮めて87年に持ち株会社名，2001年にグループ名とした。28年にアルコアは国外の法人の株式を手放し，アルキャンがその大半を継承した（http://www.alcan.com/, 'ABOUT ALCAN', 'History', 'Alcan's Wordwide History'）。同社は仏語圏であるケベック州の企業であり，アルコアとの対抗上，大西洋を跨いだ仏語圏におけるグローバリゼーションが生じたのは自然の成り行きであった。

7）　カイザーの98年の売上げは22億5,640万ドルで，同年のレイノルズの58億5,900万ドルに較べればその規模ははるかに小さい（http://www.mmaj.go.jp/,「JAPANESE」,「オンライン鉱業情報」,「99-08（1999.3.16）米国非鉄金属企業98年決算」）。同社の破綻の原因としては，多角化の失敗，高コスト体質等が指摘されている（http://www.japanmetal.com/,「記事特集」,「■過去の記事特集はこちら」,「2/19（火）ニュースの焦点/北米アルミ三強の一角崩れる…」）。

8）　各社はみずから石油化学工業を手がけている。米国際石油資本6社の98年通年の合計を見れば，その事業構造は収益の14%が化学部門から上がっており，川上の原油の生産・販売と川下の精製以降がそれぞれ43%で，残りの半分を占めている（http://oil-info.ieej.or.jp/,「石油事情」,「世界の石油事情」の項「世界の石油産業の動き」）。メジャーの十数%は化学企業でできていると言える。

9）　アモコ（American Oil Companyの意）は1889年にJ.D.ロックフェラーによって設立されたthe Standard Oil Company（Indiana）の後身であり，1912年のスタンダード石油トラスト解体のさいに分離独立した（http://www.bp.com/, 'our company'の項 'Company overview', 'Our history', 'The Amoco story'）。

10）　『日本経済新聞』1998年11月26日づけ。

11）　かつてのスタンダード石油系の筆頭, the Standard Oil Company of New Jersey（Jersey Standard）であったエクソンは，企業買収の結果本拠をテキサスに移していた。34社にも分割されたかつてのスタンダード石油の後裔は，ジャージー・スタンダードが「エッソ」（スタンダード石油の頭文字S.O.に由来する）の商標でみずからの地盤に販売攻勢をかけてくることに異議を唱えた。このため72年にジャージー社はエクソンと改称する。一方Socony と呼ばれた Standard Oil Company of New York が31年にヴァキューム・オイルと合併し，76年に改称したのがモービルである。エクソン・モービルは欧州委に対しては欧州域内でのBPとのガソリン販売の合弁を手放し，米連邦政府に対しては国内の2,400箇所以上のスタンドを売却することで，ようやく合併の認可を手にした（*Hoover's Handbook of American Business 2002*, Hoover's Business Press, 2001, p. 576, *http://www.hoovers.com/*, 'Companies & Industries', 'A To Z And Beyond' の項 'Company Directory' でも内容の一部については検索可能)。

12) 欧州委員会による認可は1999年3月。トタルは1924年にフランス石油として設立された国営企業だったが，政府は90年代に出資比率を31.7%から1%未満にまで引き下げている (*http://www.totalfinaelf.com/*, 'English', 'Profile' の項 'History', 'Total', '1980')。LNGに強みをもち，日本においてすら国内需要の10%前後を供給していると云う。一方ペトロフィナは，1920年に Compagnie Financiere Belge des Petroles の名でルーマニアの石油開発への投資のために設立された一種の金融機関として始まっている。戦後はアフリカを始め海外に権益を確保しつつ欧州に販売網を拡げていった (*http://www.totalfinaelf.com/*, 'English', 'Profile' の項 'History', 'Petrofina')。

13) 欧州委による認可は2000年2月，合併の完了は8月となった。アキテーヌとはワインで名高いボルドー地方を含む南西部の県の名で，30年代に同地で油田が発見されたことに因む。旧植民地のアルジェリアが71年に油田を国有化したことから，以後は北海に転進して開発を行ってきた (*http://www.totalfinaelf.com/*, 'English', 'Profile' の項 'History', 'Elf Aquitaine')。

14) 合併の結果，新会社のアラスカ原油に関する生産シェアが7割に達することから，当初この計画は独占禁止法に違反するとされて，連邦取引委員会（Federal Trade Commission：FTC）の承認が得られなかった。当初FTCと法廷で争うかまえをみせていた両社が，エクソン・モービルのアラスカでの権利の確保等の点で合意したことから，2000年4月にFTCは両社の合併を認める。なお同社は Burmah Castrol を合併したのを機に，同年7月にそれまでBP，アモコ，ARCO の3つに分かれていたブランドを bp に統一し，社名をBPアモコから合併前の名称に戻した (*http://www.bp.com/*, 'our company' の項 'Press centre', 'Archive', '2000', 'July', '24th July 2000 BP Amoco Unveils New Global Brand to Drive Growth')。なお Burmah Castrol は，ともに19世紀末に操業したスコットランド資本のミャンマーでの石油採掘会社と，ロンドンを拠点とする小売り業が1966年に合併したものである。キャストロルは後者のブランド名だった。この合併の結果BPは売り上げ高でロイヤル・ダッチ・シェルを抜き，世界第2位に浮上した。

19世紀後半に操業した大西洋石油は，スタンダード石油トラストの傘下に入ったのちに1911年に独立を回復する。一方17年にロサンジェルスの石油の小売りから始まったリッチフィールドは事業を川上に展開していった。66年に両社は Atlantic Richfield Company として合併し，ARCO を新しいシンボル・マーク

とした。そのアラスカ事業は 68 年に北極海側で有望な油田探査に成功し，77 年に州を縦断するパイプラインを稼働させている（http://www.bp.com/, 'our company' の項 'Company overview', 'Our history', 'The Amoco story'）。

15) 合意は 2000 年 10 月。両社の合併の可能性については，本書第 1 版 97 ページに指摘しておいた。テキサコの債務を併せた取得価格は，約 430 億ドル。両社の合併協議は 99 年にいったん破談となったが，シェヴロン側の CEO の引退により再燃していた。

シェヴロンの前身はゴールド・ラッシュの 30 年後にカリフォルニアで石油探査会社として始まり，西海岸に進出したロックフェラーのスタンダード石油と争ったのちに買収されている。1911 年のスタンダード石油の解体により，西海岸の事業は Standard Oil Company (California) となった。ソーカル（Socal）はその略称で，シェヴロンは 31 年以来のブランド名だった。61 年に Standard Oil Company of Kentucky (Kyso) を買収し，中西部に進出する。さらに 84 年には 132 億ドルでメロン家系のメジャーだったガルフを買収し，シェヴロンを名のる。ガルフの力の源泉は，アラビア湾のクウェートにもっていた権益であったが，75 年に油田が国有化されたあとは立ちゆかなくなっていた。一方テキサコはその名のとおり，スタンダード石油から独立した創業者が 19 世紀末にテキサスに赴いて設立した企業である。そもそもの社名は Texas Company で，テキサコはそのブランド名。

ともに西部を地盤とする両社は，海外（アジア太平洋・アフリカ地域）での折半出資の共同事業としてカルテックス（Caltex : California-Texas Oil の意）を維持してきた。カルテックスは 1930 年代にソーカルが中東で石油探査を行うさいに，テキサコの折半出資を得て企業化した合弁であった。シェヴロンテキサコは連邦政府の合併認可を受けるために，シェヴロンとシェルの川下の合弁事業（Equilon）およびシェヴロンとアラムコ（サウディ・アラビア）との合弁（Motiva）を，それぞれ相手方に譲渡した（Hoover's Handbook of American Business 2002, Hoover's Business Press, 2001, p. 352, 1376，または http://www.hoovers.com/, 'Companies & Industries', 'A To Z And Beyond' の項 'Company Directory'）。

16) BP の合併した旧アモコが，PTA（テレフタル酸：ポリエステルの原料）世界最大手で，国際価格の形成に絶大な影響力を有していた。

17) 『日本経済新聞』1997 年 8 月 9 日づけ。

シンガポールのジュロン島は同社の一大戦略拠点となっている。100％出資子会

社，ミツイ・ビスフェノール・シンガポールは，1999年9月よりビスフェノール-A（BPA，フェノールの誘導品）の商業生産（年産7万トン）に入った。BPAを原料とするポリカーボネート樹脂（哺乳瓶やCD他光学ディスクの素材）の市場はアジア地域を中心に世界的に急成長を続けており，増大する需要に対応するため，同社は2001年11月に第2期計画のプラント（同7万トン）（*http://www.mitsui-chem.co.jp/*，「新着情報」，「バックナンバー」の項「2000年」，「●2000年03月10日｜シンガポールにおけるビスフェノールA第2期計画の件」），2002年10月からは第3期計画のプラント（同7万トン）を相次いで稼働させている（同「●2000年12月20日｜シンガポールにおけるビスフェノールA第3期計画の件」）。隣接地では，ミツイ・フェノール・シンガポールにより2001年4月よりフェノール・プラントが稼働し，BPAとの一貫生産体制が整った。すでに国内で市場シェアの過半を占めている同社は，フェノール事業を「コア中のコア事業」と位置づけており，アジア全体でも40％のトップシェアを有していた。本プラントの完成により，三井化学のフェノールの生産能力は，日本での年産50万トンと合わせて75万トンに達している（*http://www.mitsui-chem.co.jp/*，「新着情報」，「●2002年03月08日｜シンガポールでのフェノールプラント竣工式開催」）。

　またPTAについても，タイのサイアム・セメントの子会社との合弁（ほぼ折半）で1999年に第1プラントを，2002年8月には第2プラントを稼動させており，これにより同社の現地生産能力は年産80万トンと，アセアンで最大となった。PTA需要は，ポリエステル繊維およびPET（ポリエステル）ボトル等の原料として伸長している。タイのほか，すでにインドネシア・韓国にも生産拠点を有する（同「●2002年08月26日｜タイ国高純度テレフタル酸No.2プラントが営業運転開始」）。

　三井化学は半導体製造工程で使用する3弗化窒素（NF_3）についても，日米両国で97年以降，同一のプロセスで製造している。下関工場と1988年11月に取得した100％出資子会社ADC（ミシガン州）の2箇所で，2001年からは生産能力が増強されている（*http://www.mitsui-chem.co.jp/*，「新着情報」，「バックナンバー」の項「1999年以前」，「●1999年06月22日｜三井化学グループNF3生産能力を日米同時増強」）。

18）ジュロン島メルバウ地区でのこの合弁は，日本国内の公害問題の深刻化に伴う立地難の問題と資源確保の観点から，海外経済協力基金が10％噛んだ国家プロジェクトであった。住友化学を主体とする日本側のコンソーシアムが40％を占め，残りがシェルの投資子会社である。1984年に稼働した第1期エチレン設備（年産45万トン）に加えて97年4月，第2期設備（同51.5万トン）が稼働しており，東ア

ジア最大のエチレン・センターとなった（*http://www.sumitomo-chem.co.jp/*,「ニュースリリース」,「バックナンバー」の項「1997年」,「1997/04/22　シンガポール石油化学第2期エチレン設備稼動開始の件」）。このさいの資金は13億米ドルを要したが，第1期プロジェクトが6年で初期投資を回収できるほど高収益をあげていたため，資金の80％弱は自己資金で賄われた（*http://www.nli-research.co.jp/*,「レポート・出版物」,「・ニッセイ基礎研REPORT」,「1999年5月号」の項「日本化学企業のアジア戦略」）。

19)　『日本経済新聞』1997年8月9日づけ他。

20)　*http://www.nli-research.co.jp/*,「レポート・出版物」,「・ニッセイ基礎研REPORT」,「1998年7月号」の項「本格的な設備再編が待たれる石油化学業界」。

21)　商業生産開始は98年3月。BASFはアジア太平洋地域に31の子会社，29の合弁会社，約1万人の従業員を擁し，2000年の同地域における売り上げは約50億ユーロ，現地生産率は46％に達する。さらに2001年10月，BASFは中国石油化工集団（SINOPEC：国家石油化学工業局の現業部門）と共同で，南京市北部の生産拠点にエチレン年産能力60万トンのプラントを追加する事業について中国政府による認可を受け，着工した。プラントの稼動は2004年末から2005年の予定（*http://www.basf-japan.co.jp/*,「プレスリリース」,「2001年」,「2001年10月2日　BASF，中国の新「フェアブント」拠点建設に着工」他）。

　　BASFは本来Badische Anilin- & Soda-Fabrik AG（バーデンのアニリンおよびソーダ製造所株式会社）の略だが，IGファルベン（本書第3章注4参照）への結集を経て，敗戦後占領軍に接収されている。今日のBASFは，52年に現在の本社であるルードヴィッヒスハーフェン（ラインラント・ファルツ州）のプラントがこの名で独立を回復したことに始まる。

22)　アクリル酸は，紙おむつ等の高分子吸収体の材料。プラントは南シナ海側のクアンタン市にあり，150haに及ぶ。出資比率はBASF 60％，PETRONAS 40％。両社が計画している世界最大級のコンプレックスへの総投資額は，約9億ドルに上る（*http://www.basf-japan.co.jp/*,「プレスリリース」,「2000年」,「2000年8月3日BASFペトロナス・ケミカルズ社，マレーシアで……」）。マレーシアは隣国シンガポールに対抗して，アジアの石油化学ハブとなることに躍起となっている。

23)　同コンプレックスについては本書第3章注7参照。ここにはすでにBASFのスチレン・プラントが在り，SKの工場とパイプラインで結合されているため，この買収はきわめて効率的な川上への進出となった（*http://www.basf-japan.co.jp/*,「プレスリリース」,「2001年」,「2001年7月2日　BASF，韓国のSKエバーテッ

ク社からスチレンモノマー工場を買収」)。

24) ポリプロピレンは，ポリエチレンと並ぶ代表的な熱可塑性樹脂である。合弁は折半で，両社はそれぞれの精製物を別個に販売する。またシェル・ペトロリアム社（通称シェル）はこのプラントとは別件で，同じくシンガポールに年産総計20万トンに及ぶポリオール（ウレタンフォームの原料）プラント2基を擁している。シンガポール地区のプラントは，アフリカから南北アメリカに至る地域をマーケティングの対象としている（*http://www.shellchemicals.com/*, 'Newsroom', 'Corporate news', '2002' の項 'June 20, 2002 Shell, BASF start up JV SMPO plant in Singapore'）。またBASFはオランダでもシェルの石油精製施設に隣接する形で，まったく同じ規模・構成の合弁プラント（年産プロピレン25万トン，スチレン56万5,000トン）を稼働させている。この事業（タルゴア社）はもともと英ICIから94年にBASFとヘキストが買収した合弁であったが，ヘキストの総合化学からの撤退に伴い，BASFの単独出資事業となっていた（*http://www.basf-japan.co.jp/*,「プレスリリース」,「1999年」,「1999年11月8日 BASF，シェル社とポリオレフィン事業統合計画を発表」他）。ともに百数十万トンのポリプロピレン生産能力をもつタルゴアとモンテルは欧州で突出する石油化学の2強であったが，2000年10月にやはりシェル・BASF両社の折半出資だったエレナック社とともに統合され，世界最大のポリオレフィン・メーカー，バゼル社（シェル・BASF折半）となった。バゼルのポリプロピレン生産能力は570万トンに達し，全社を合計しても294万トンにすぎない日本1国を上回る（*http://www.basf-japan.co.jp/*,「製品情報」,「プラスチック・繊維」,「Plastics Magazine」,「plastics」(PDF), 2ページ他）。欧州の石化事業は，シェル・グループとBASFによって支配されてきた。

　2005年5月，両社はバゼルを年内に米投資会社他に44億ユーロで売却すると発表した。今後，シェルは本業の石油事業に，BASFもプラスチック事業はポリウレタンを主とする戦略分野に集中するとしている（『日本経済新聞』2005年5月6日づけ）。

　エチレン生産能力は世界各地で確実に増強されており，ガスで供給できるエタンのコストの安さを武器に中東全体で年産1,000万トンに迫っている（うちサウディ・アラビアの生産能力が過半）。他にも米国のエチレン専業3社が事業統合したエクィスター社はダウ，エクソン・モービルに次いで520万トンもの生産能力を有している（*http://www.ide.go.jp/*,「出版」,「トピックリポート」,「No. 40/2001年1月発行 原油価格変動下の湾岸産油国情勢」,「第7章 各国経済の動向と石油化学産業の今後」(PDF), 13ページ）。

第1章　資本の集積・集中の現段階　41

25) プラントはトタルフィナ・エルフの石油精製施設の敷地内にあり，年産能力がエチレン 90 万トン，プロピレン 55 万トン，出資比率は BASF 60％，旧ペトロフィナ 40％ であった (http://www.basf.de/, 'English, 'About us' の項 'Annual Report', '2001 in summary', 'Milestones 2001' (PDF), p. 2 他)。

26) 金額は同社の合意発表時点で 93 億ドルという巨額であったが，株式交換によって行われた。欧州委は 2000 年 5 月に承認し，翌年 2 月に FTC の承認を得て合併は完了した。ダウは 93 年以降，「非戦略的」事業の売却を進める一方で，総額 50 億ドルにのぼる特殊化学・農薬企業の買収を進めていた (http://www.dow.com/, 'This is Dow', 'News Center', 'Corporate News', '1999 Corporate News Archive', 'August 4, 1999 Dow Chemical And Union Carbide To Merge...' 他)。この合併を通じて，ダウはついにデュポンを抜いて米最大の化学企業となったが，この間に世界ランキングは大きく変動しており，世界最大手は BASF である。

　　ダウは 1897 年に塩素系漂白剤から始まった企業で，先行した英・独の企業に対して徐々に国内市場を確保していった。40 年代以降，プラスチック製品の比重が高まり，「サランラップ」や「ジップロック」等の製品で知られる (ただしこれらの商標は 98 年に売却)。ポリオレフィンの生産に入ったのは遅く，96 年に伊 ENI 傘下のプラントを買収して以降のことである (Hoover's Handbook of American Business 2002, Hoover's Business Press, 2001, p. 504, http://www.hoovers.com/, 'Companies & Industries', 'A To Z And Beyond' の項 'Company Directory' でも内容の一部については検索可能)。ダウのエチレン生産は年産 1,200 万トンに達し，これは日本全体の生産量 (730 万トン) をはるかに凌駕する (『日経ビジネス』2002 年 7 月 8 日号 49 ページ)。

27) 総工費 20 億ドル (http://www.exxonmobilchemical.com/, 'Products & Services', 'Plasticizers (Jayflex)', 'Select A Region' の項 'Asia Pacific', 'NEWS & USEFUL LINKS', 'ExxonMobil's Singapore Chemical Plant Now Operating')。

28) かつて英国を代表する化学企業であった ICI (旧「帝国化学工業」) は，1926 年に IG ファルベン同様に国内の主要 4 社が大合同したものであったが，93 年 1 月に生命科学関連事業をゼネカとして分離し，塗料・香料・接着剤分野へと特化していった。

29) ポリエステル・フィルムは磁気テープや食品包装等に広く用いられている。基本合意は同年 2 月で，生産能力は統合の時点で年産 30 万トンを超え，世界最大となった。本来デュポンの事業所だったプラント (英・蘭・ルクセンブルグ・中) を

「デュポン帝人フィルムズ」，帝人のプラント（日・インドネシア）を「帝人デュポンフィルムズ」として，両社の事業を融合させた米国とともに世界7社体制とし，統括機関（意志決定を行うメンバーは両社同数）を設けて世界市場において一体的なマーケティングを行う（http://www.teijin.co.jp/，「Japanese」，「ニュース」の項「1999年」，「1999.7.14 帝人と米国デュポン社のポリエステル事業の統合…」および http://www.dupont.com/, 'News & Media' の項 'News Releases', '05-JAN-00 DuPont and Teijin Announce Start Up Of...'）．

30) 東レのポリエステル・フィルム事業は99年の時点（合計20万トン，世界シェア21%）ですでに，日（年産9万トン）・マレーシアペナン島（98年8月稼働，同3万トン）・米ロードアイランド州（同3万トン）・仏リヨン市（96年5月ローヌ・プーランより買収，同5万トン）と，4極におけるバランスのとれた生産・販売体制となっていた（http://www.toray.co.jp/，「プレスリリース」の項「バックナンバー」，「1999年4〜6月のニュース」，「中国/儀化集団公司とのポリエステルフィルム…」他）．

31) 韓国では大手合繊メーカーであるセハン社の生産施設を移管して，東レが60%，セハンが40%を出資する合弁会社を設立することで1999年6月に合意し，12月より営業を開始した．生産能力はポリエステル・フィルムが年産9万トン，ポリエステル長繊維が同5万トンで，ポリエステル長繊維事業では，日本・中国・タイ・インドネシアの既存の生産拠点と併せ年産26万トンに達する世界有数のメーカーとなった（http://www.toray.co.jp/，「プレスリリース」の項「バックナンバー」，「1999年10〜12月のニュース」，「平成11年10月20日　韓国/セハン社との新規合弁会社設立について」）．この提携は韓国の化繊産業で初めての外資調達による構造調整の事例となって歓迎され，輸出も順調に推移している．

また中国の合弁相手は江蘇省儀征市の儀化集団公司（SINOPEC傘下）で，折半出資．同公司の現有設備（年産6,000トン）を新会社に移管し，設備改造を行なう．同公司は，中国政府の第9次5箇年計画においてポリエステル・フィルムの生産能力を年産3万トンとする計画となっており（http://www.toray.co.jp/，「プレスリリース」の項「バックナンバー」，「2001年7〜9月のニュース」，「平成13年8月1日　中国/儀化集団公司とのポリエステルフィルム…」），これに東レが技術供与を行って便乗する形の参加である．

32) 『日本経済新聞』1998年2月6日づけ．中国市場に限れば，依然として年率10%の伸びが見込まれている（http://www.toray.co.jp/，同上）．

33) 同紙同年4月23日づけ．

34) 1.5倍増との計画どおり，2004年には19万トンに達している（*http://www.m-kagaku.co.jp/*,「会社概要」）。ヘキストとの合弁事業は，92年以来のものであった。
35) 『日本経済新聞』98年11月18日づけ。
36) サノフィ・サンテラボ自体が99年に，石油企業エルフ（現トタル）と化粧品製造のロレアルそれぞれの子会社が合併したもの。新会社サノフィ・アヴェンティスは製薬企業として米ファイザーに次ぎ，世界2位の英グラクソスミスクラインと並んだ。
37) この生産量は中国の94年のポリエステル繊維消費量の4%，年間輸入量の13%に相当する。最終的には年産20万トンまでの増産を計画し，日本への輸出も見込んでいる（同紙 1995年10月21日づけ，*http://www.dupont.net.cn*, 'English Version', 'DuPont in China', 'Eight joint ventures in clude:' の項 'DuPont Suzhou Polyester Company Limited'）。
38) かつてIGファルベンの名の起こりとなったドイツ化学工業各社の繊維用染料事業は，95年にバイエルとヘキストの折半出資で設立されたダイスターとして切り離され，さらに99年11月にBASFの染料部門がこれに合流した結果，バイエル35%，ヘキスト35%，BASF 30%の共同出資の合弁となった。ダイスターは，世界の染料市場の20%以上を占める世界最大の染料企業である（*http://www.meti.go.jp/*,「産業構造審議会」，「議事要旨」，「新成長政策部会」の項「第3期第2回配付資料（H14.3.18）」，「5. 事業再構築と産業再編の更なる推進の必要性」（PDF），26ページ他）。

　化学世界4位の独バイエルは高分子から医薬品に至るラインナップで，相対的に総合的な事業構成をとどめているものの，仔細に見れば重合体関連ではエチレンから撤退し，ポリウレタンに特化している（*http://www.bayer.com/*, 'About Bayer', 'The New Bayer', 'Links' の項 'Bayer Polymers'）。
39) そもそもはダンロップの神戸（極東）支店の工場部門として始まり，社名も戦前から63年までは「日本ダンロップ護謨」であった（*http://www.sumitomo.gr.jp/*,「住友の歴史と事業精神」の項「歴史の概要」，「歴史表へ」，「住友グループ発展略図」，「住友ゴム」）。住友の資本参加は60年。83年に英ダンロップの持ち株を引き取ることで全面独立してからの展開は急であった。翌84年には英・仏・西独の6工場およびタイヤ技術中央研究所を買収し，さらに85年には米ダンロップに資本参加し，86年には資本の過半数を取得している（*http://www.dunlop.co.jp/*,「skip」，「会社概要」，「沿革」）。住友ゴムは2003年7月オーツタイヤ（現ダンロップファルケンタイヤ）を吸収合併した。

1887 年に息子のために空気入りタイヤを発明した J. ダンロップが翌年に創業した事業は，自転車用タイヤの製造から大を成した。

40) 米国進出は83年にファイアストンのナッシュビル工場を取得したことに始まる。ブリヂストンは久留米市のゴム引きの地下足袋メーカーだった日本足袋（のちのアサヒコーポレーション，98 年に経営破綻）が，1930（昭和5）年にタイヤの試作に成功したことから興っている。翌年には石橋正二郎によって「ブリッヂストンタイヤ株式会社」が設立され，早くも 32 年には米ビッグ 3 の日本部門から採用されている。すでに戦前の時点で，満洲・青島・台湾・朝鮮に現地生産施設を擁していた。53 年に国内最大手となり，64 年には世界第 10 位につけた（*http://www2.bridgestone.co.jp/*，「企業情報」の項「企業情報トップ」，「会社案内」，「GO INDEX」「ブリヂストンの歴史」）。ブリヂストンは戦前に新興工業における代表的ブランドを確立して海外（開戦前の植民地全域）に展開しながら，敗戦によって一切の海外資産を喪失して発展が中断し，戦後にグローバルに再展開を遂げることで一代で世界最大手の一角を占めるまでに発展した。石橋が相談役に退いたのは 73 年のことであった。同社は松下電器やトヨタの類型の産業資本で，戦前に事業の基盤をもたなかったソニーやホンダとは異なるタイプの企業である。2002 年 12 月，同社は新車向けのタイヤのブランド名を世界的に「ブリヂストン」に統一するとした。

41) 『日本経済新聞』1997 年 12 月 9 日づけ他。その後フォード製 SUV「エクスプローラー」の横転事故が続発し，リコールと訴訟が相次いだことから，その責任をめぐって 2001 年にファイアストンとフォードは非難の応酬となり，1 世紀にも及んでいた創業以来の取り引き関係は 5 月に断絶した。フォードの業績不振の表面化に伴い，事件の全責任をファイアストンに帰してきたナッサー CEO が 10 月に創業家によって更迭されたことをきっかけに，両社の関係は和解へと向かっている。奇しくもファイアストンがかつてブリヂストンに買収されるきっかけとなったのも，78 年の大規模なリコールに伴う経営悪化であった。

この日米間のトラストは，時期的にも規模の点からも本章第 II 節に紹介した NKK とナショナル・スティールの合同に匹敵する事例と考えられたが，その後の展開は対照的なものとなった。NKK による合同が両国の国内における再編の流れの中で分解していったのに対して，ブリヂストンのケースは上記のリコール事件の苦境を乗り越えて続いている。今日のグローバル再編に突入する以前の段階での両産業の世界的な集中度の差が，2 つの事例の相違の最大の要因であろう。

42) ユニロイヤル・グッドリッチはこれに先だつ 86 年に，アメリカのユニロイヤル社と BF グッドリッチ社が，双方のタイヤ事業を統合して設立した企業であった。

43) 今日の天然ゴムの加硫法を発明したのが C. グッドイヤーで，それ以前はゴムは防水と字消しにのみ用いられ，その弾性を工業的に利用することができなかった。1839 年，研究室で眠りこけたグッドイヤーは翌朝，自分の靴底の弾性が増していることに気づく。それが机上の薬品の1つが何かの拍子に床にこぼれ，ストーブによって加熱されたことで生じた反応によるものであることを突き止めるのは，彼にとって困難なことではなかった（*http://www.c-rubber.co.jp/*,「ゴムの歴史」）。

44) 『日本経済新聞』1998 年 2 月 3 日づけ他。
　　日本の旧財閥系企業には，特定の産業において主要な金融系列の数だけ，場合によってはそれ以上の企業がひしめく中で，過当競争を続けてきたものが多い。国内市場が成長を続けていた時期には，そうした旧財閥系の下位メーカーにも可能性があったが，在来型の産業ではすでに国内におけるシェアは確定しており，「バブル」期に 3 極に拠点を展開するだけの体力もなかった企業はもはや，三井住友系各社のように旧企業集団の垣根を越えて合併するか，「敗け組」自動車メーカーのように外資の日本における拠点として傘下に入るほかない。こうした旧財閥系企業の場合，全面的に外資の傘下に入るには抵抗が強いことから，この住友ゴムの包括的提携の手法は，国内の下位寡占体が世界的な大競争の下で生き残ってゆくためのモデル・ケースと言えるであろう。

45) 両社併せての世界シェアは 6 % 強。両社は合弁を立ち上げ，クーパーは代理店として自社の工場でピレリの乗用車・小型トラック向け製品を生産し，クーパーのディーラー網を通じて販売することで，NAFTA 域内の交換用タイヤ市場におけるマルティ・ブランド戦略を試みた。ピレリはスポーツ・カーや SUV 向けの高耐久性製品に強みをもち，カリフォルニアに自社工場をもつ。南米のピレリのディーラー網で，逆にクーパー製品を販売することも展望されていた。共同会見でクーパーの CEO は，今日のビジネスにおいて「臨界量」（critical mass）を組み立てることの重要性を強調し，また戦略提携が企業の独立性と競争力を両立させる究極の方法であると明言している。両社が「戦略提携」と呼んだ関係は，資本関係をまったく含まないものであった（*http://www.coopertire.com/*, 'news', 'archives', 'Alliances/Acquisitions' の項 '11-Feb-1999 Cooper Tire & Pirelli Tyres Form Strategic Alliance'）。
　　この提携は 3 年後に見直され，ピレリは結局 2002 年 7 月から米国内での自社ブランド製品の販売を再開し，クーパーはピレリ・ブランドの取り扱い品目を絞り込んだ。提携は技術を中心とするものに後退した。ピレリはアトランタ近郊に新鋭工場を立ち上げている（*http://www.coopertire.com/*, 'news', 'archives', 'Alliances

/Acquisitions' の項 '4-Apr-2002 Cooper/Pirelli Restructure Alliance')。

46) 両社併せての世界シェアは11%前後で，3強に次ぐ位置につけている。2002年4月には日本と韓国の自動車メーカーにグローバルに各種タイヤを供給する窓口となる合弁，ヨコハマコンチネンタル社が設立されている（*http://www.yrc.co.jp/*，「News」，「今までの PRESS RELEASE」，「2002.03.28　横浜ゴム，独コンチネンタル4月1日付けで……」）。合意では他に NAFTA 地域でのタイヤ生産および技術協力での関係強化が謳われている。なお両社もまた，一部で「戦略的提携」という表現を用いながら，当面の相互の資本参加については否定している（*http://www.yrc.co.jp/*，「Corporate Information」の項「IR 情報」，「グローバル事業を加速」の項「コンチネンタルとの共同記者会見」）。

　両社はランフラットタイヤでも提携を深めている。正確には，ブリヂストンとコンチネンタルが合意していたランフラット・システムの世界標準を目指した研究開発に，横浜ゴムが相乗りする形で合意がなされたものであり（*http://www.bridgestone.co.jp/*，「企業情報」の項「ニュースリリース」，「2002年12月16日　ブリヂストンとコンチネンタル，乗用車および SUV 用...」他），これが今後のキー・ディヴァイスに発展するのであれば，ブリヂストンを交えた広汎な提携関係に発展する余地もある。

　横浜ゴムは中国での現地生産にも着手し2002年4月，前年12月に設立した中国の合弁，杭州横浜輪胎有限公司の出資比率を45%から80%に引き上げた（残りは現地資本とヨコハマタイヤのシンガポール販売代理店が各10%）。事業計画は2期に亙り，第1期として2003年5月までに年間生産能力75万本の工場を建設して操業を開始し，その後第2期として生産能力を同150万本まで拡大する計画。総投資額は6,000万ドル（*http://www.yrc.co.jp/*，「News」，「今までの PRESS RELEASE」，「2002.04.04　中国新会社の出資比率，80%に引き上げ」）。

第2章　多国籍企業の理論

はじめに

　かつてマルクスは世界市場概念を提示した。イギリス工業製品の圧倒的な国際競争力を背景とする自由貿易体制の下，彼の生きた時代には一次産品・工業製品の別を問わず，世界市場が実質をもって存在したのである。世界市場の範囲は英国工業製品の輸出市場と同義であった。その後1860年代を通じた，イタリア（1861）・日本（1867）・ドイツ（1871）の相次ぐ国家統一，アメリカの政治・社会的構造調整（「南北戦争」1861-65）を経て，アメリカ・ドイツ等の後発工業国がイギリスにキャッチ・アップするのと前後して関税率は全般的に上昇し，制約のない国際市場は工業国の関心の及ばない，ごく一部の財に関してしか事実上存在しなくなった。かくして，レーニンが資本輸出の一般化に伴う一体的世界経済の出現を論じた帝国主義戦争の勃発前夜には，すでに「貿易戦争」が恒常化していたのである。世界経済の規定因たる資本輸出は，世界経済のいっそうの一体化への契機である一方，当時にあっては主要工業国相互の恒常的な高関税政策の結果であった。列強は自国の製造業を育成するとともに，失業率を引き下げて革命の契機となる社会不安を抑制するために，工業製品の輸入を必要最小限に留めようとしたからである。「…一連の他の国々が，「保護」関税にまもられて，自立的な資本主義国家に発展した…」[1]ことによって，イギリスの工業国としての独占的地位が「…19世紀の最後の四半世紀にくつが

えされた」[2] 後，アメリカが自国工業の国際競争力の優位を背景に，IMF=GATT 体制を整備して西側世界市場の再生に乗り出すまでの世界経済は，その構成要素としての世界市場に関して，実質的な衰退期にあったと言える[3]。

今日のグローバリゼーションは世界経済の一体化を推し進めるものであり，資本輸出の増大・発展という点で依然としてレーニン帝国主義論的な段階にあるものの，関税撤廃をみこした関税の漸次低下や本源的蓄積の「世界化」[4] という点では，マルクス資本論的な世界市場観への回帰であり，この両面から世界経済の新たな段階として定式化されねばならない。伝統的な一国経済をめぐる分析を一般化・世界化するに当たり，こうした新しい局面に照らして既存の概念もまた再検証され，場合によっては規定しなおされねばならないのである。

I　従来の規定

現代の多国籍企業の活動は，特定の国家・地域の経済に根差した巨大寡占体の相克として S. ハイマー=R. ローソンが捉えた，いわゆる「国際寡占間競争」[5] という域をすでに超えており，世界経済の三極に自在に技術開発・調達・生産・販売・管理上の拠点を配置して，地理的には相互に重複する形態の世界規模の寡占体が，あたかも世界経済が一個の国内市場・国内経済であるかのごとく活動する状態への過渡期にあると考えられる。前章の分析を踏まえ，この究極的な世界市場・世界経済の一体化の下での大規模多国籍企業による市場支配[6] の段階を，「世界寡占」（'global oligopoly'）[7] と規定する。前章に述べたとおり，この世界寡占段階は遠い将来の絵空事ではなく，数々の重要な製造業においてとうに現実のものとなっている。

この点で，佐藤定幸氏が述懐しているように[8]，多国籍企業の出現に直面した我が国のアカデミーの受け止め方は，多国籍企業現象をアメリカ帝国主義による旧西側資本制世界の支配と直ちに結びつけるというものであった。こうし

た解釈は，ハイマー=ローソン・モデルと同様，西欧・日本の多国籍企業が未発達の時点でなされたという時期的制約を帯びており，また1980年代前半にかけては冷戦構造がその最終局面をむかえ，逆に再強化されていた関係上，現状分析としての意義は有していたとも言えるが，今日のポスト冷戦期にあっては多国籍企業現象に関する新たな把握が必要とされている。ここでは，従来の分析が現状に当てていた接線が，結果としてプラザ合意以降の三極の先進経済の収斂，世界経済の一体化という趨勢変化から逸れていたと述べるに留め，本論に入る。

　本章は，多国籍企業にいくつかの観点から新たな規定を行うことにより，「多国籍企業とは何か」という決して新しくはない問いに対して，従来とは異なる質的な回答を与えんとするものである。

II　寡占形態による規定

国際トラスト現象

　前章第II節において，1990年4月のNKKによる米鉄鋼メーカー，ナショナル・スティール社への70％に達する資本参加の事例を紹介した。相手方の資産を前提とするこの種の国際合弁事業は，国家の存在によって歪められたトラストの亜種にほかならない。一国の寡占体が他国に進出したというに留まらず，各国における寡占体間に跨がって成立した，企業合同の国際化としての「国際トラスト」，「トラストのグローバリゼーション」であり，国家の介在に伴ってそれまで資本の論理が完徹しえなかったがために，こうした形をとって初めて現象したものである。

　以下ではこの問題について純粋に理論的に検討する。手始めに戦前流の概念装置による把握を試みよう。鉄鋼業はかつての基幹産業の最たるもので，一般に他国に直接進出して生産を行うこと自体が，自国政府に対する軍事上の配慮

から憚られたはずである。仮に進出したとしても、戦争の危機の下では進出相手国に生産設備を接収される憚れが絶えなかった。また組み立て産業と異なり、相手国市場の消費構造に合わせて現地でモデルを手直しする必要もなかったから輸出でこと足り、1980年代に至るまで積極的な合弁が行われることはなかったのである。

論理的には国家主権を捨象すれば、当初より相手国に進出し、また場合によっては相手国企業をトラストの形で買収することで現地生産拠点として組み入れていてもよかったはずである。いま、国家が介在しなかった場合に、相手国に合同以前に生産資本として投じられたはずの他の自国資本を仮定し、新法人設立にさいして共同出資分の資本の母体となっていたはずの、それまで進出しえなかった現地法人を復元して考えれば、合弁の結果としての新法人は、自国内における一般の企業合同とまったく同様の合同と見なすことができる。論理的に整理するならば、同一産業における自国内の一般の企業合同（Ⅰ）をトラストの第一段階として、他国に進出した自国資本企業同士の現地における合同（Ⅱ）が第二段階となる。これはトラストの国際化過程の初期段階とも言えるであろう。そして自国の本社による純然たる他国資本企業への資本参加が第三段階に当たり、「国際トラスト」（Ⅲ）が発現する。下記の表解参照。

表2-1 企業合同の発展とその国際化

	自国資本		相手国資本
自国内	Ⅰ. 一般の国内企業合同		Ⅱ. 現地法人相互の合同
	⇩	Ⅲ.「国際トラスト」	⇧
相手国内	Ⅱ. 現地法人相互の合同		Ⅰ. 一般の国内企業合同

なお論理的な発展のレヴェルとしてはともかく、現実の事例としては上記のⅡは例外的であって、ⅠからⅡを経ずに、じかにⅢへと到達することが多いはずである。

III 展開形態による規定

経済統合と貿易・投資

　IMF・GATTを制度上の枠組みとした，戦後西側の貿易体制（the American System）[9]は，無差別的な自由貿易の原則を掲げていたが，現実に自由貿易に近い関税率が実現されていたのは合衆国市場のみであり，その意味で虚構の体系にほかならなかった。同国市場の西側「世界市場」に占める比重が突出していたがために，この逆説は等閑視されていたのである。19世紀半ばまでの英国同様，圧倒的な技術および生産性の優位に立っていた合衆国は，みずからの国際競争力の漸次低下に直面し，ケネディ政権以降3次，通算8次に互ってGATTのラウンドを設定することで，原則の貫徹による自国の貿易収支均衡，ひいては西側戦後体制の維持を図ってきた。一方，戦前以来成長を遂げていた西欧諸国の寡占体は，復興後の1960年代にドル高[10]と合衆国の技術上の優位のために，多国籍企業化した合衆国寡占体の進出攻勢にさらされるが[11]，これによる刺激もあって高い成長率を示す。やがて，70年代初めの基軸通貨としてのドル価値の調整局面を経て西欧側も逆進出を開始し，多国籍企業の浸透は大西洋を挟んで相互的なものとなった。同様に80年代央のいっそうのドル安化調整を経て，日本の多国籍企業の欧米への進出も活発化し，今日でいう世界経済の三極が姿を現す。国民経済を基礎としたアメリカン・システムは，合衆国多国籍企業が自国の国内市場の規模を活かして一方的優位にあった間は有効であったが，これが西欧・日本の寡占体の多国籍企業化を触発してのちは，みずから生み出したこれら超国籍企業の規模との間で矛盾を生じ，仕切りなおしを要するようになる。その主要な支柱であったGATTは，製品の交易を前提としていたため，とくに産業資本の国際化による現地生産の一般化という現実に乗り越えられており，国際経済制度としての空洞化が始まっていた[12]。

　この時期までに漸次拡大していたECは，統合のいっそうの深化に向けた動きを再び加速させ，北米における米加自由貿易協定，さらにはこれにメキシコ

を交えた NAFTA（94年1月発効）を誘発しながら市場統合を実現し，通貨統合と政治統合を展望する欧州連合条約（マーストリヒト条約）を調印・批准することで93年11月，EU へと移行した。一方アジア太平洋地域では，長らくオーストラリアの提唱による APEC（アジア太平洋経済協力会議）が経済面での協議体として存在するに留まっていた。その後アジア経済危機を経て，NAFTA や ASEAN 等の既存の広域経済機構の加盟国とその外部の国を結ぶ形で，環太平洋地域における2国間の FTA が拡がり始めている。広域経済機構という面の外に線が伸び始めている段階で，長期的にはこの面が複合し，アジア太平洋地域を覆ってゆくであろうことが予感される[13]。旧西側各地域において経済統合への機運が高まってゆくのと並行して，旧 COMECON（СЭВ）ブロックが動揺・解体し，中東欧諸国は EU への加盟申請に走り，社会主義体制に留まった非欧州の諸国も隣接するリージョンとの経済関係強化を迫られている。こうして三極を中心とする各地域が広域的経済統合，「準貿易ブロック」[14]へと傾斜する一方で，以上の動きと並行して交渉されていたウルグァイ・ラウンドが妥結し（93年12月），これを機に多国間貿易協定に留まっていた GATT が，その本来的形態というべき国際的貿易機構としての WTO（95年1月発足）に強化されるという，一見矛盾した動きが生じている。

　WTO は貿易紛争を処理する権限をもっているが，長続きした IT バブルを経た合衆国経済の衰退の趨勢が今後顕在化する場合には，「一方的外交」路線を鮮明にしている同国がある時点でパネル（審査委員会）の判定に対し態度を硬化させ，WTO を脱退するというシナリオが考えられる[15]。ただし，仮にそうなったとしても必ずしも破局（Krise）を意味するものではない。この場合には世界経済は Euro を基軸通貨とする欧州と，ドルに依る米州をそれぞれ中心とする2つ，ないしはこれに東アジアを加えた3つの緩やかな貿易ブロックに分かれ，それぞれの内部で一段の経済統合が追求されるであろう。この場合でも直接投資に基づいた多国籍企業のいっそうの相互進出が，ブロック間の工業製品の貿易を代替すると考えられるので，リージョン内部においてはもちろんのこと，世界的にも総体としての経済的交流が後退することにはなるまい。

もっとも合衆国の国際競争力が引き続き保たれた場合には，WTO体制の下で世界的にいっそうの自由貿易が追求されながら，同時に各リージョンにおける経済統合が進展するはずである。

現地部品調達率の政策的含意

　リージョンをベースとする広域的な経済統合に立脚した今後の世界経済を考察するに当たっての最大の眼目は，現地部品調達率（local content）[16]である。この問題に関しては充分な検討が為されてきたとは言いがたいので，分析を付しておく。直接投資に基づく現地生産の下での部品調達率は，他国企業の生産に影響を与える因子として，製品交易の場合の関税率に相当する。

　J.ダニングが提起した「海外直接投資の折衷理論」[17]の系譜の議論に，「海外直接投資のライフ・サイクル理論」がある。ここでは合衆国議会技術評価局の年次報告[18]を基に検討する。同理論は，多国籍企業は子会社設立当初，中間財を輸入するが，現地における取引関係ならびに原材料の納品体制を確立することでやがて現地市場から調達するようになり，年数が経つにつれ現地の経済にいっそう組み込まれ，現地調達の効率性を認識して調達を増やしてゆく，とする仮説である。だが現実には80年代半ば以降の日本の自動車産業に関して典型的に見られるように，組み立て産業の現地生産に当たっては部品生産の下請け企業を伴って進出することが多いので，組み立て工程のみならず部品生産を通じて現地における雇用は確保されるものの，それが在来の現地資本部品メーカーの売り上げを保証するとはかぎらない（図2-1参照）[19]。

　上記仮説の吟味においても焦点として現れたように，現地部品調達率基準とはつきつめれば，「スクリュー・ドライヴァー・アセンブリー」を回避して，組み立て産業の多国籍企業に市場アクセスを認める代わりに資本と製造技術を提供させ，その現地における生産を深化させるための方策である。ここでは分析にさいし，企業家精神の問題を捨象する。今日の先進各国行政府の最大の政策課題，ひいては有権者の最大の要求は，消費者物価上昇率の抑制および経済成長率の確保と並んで，失業率の抑制にほかならない。現地部品調達率を操作

することにより，域外の多国籍企業に対して，直接投資に基づく現地生産を組み立て工程以前の部品生産に遡って義務づけ，従来の「失業輸入」に代えて，各極内での雇用ひいては所得を保障し，さらには国内の技術と熟練とを確保することができるのである。調達率は引き下げれば政策としての意味を喪失する反面，上げすぎれば多国籍企業が進出を見合わせる結果，当該国の技術・雇用・所得等の水準がかえって低下する。この現地部品調達率を決定するのは，各極の国民国家行政府の合議であり，NAFTAに関してもここに将来の広域行政府の出現の余地を看て取ることができる。

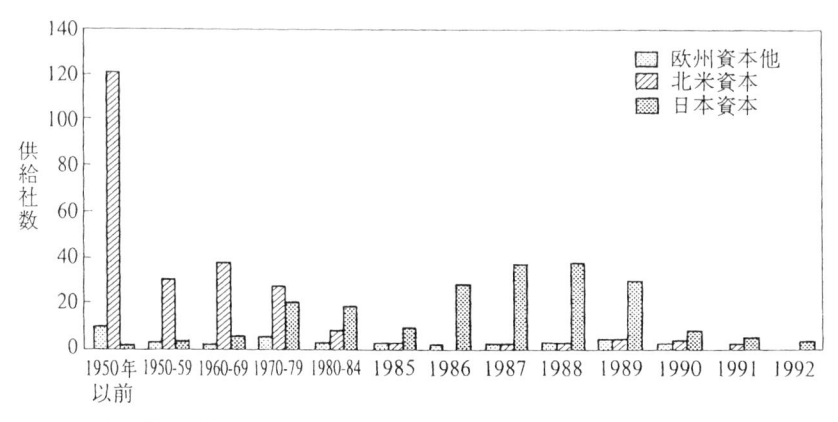

出所：OTA, *The ELM Guide to U.S. Automotive Sourcing*, *The ELM Guide to Japanese Affiliated Suppliers in North America*.

図2-1　在米日本資本自動車工場への部品供給社数（設立年毎）

現地部品調達率と多国籍企業の形態

以下では世界経済のある極がその内部で一定の経済統合を果たした状況を想定し，現地部品調達率政策の影響について，論理的なモデル分析を行う。これには多国籍企業の形態的分類を要するが，先に注6に引用した合衆国議会技術評価局の年次報告中の分類は，質的基準と形態的基準がない交ぜになっている上，形態面の分類も不充分であるので，実際の分析に先だち分析用具を開発しておく。次表は同報告の多国籍企業分類を独自に発展させたものであり，当然

のことながら表現ならびにその含意の点で異同を伴っている。

表2-2　形態に基づく製造業多国籍企業の分類

分　布	1. 一国規模	2. 地域規模	3. 世界規模
一国単位構造	1. 輸出指向型 (Export oriented)	2a. 一国単位地域型 (Multi-domestic Regional)	3a. 一国単位世界型 (Multi-domestic Worldwide)
地域単位構造	—	2b. 地域型 (Regional)	3b. 多地域型 (Multi-regional)
世界大構造	—	—	3c. 世界化型 (Global)

まず表の注釈を行う。1は単なる輸出企業以上のものであり，母国内で生産を行い，海外に販売拠点をもつもの。2a・3aは，特定の産業に関して一国経済単位で基本的に完結した垂直統合的な製造工程（生産上の系列関係を含む）を複数もつもので，うち2aはその活動の展開が特定の広域経済圏内部に留まるが，3aは世界規模に及ぶもの。2b・3bはこの垂直統合的な製造工程を，一国経済を超えた広域経済圏を完結した単位として展開するもので，うち2bは特定の広域経済圏に留まるが，3bはこの広域経済圏単位の構造が複数の極に及ぶもの。3cは，全世界を地理的単位として特定の産業に関する垂直統合的な製造工程を有するものである。なお，空欄は論理的にありえない。多国籍企業の発展過程としては，1→2a→3a→3cという経路が一般的であろうが，とりわけ欧州企業の場合，その間に2b, 3bというヴァリアントが存在しうる。

上記の準備作業を経て，経済統合の下で現地部品調達率政策が多国籍企業に及ぼす効果の分析に入る。現地部品調達率の上限に関しては理論上は，三極のいずれも充分な教育水準と熟練を伴った労働者を擁している以上，100％にまで引き上げてもそれぞれの広域経済圏内部における生産が可能である。ただしその場合，複数の広域経済圏に跨がって展開しながら個々の広域経済圏単位で完結した垂直的統合生産を行う多国籍企業，上記3b型へと多国籍企業を誘導することになる。今後いっそうの進展が見込まれる経済統合は，1→2b→3bという経路の世界的な一般化を促すであろう。また北米における現状のように調達率が70％程度の場合には，3c型の世界的協業・分業生産体制の多国籍企業

も引き続き存在しうる。このように，現地部品調達率の操作は多国籍企業の展開形態さえも左右する重要性をもっているのである。

Ⅳ　資本範疇による規定

国際産業資本の生成

　多国籍企業は今日のグローバリゼーションの推進主体であるが，この多国籍企業という用語自体が米語（multinational or transnational enterprise）の翻訳に由来するもので内容に乏しく，従来は学問的に充分な規定が与えられてきたとは言いがたい。本章第Ⅲ節での寡占体としての多国籍企業本体の形態に関する検討を踏まえ，ここで大規模多国籍業一般に対して，その構造面からひとまず「国際企業グループ」との規定を与えておく。とりわけ今日活動を活発化させている製造業における大規模多国籍企業は，その多くが世界経済の複数の極に跨がる生産を実現しており，産業資本としての資本の一般的範式の核心部分である価値増殖過程が一国経済の境界を越えているばかりか，上記の三極それぞれの経済圏に跨がっている。これを「国際産業資本」と規定する[20]。前章第Ⅲ節に紹介したフォード社の「ワールド・カー」の事例[21]は上述（本章第Ⅲ節）の3c.に当たり，部品生産の国際的連関を伴っている。このように単なる母国からの部品輸出と現地での組み立てに留まらず，企業内貿易に基づいて各国の現地生産拠点の有機的連関の下に国際的生産を行っている場合には，資本の円環運動はきわめて錯綜しており，「国際産業資本」としてきわめて高度のものであると言える。むろん国際的な商業資本は古代以来存在したし，銀行資本が他国企業に貸しつけるなり，他国の債券に投資するなりして，その貨幣資本の増殖過程が国境を越えて成立することは，近代に入っていくらもあったであろう。今日においても一般に多国籍企業と言った場合，その中には総合商社・大規模小売業等の「国際商業資本」が含まれ，また他方に多国籍銀行が存在するが，現代世界資本制の標識となるものは，なかんずく「国際産業資

本」としての多国籍企業にほかならない。そもそも多国籍企業現象に注目が集まったのも，60年代のアメリカ製造業における寡占体が直接投資を通じて西欧諸国に本格的に進出し，現地企業として相手国の主要産業において重きをなすようになったことによるものであり，その後の多国籍企業の歴史もまた，70年代以降逆に西欧諸国の製造業が合衆国に，80年代半ばからは日本の製造業が米欧に向けて行った全面的な相互進出の過程であった。厳密に論ずるならば，一国の産業資本が多国籍企業化したとしても，生産は母国で行うに留め，国外には販売網のみを設けた場合には，この企業は対外的には「国際商業資本」にすぎない。産業資本としての価値の増殖過程が国外に出ていないからである。

資本範疇と多国籍企業

多国籍企業に関して前述の資本範疇の観点から分類したものが次表である。

表2-3 資本範疇に基づく多国籍企業の分類

	母国における販売		国外における販売
母国における生産	Ⅰ. **産業資本**	⇒	Ⅱ. （輸出企業）
			⇓
国外における生産	Ⅳ.「空洞化」国際産業資本	⇐	Ⅲ. **国際産業資本**

ⅠからⅣの数字は産業寡占体の成長と発展のサイクルを表す。ただしⅠは未だ多国籍企業には至っていない段階にあるものである。またⅡについては単なる輸出企業ではなく，国外に自前の販売拠点をもつに至った産業資本を指すものとする。Ⅱは母国内での生産・販売を依然として行いながら，国外的には商業資本として振る舞うもので，Ⅰの一国経済における産業資本を含む範疇である。同様にⅢの「国際産業資本」は母国内での生産・販売を行いつつ，Ⅱからさらに発展して一国における産業資本としての性格を脱却し，国外にも生産拠点を有するに至ったものであり，範疇としてⅠとⅡを含む。これに対してⅣの「空洞化した国際産業資本」はⅢから移行したⅠとⅡを含まない範疇であって，母国内においては商業資本として機能し，国内での産業資本としての性格を失

っている。これを発展と観るか衰退とするかは見解の分かれるところであり，個々の事例ごとに検討されるべき問題であろう。この産業資本の国際的な発展の段階とは別に，Ⅱの部分に総合商社や大規模小売業に代表される，製造業に携わらない「純粋な国際商業資本」を挿入してマトリクスを読み替えることもでき，その場合にはⅠ→Ⅱの関係は仕入れ，ⅡとⅢの関係は相互調達となって，製造業に留まらない，多国籍企業全般に関するシェーマとなる。

む　す　び

　第Ⅳ節における分析に基づき，今日の主導的な多国籍企業は，「国際産業資本」が形成する「国際企業グループ」として規定される。そして第Ⅲ節で述べたように，その展開のしかたには大別して三類型が在る。では多国籍企業の資本範疇や国際的な企業構造をめぐるこうした規定と，前章で歴史的に解き明かし，本章第Ⅱ節において理論的な分析を加えた寡占形態の観点からの分析との論理的関係はどうなるのか。それは，単なる輸出企業に留まらず往々にして「国際産業資本」の域に達している，製造業における「国際企業グループ」の本体たる親会社が，往々にして国際的な「装置トラスト」や「組み立てトラスト」を経由して成立しているか，現に国際的な企業合同を手がけているということである[22]。前章第Ⅱ節で検討したNKKによるナショナル・スティール買収の事例のように，「国際企業グループ」がそのまま「国際装置トラスト」として形成される場合もあるが，両者は分析のレヴェルを異にするものである。「国際トラスト」と同様，「国際企業グループ」という概念もまた多国籍企業の様態を分析する上での理念型にほかならない。したがって国民国家が一定の力を有する期間には，その本来の姿で国家間に発現するとはかぎらない。この視座からすれば，「国際組み立て企業グループ」の成立に続いて，軍事上の観点からも他国への進出が容易でない一般の装置産業や重機・重電産業[23]が本格的な生産の国際化に乗り出す時，グローバリゼーションと呼びならわされている現象は，大きな転機を迎えることになるであろう[24]。つまりその時，世界経

済は産業面においても真に一体化，融合化されたと言いうるはずである。そして冷戦の終結に随伴した世界平和の到来の中で，ナショナル・スティールの事例にみるように，すでに世界経済はこの局面に入りつつあるのである。

注
1) レーニン，宇高基輔訳『資本主義の最高の段階としての帝国主義』（岩波文庫版，1956 年）102 ページ。
2) この時，すなわちいわゆる「帝国主義時代」には，今日の地続き型のリージョンごとの経済統合ではなく，それぞれの列強の勢力圏である植民地のネットワークが世界的に相互に重層して張りめぐらされ，列強の本国を経済センターとする形で政治的・経済的統合が行われていた。30 年代の景気後退により，貿易は世界的に縮小するが，数量ベースで見れば 37 年には大恐慌前の水準をほぼ回復している（*http://www.meti.go.jp/*，「白書・報告書」，「2002 年版通商白書」，「PDF 形式」，「第 1 節　グローバリゼーションの進展下における東アジア経済の発展」，6 ページ第 1-1-8 図のグラフ参照）。
3) レーニン前掲書。
4) 資本制の歴史上 3 度目の工業化の時代にある，戦後の世界経済を捉える枢要な視角としての，現代における本源的蓄積の問題を指摘した業績に，馬場宏二「南北問題序論」（東京大学社会科学研究所『社会科学研究』第 35 巻第 1 号，1983 年）183-89 ページ，尾崎芳治『経済学と歴史変革』（青木書店，1990 年）13-29 ページが在る。本源的蓄積については，資本制自体をもたらした蓄積という意味で歴史的に一回性のものであるとする見解が通説であるが，両氏は後発国も含めて新たに資本ならびに労働が形成されるプロセスとして一般化して捉えている。
5) ハイマー=ローソン自身は，「国際的寡占」（International Oligopoly）と「寡占的競争」（Oligopolistic Competition）という双つの表現を，一連の叙述の中で用いているに留まる（Hymer, Stephen. with Rowthorn, Robert. 'Multinational Corporations and International Oligopoly: The NonAmerican Challenge', in Kindleberger, C. ed. *The International Corporation,* The M. I. T. Press, 1970, 藤原武平太・和田和訳『多国籍企業』日本生産性本部，1971 年，57-92 ページ）。
6) 今日の生産の国際化の下での多国籍企業の類型的性格については，様々な分類が試みられている。例えば合衆国議会の技術評価局の年次レポートは，資源立地型

(Resourcebased；現地で鉱産資源・農産物を調達するもの），輸出指向型（Export-oriented），地域型（Regional），多国籍型（Transnational；国際化の端緒にあり，母国に重点をおくもの），世界型（Global；研究・製品開発を複数の国・地域を単位に行うもの），分散型（Distributed；世界的に一体的な研究開発・製造を行うもの）の6つに分けている（U. S. Congress, Office of Technology Assessment, *Multinationals and the U. S. Technology Base*, U. S. Government Printing Office, 1994, chap. 1, 2）。

7) 坂本和一氏は「グローバル寡占」（『二一世紀システム：資本主義の新段階』東洋経済新報社，1991年），梅津和郎氏は「世界寡占」（『世界寡占とマーケティング行動』晃洋書房，1998年）という見地をそれぞれ打ち出している。いずれも単なる寡占の国際化以上の含意をもたせた概念である。

8) 佐藤定幸『多国籍企業の政治経済学』有斐閣，1984年，23ページ。

9) 国務長官 Henry Clay が1820年代に提唱した米史上の用法とは異なるが，ここでは19世紀の英国を中心とする世界秩序，'the British System' との対比で用いている。19世紀半ばまでの「自由貿易」主義期に関しても，「自由貿易帝国主義」（Gallagher, J. and Robinson, R. 'The Imperialism of Free Trade', *Econ. Hist. Rev.*, 2nd ser. Vol., No. 1, 1953）といった見解が提出されているところである。ギャラハー゠ロビンソン・テーゼは，自由貿易と帝国主義の両者の時期的不可分性と，先進国（expanding society）が未だ植民地に編入されざる後進地域を包摂する手法としての，「非公式の帝国」（informal empire）の存在を主張する。

10) プラザ合意後の日本多国籍企業による積極的な海外資産の取得を経た今にして考えれば，70年代の西欧製造業の対合衆国進出は，主にヴェトナム戦争に伴う米ドル散布による71年以降の米貿易赤字（71年時点で20億ドル超）の結果，フロート移行を挟んで70年代を通じて生じたドル価値の下落によるものであった。さらには，合衆国企業の技術的優位と収益率較差のみから説明されてきた60年代米製造業の対西欧進出も，この時期の米ドルの過大評価に支えられていた部分が大きかろう。

11) Servan-Schreiber, J. J. *Le defi americain,* Denoel, 1967（林信太朗・吉崎英男訳『アメリカの挑戦』タイムライフ社，1968年）。

12) WTO のスパチャイ前事務局長は2002年9月の就任記者会見において，グローバル企業の代表者を招聘して「ビジネス諮問会議」を新設する構想を明らかにした。同氏は新多角的通商交渉（新ラウンド）で交渉される予定の投資の保護や競争政策に関する共通ルール作りとの関連で，「これら新分野の実際のプレーヤーは多国籍

企業だ」と指摘し，従来型の政府間交渉と並行して，多国籍企業の声を反映させる意向を示している（『日本経済新聞』2002年9月3日づけ）。

13) ASEAN は 67 年の発足当初，経済機構として始まったものではないが，92 年の首脳会議で AFTA 設立を打ち出し，95 年に旧共産圏 4 箇国の加盟を認めてインドシナ半島へと拡大（この結果，地理的に中国に隣接），さらに 98 年の首脳会議ではハノイ行動計画に経済統合の強化を謳うなど，その性格を大きく変容させ，広域経済圏としての機能を帯びている。

　この間 90 年 12 月に，マレーシアのマハティール首相が独自に「東アジア経済会議（EAEC）」（C は caucus で，協議体等の諸訳あり）を提唱し，米州諸国を排除する形で東南アジア・東アジアの経済関係の強化を打ち出して米国の反発を招くという展開もあった。この構想は直接結実しなかったが，「ASEAN(10)＋3（日・韓・中）」という形で 97 年 12 月以降，ASEAN 首脳会議に続けて毎年開催する定例の拡大首脳会議と，年 2 回の蔵相会議（2000 年 5 月以降）他の閣僚級会議が開催されており，一定の枠組みとしては機能している。

　日本政府は 2002 年 1 月にシンガポールとの間で初の FTA に調印した。これは AFTA の準加盟国的な，広域経済機構へのアクセスを意味する。同様に NAFTA へのアクセスとなるメキシコとは 2001 年 5 月，また韓国とは 2002 年 7 月に，FTA に向けた政府間交渉が開始されている（日墨間は 04 年 9 月に合意，05 年 4 月に発効）。拡大 ASEAN と地続きの中国は日本以上に積極的で，2001 年 11 月に ASEAN との間で 10 年内に FTA を締結することで合意し，翌年 5 月から交渉に入っている。一方米政府は一貫して NAFTA を中南米を手始めにその外部へと拡大する方針を示しており，チリ・シンガポールとの交渉が大詰めを迎えている。

14) 'semi trade block'; Thurow, L. C. *Head to Head,* 1992（土屋尚彦訳『大接戦』講談社，1992 年，94, 117-22, 340-42 ページ）．

15) 米国では WTO 協定批准審議の過程で，WTO のパネルの場で米側の利害に反する裁定が 3 回下された場合に議会は大統領に脱退を勧告できるとの付帯条項が織り込まれている。

　一方的外交（unilateralism：単独行動主義）とはクリントン外交の特徴とされた多国間協調主義（Ruggie, J. G. "Multilateralism," in Ruggie, J. G, eds. *Multilateralism Matters,* Columbia University Press, 1993）に対して，ブッシュ政権の外交姿勢を特徴づける概念として用いられている。国民国家以外の敵との「戦争」という事態に至った同時多発テロ後に，国際協調の必要性からいったんは弱まり，対イラクの軍事的緊張の高まりとともに米欧間の亀裂が深まると再び浮上

した。この現象は，ユニラテラリズム概念が古くはレーガン政権のニカラグア侵攻やリビア空爆のさいにも取り沙汰されていることから判るように（例えば『タイム』誌，*http://www.time.com/*, 'SEARCH THE TIME ARCHIVE:' で検索可能），かつては地域的にも状況面からも限定的であったアメリカの外交・軍事上の単独行動の余地が冷戦終結と IT 好況の持続の結果，グローバルに拡大したことによるものである。

16) foreign content（輸入調達率）の対義語である。

17) Dunning, J. H. 'Trade, Location of Economic Activity and MNE', in Ohlin, B. Hesselborn, P. and Wilkman, P. (eds.), *The International Allocation of Economic Activity* (London, Macmillan, 1977), pp. 395-418.

18) U. S. Congress, Office of Technology Assessment, *Multinationals and the U. S. Technology Base*, U. S. Government Printing Office, 1994, p. 144.

19) 実際に同報告書も，海外直接投資に基づく自動車関連生産施設を設立年毎に分類し，部品納入企業の国別内訳の統計的実証を試みているが（p. 148），80 年代央以降はアセンブラーが日本資本の現地部品生産企業から調達している傾向が顕著に現れている。これは現地における調達という点からは上記仮説を棄却するものではないものの，その本来の想定とは大きく懸け離れた結果である。にもかかわらず，この矛盾についての言及がなされていない。

20) 柳田侃『資本輸出論と南北問題』（日本評論社，1976 年，97-102 ページ）は，多国籍企業一般に関する当時なりの規定として，この一般的範式が国外において成立することを挙げている。なお生産の国際化を資本の循環式を拡張したモデルで論じたのはパロア（Palloix, C. *Les firms multinationales et le proces d'internationalization*, Maspero, 1973）がオリジナルである（詳細は関下稔「生産の国際化と資本の国際化——C. パロアの展開をもとにして——」，町田実監修『講座・国際経済 I 国際経済の理論』中央経済社，1982 年所収 参照）。

21) *World Investment Report 1993*, United Nations Publications, 1993, pp. 147-53.

22) 装置産業寡占体の内，合繊産業の日本における二大多国籍企業である東レと帝人の東南アジアにおける展開について実証した文献として，トラン・ヴァン・トゥ『産業発展と多国籍企業 アジア太平洋ダイナミズムの実証研究』（東洋経済新報社，1992 年）が在る。

23) 国際的な企業間競争の激化と欧州における経済統合のいっそうの進展の下，スイスとスウェーデンをそれぞれ代表する重電寡占体が，持ち株会社を介して合同する

ことによって 1988 年に成立し、ソ連圏の崩壊後に当該地域への進出を活発化させた ABB（アセア・ブラウン・ボベリ）は、その存在自体が「国際組み立て企業グループ」としての国際重電トラストである。同社は一国ベースと二国間の二重のトラストによって形成されている。スイス国内でブラウンとボベリが合同を遂げたのは 1891 年のことであり、同じ時期に Asea（Allmanna Svenska Elektriska Aktiebolaget：スウェーデン公共電気株式会社）もスウェーデン国内の 2 社の合同によって成立している。ブラウン・ボベリはタービンと高圧送電関連に、アセアは変圧器にそれぞれ技術的な強みをもっていた。両国は冷戦期にともに EC の埒外に在り、また両社は地理的に西欧を挟んで対極に位置していたが、そのビジネスのベースは早くも 1910 年代以降、西欧でオーヴァー・ラップを始めていた（*http://www.abb.com/*, 'ABOUT ABB' の項 'History', 'Timeline'）。

24) 以下は第四版に向けた試論である。

世界的に多国間の貿易自由化（さらには投資や労働力移動を含む国際経済関係の自由化）を推進する歴史的な枠組は、WTO の設立で大きな前進をみせたものの、その後の反グローバリゼーションの動きの興隆もあり、近年機能不全に陥っているといって過言ではない。その一方で EU や AFTA に代表されるように、各広域経済圏内部においては国際経済関係の自由化、深化がますます進展している。この結果、主要国・地域は域外の多国間の枠組に見切りをつけて、域内ないしは 2 国間の FTA を積極的に推進する方向に向かっている。これが今日の世界経済の大局である。そのうえで以下のことが言える。

日本がようやく構築を開始した 2 国間の FTA 網は、東アジアの域内で束になることで、EU の統合には効果が及ばないものの、いずれ NAFTA に匹敵する経済効果を発揮するであろう。1. 米墨関係にみられるように多国籍企業は域内の進出先に自在に中間財を持ち込んで桁違いに安い人件費でそれを組み立てて仕上げ、2. 進出先の産品として他国に輸出できる（日本が最初に自由貿易協定を結んだシンガポールにおける産品の扱いの実際について、*http://www.jetro.go.jp/*,「Japanese」,「海外のビジネス情報」,「国・地域別情報」,「アジア」の項「シンガポール」,「日本からの輸出に関する相手国の制度など」が有用である）。この 1. の点は主要国企業にとって一律の大きなメリットであるが、2. については米国を主要な輸出市場としている貿易大国である日本や中国にとり、計り知れない独自のメリットがある。それは欧米諸国なかんずく米国への輸出にさいして、統計上は完全な迂回輸出となり、貿易黒字がシンガポール等の進出先国・地域の黒字に移転され、自国の貿易摩擦を表面的に軽減する効果である。

今ここで，この広域経済圏内部の組み立て拠点となる，人件費の安い進出先国・地域を「域内低開発国・地域」と規定すれば，この域内低開発国・地域は，域内の先進国からの投資を受け入れることで経済発展は図れるが，今日の枠組の下では自前の有力企業を生み出すことはきわめて困難である。地域経済統合や自由貿易協定の下で，広域経済圏内部の GDP は順調に増大するであろうし，域内低開発国・地域の GDP も底上げされる。その点で，かつて従属理論が問題とした「低開発の発展」(development of under-development) という事態は回避され，今日の発展途上国の選択は単なる域内における自発的従属とは言えないものの，域内の先進国と低開発国・地域の較差は埋まることはない。内閣府の試算によれば，日本の場合中国との FTA の経済効果がもっとも高くなるとのことであるが（『日本経済新聞』2005 年 1 月 2 日づけ），中国は旧国営企業の転換の過程で自前の有力企業の育成を図っており，経済発展の度合いの近い ASEAN とは組めても，早期に日韓と FTA を締結することには慎重になるはずである。

　2 国間の個々の自由貿易協定は，NAFTA のように地続きのリージョンにおいて相互協定が束になれば，一つの自由貿易地域を形成する。これはいわば地域の「物流空間」としての一体化，リージョナリゼーションである。この自由貿易地域は域内の生産を増進する。さらにこれが対外的に共通関税を導入すれば，19 世紀の国民国家の形成期に見られた関税同盟に発展しうる。また EU を典型とする地域経済統合の結果としての広域経済圏は，19 世紀的なモノの移動にサーヴィス，カネ，ヒトの移動の自由化が加わっており，それぞれの性格は「商品空間」，「投資空間」，「移動空間」としての一体化を意味する。いうまでもなく，これらはいずれも域内外からの投資を増進する。

　なお 2 国間の自由貿易協定は，単に東アジア地域のような広域経済圏が十分に確立していない地域において，その域内の経済関係を緊密化させる契機としてのみ作用しているわけではない。EU とメキシコの自由貿易協定にみられるように，異なるリージョン間の関係の緊密化にも役立てられている。

第3章　寡占形態の一般理論

はじめに

　寡占形態をめぐっては，従来「独占」の進行を阻むという観点のみから論じられてきた。そのさいの分析装置は，戦前期にドイツより受容した「カルテル・トラスト・コンツェルン」というものであり，戦後日本においては経済集中力排除政策によって旧財閥が解体されて以降，コンツェルンが実体を失ったことから，もっぱら「金融資本」支配が問題とされてきたように思う。そして徐々に現実と分析装置の乖離が拡がっていった結果，政治経済学はこの領域においても説得力と影響力を低下させてゆき，今日の純経営学的議論の盛行に至っている。本研究は上記の「独占」ならびに「金融資本」なる概念を，一国主義経済分析との関連で再検討することを主題の一つとしているが，本章において寡占形態論に関して理論的な再統一を図ることとする。

I　一般トラスト理論

金融コンツェルンの終焉

　まず銀行資本を擁する旧来型コンツェルンはなにゆえかつて隆盛となり，戦後廃れたかという核心的な問題について，独占禁止政策という政府規制の影響

とは別に考察する。戦前期ドイツにおける「(金融)コンツェルン」[1]と日本の「総合財閥」の両者は，両国資本制の類型的相違から厳密に同義ではないが，ヒルファーディング以降の政治経済学が「金融資本」として把握してきた共通の時代的特質をもっているので，ここでは「コンツェルン」と「総合財閥」を併記して用いる。歴史的に観て，ドイツにおいて金融コンツェルンが経済・社会的な焦眉の問題となったのは，第1次世界大戦後のハイパー・インフレーションを経た安定恐慌の下であった。日本において三大財閥による産業支配が顕著となったのは，関東大震災後の金融恐慌の過程を通じてのことである。持ち株会社を中心とするコンツェルン形態をとってはいたものの自前の銀行資本を欠いていた，浅野・古河等の「二流財閥」や鈴木等の「大正財閥」は，この過程で後退ないし没落した[2]。新たな資本の集積・集中には1930年代を待たねばならず，しかもそのさいの舞台は朝鮮半島・満洲であった。これに第2次世界大戦に伴う経済統制とその後の混乱が続く。

　以上の経緯の物語るところは，金融コンツェルンないしは総合財閥が，極端な景気変動と統制経済への対応という点で有利であったということである。あたかも旧ソ連邦において，輸送手段・経路の未発達からコンビナート方式の集中的な工業立地がいわば産業陣地として追求されたがごとく，市場取り引きを極限まで内部化して資金から資材に至る何もかもを自前で調達しうる総合財閥は，通貨価値の変動の影響を受けない現物経済の領域であって，景気変動への強固な組織的防壁として機能した。いうなれば「物財的防波堤」('material barrier')である。とりわけデフレーションにさいしては，起債がままならないことから銀行からの借り入れがものをいい，内部に自前の銀行資本を抱えた金融コンツェルン，ヒルファーディングのいう「金融資本」が有利となったはずである[3]。また格段の政治力を有した総合財閥は，統制経済の下では中小の資本に対して圧倒的な優位に立ち，これを一時的にであれみずからの生産・流通機構の中に組み入れることができた。戦時経済を含む，市場経済が正常に機能しない時期には，現物の生産資本をやみくもに押さえれば押さえるほど生産網が自己完結し，競争上でいっそうの優位に立つことができたのである。個々

に自己完結的な総合財閥は一国経済において複数存在した「経済内経済」であり，それ自体がおのおのの資本の一律の指揮に従う，一種の統制経済であった。それゆえ外部の国民経済が戦時経済化した場合にも，これに対応することはきわめて容易だったのである。

　第2次大戦からの復興の完了後，旧西側の先進経済においては持続的な経済成長の下での「完全雇用」が政策的に追求されることになる。いわゆる「ケインズ政策」がそのための手段を提供した。景気変動の影響は財政赤字の累積を代償として抑え込まれ，開放的な貿易体制と相まって，経済内現物経済の領域は存在意義を失っていった。寡占間であれ，全面的な競争の環境が整えられた場合には，何もかも内部に抱え込んで内製しようとすることは競争上不利であり，適度な提携や外部調達が必要である。かくして金融コンツェルンは経済的な有効性を失い，これに伴って巨大資本の企業間関係も変化していった。戦火を被らなかった合衆国においては，いち早くこの事態が進行したはずである。

現下の国際的寡占水準

　重化学工業はもはや産業発展の最終局面としての最先端産業とは言えない情況であり，IBMがそのシェアを低下させてきたコンピューター大型機やパソコンその他のハードウェアの歴史が示すように，ハイテク産業においては日本で言う「ヴェンチャー・ビジネス」の勃興に伴い集中度が逆に低下するという展開もみとめられる。したがって資本集中過程論にしても，一国に関する歴史的な事例研究であると，国際的な現状分析であるとを問わず，産業を単位として寡占状況を追う視座を導入する必要があろう。

　かつて「独占資本」の成立した諸国間の資本輸出過程として把握された世界経済は，1950年代以降，多国籍企業の本格的な展開過程として捉えなおされた。資本蓄積の場が国家間に重点を移して久しい以上，国際的にやがて寡占過程が進行することは明らかである。これを「世界寡占」と規定しよう。完全な世界市場寡占段階への到達も，すでにいくつかの重要な生産品目で現実のものとなっている。世界的な集中度のことに高い品目に限っても，フィルム式1眼

レフカメラ・デジタルカメラ・ヴィデオカメラ，DVD レコーダー，オートバイ，複写機・ファクス・プリンター，エアバス，大型コンピューター本体，パーソナル・コンピューター CPU，同 OS 等が即座に挙げられるであろう。鉱産資源を産業素材へと加工する，装置産業を主体に一国単位のトラストが国際的販売カルテルを交わしていたレーニンの時代と異なり，今日では生産の国際化が，付加価値の高い消費財工業を含む組み立て産業から装置産業の全領域へと及びつつある。その結果，世界市場における寡占状況はいっそうの亢進をみていると言える。

　世界経済の現況は，上記のように世界寡占の下，ようやく一部の産業において市場が飽和し始めたところであって，今後の進展いかんでは，パソコン OS をめぐる米マイクロソフト社と連邦反トラスト部局の対立にみられたような，かつて一国経済に関して検出された類の「独占」に伴う諸弊害が，国際的にも発生しうるであろう。

トラストから企業グループへ

　寡占現象の類型としては，カルテル・トラスト・コンツェルンのうち，トラストが一般に装置産業と不可分である点を指摘しておく。装置産業の場合には国内市場であれ世界市場であれ，品目ごとに製品の品質が標準化されており，同一品目の場合は生産企業・生産国による差異がほとんどない。したがって，その大規模な合同はただちに一国市場・世界市場における価格支配力を左右することにつながる[4]。周知のように，現代の大規模な工業生産はまず製鉄に代表される装置産業で興り，やがて自動車を典型とする組み立て産業へと及んだ。組み立て産業とは，モデルを創り出す産業である。個々の市場は固有の消費構造を伴うために，自動車産業におけるモデル T のような消費構造自体を変容させる革命的な商品は別として，一般にモデルの過度の標準化は自殺行為となる。その一方で 1 工場当たり生産可能なモデル数にはおのずと限度が有り，資本集中にさいしても個々の工場を統括する既存の企業は意思決定の結節として温存されることが多い。さらにブランドという消費者の側の認知の問題が絡ん

でくるため，他企業を買収した場合でも従来の製品群はそれまでの商標で販売する必要がある。したがって組み立て産業における寡占形態は単純なトラストとはなりにくく，装置産業に比して合同は進行しにくい。一方，いったんはトラストとして成立した巨大企業も，やがて関連生産への進出や関連企業の買収を行って「企業グループ」化してゆく。この「企業グループ」とは，堀江英一氏の提起になるところの「産業コンツェルン」の異称である[5]。こうして残るのは，企業グループ間の，生産・価格協定等のカルテルを含む提携関係となる。

だが仮に各国単位の独占禁止法が存在せずとも，真正の金融独占など想定しえない以上，技術進歩の停止を仮定しないかぎり，上記の過程と並行して新たな「ヴェンチャー」企業の簇生と新興産業の成立が継起するであろう。それは完全な独占の成立を阻み続ける。復興後の旧西側諸国は，合衆国が1920年代以降，組み立て産業において確立した大量生産方式を摂取して生産性を向上させるのに躍起であり，この間に各国とも稀にみる経済成長を遂げた。またこれに続く時期すなわち石油危機を経た1980年代以降は，後世に振り返った場合に，おそらくは1880年前後の電磁気学・化学の分野における新発見のラッシュに伴う電機・化学工業の成立，ならびに前述の1920年代以降の生産工程・管理方式の改良の結果としての組み立て産業における大規模工業生産の確立以来の，技術革新上の跳躍期，集中的技術革新の時代に当たるものと思われる。このいわゆる「ハイテク」時代を迎え，新興企業が相次いで勃興している。こうした技術革新に触発された競争の全面化の下，古典的な「独占」の弊害は戦後期を通じて一貫して，表面化しにくかったのである。

なお装置産業においても，トラストを経由しない企業グループ化（「産業コンツェルン」化）という集積の様態も存在するので，若干の検討を付しておこう。この範疇の事例としては，1930年代日本の在満・在鮮の「新興コンツェルン」[6]，これと同時期の5箇年計画体制下ソ連邦のコンビナート，さらに近年の事例として，80年に大韓石油公社の払い下げを受けて今や韓国5大財閥の一角を占めるに至ったSK（旧鮮京ソンギョン）[7]が挙げられる。これらに共通してい

るのは，いずれも後発工業国において，無から有を生じる形で巨額の資本が投下されたことによって成立した中核プラントが，やがて関連企業を周辺に配置することで自立的な企業グループ化を遂げたことである。世界システム論の術語を借りて語るならば，60年代「半周縁」諸国一般の輸入代替工業化戦略もまた，石油危機を経た70年代にその多くが失敗に終わったとはいえ，この種の一国経済規模の中核プラントを，発展途上国中の大国が「中核」諸国に対抗して，みずからの国民経済の内に保有しようとした事例に相当する。

トラストの時期区分

久しく顧みられることのなかった独占資本制論を再び現状分析に適用するに先だって，さらにもう一段の準備作業が必要であるように思われる。それは「トラスト」なる概念の曖昧さに関する検討である。狭義の「企業合同」に限定しても，「トラスト」には少なくとも二つの内容が有る。一つは株式の信託[8]や交換を通じた，特定分野における既存企業の集約的統合による巨大な寡占体の成立経緯を表す，その歴史的用法である。この過程で，いくつかの産業において寡占資本が世界で初めて出現し，並行してこれに出資した銀行資本の著しい成長がみとめられた。いわゆる「金融資本」は，この間の事情を述べた概念である[9]。この資本集中の古典的過程を「歴史的トラスト（信託）」と規定する。「歴史的トラスト」は，当時の工業生産の発展水準から「装置トラスト」範疇に限られる。「歴史的トラスト」は，いっそうの資本の集積・集中の結果，成立したトラスト形態からそのまま「産業コンツェルン」へと連続的に転化することも有り，レーニンが主著『帝国主義』においてトラストの典型のように取り上げている米独の電気工業[10]は，この寡占資本の成立期の事例にほかならない。彼はこの両国の電気工業による世界市場支配を，「世界的トラスト」[11]とも形容している。

これとは別に「歴史的トラスト」の段階を過ぎ，とうに寡占企業が成立をみている産業において，時として業界再編が行われる。その中には一方による他方の吸収とは必ずしも言えない事例，いわゆる「対等合併」も多い。金融関連

企業，わけても銀行業で，世界的に今もしばしばみとめられる現象である。もはや金融資本の生成を伴わないこの過程，形態概念としての「資本集中のトラスト形態」を「企業合同」と呼んで，上記の歴史的概念たる「歴史的トラスト」を介した寡占資本の誕生過程と区別する。

以下に表を掲げ，第1章に述べたトラストの業種別区分との関連を示して小括に代える。

表 3-1 トラスト概念の相互連関

	時期区分	業種区分
1870年代-1910年代	歴史的トラスト	装置トラスト
1920年代以降	企 業 合 同	装置トラスト＋組み立てトラスト

II コングロマリットをめぐって

さらにコングロマリット現象を分析の枠組みに取り込むに先だって，ここで合衆国におけるコングロマリットの展開の歴史的経緯に1節を割く。

コングロマリットの出現

コングロマリット型合併の一般化には，当時の合衆国固有の事情も作用していた。手始めに反トラスト法の系譜を検討しておこう。前節注8に述べたとおり，第1次トラスト運動さなかのノーザン・セキュリティーズ事件に対し1904年，連邦最高裁は違法判決を下した。同判決を承けた14年のクレイトン法（Clayton Act）によって，株式取得に基づいた持ち株会社が明白に禁止されるとともに，第7条「企業は直接と間接とを問わず，株式の全部または一部もしくは他の持ち分，商業に従事する一社またはそれ以上の企業の資産の全部または一部を取得する場合に，かかる株式または資産の取得の結果，…国の或る地域における或る取り引き分野において，競争を実質的に減殺し，または独

占の発生へと向かいうる」（下線著者）ような株式取得が禁じられ，水平的合併によるトラストは根絶されて企業合併は下火となる。ただしこの後も，資産取得ないしは垂直的合併によって事業を拡大する余地は残されていた。26年の最高裁判決がクレイトン法は資産取得にはふれていないとする解釈を確定すると，空前の好況の下，資産取得方式に基づく公共事業持ち株会社がわずかな元手で持ち株会社の上に持ち株会社を架して隆盛を極めた。第2次トラスト運動である。そしてこの公共事業持ち株会社は，世界恐慌にさいしてカードの城のごとく脆くも崩れたのであった。戦後の50年に成立した，クレイトン法第7条改正としてのセラー＝キーフォーヴァー法（Celler-Kefauver Act）においては，資産取得に基づく合併の禁止が明文化されており，またその制定のさいの議会報告書は，改正の目的として垂直的合併の禁止に言及していた。同法の成立に伴う企業合併への法的規制の作用は，看過できるものではない。以後，企業買収は異業種の既存企業を併せるほかなくなり，コングロマリット型合併が一般化したのである。第3次トラスト運動[12]としてのコングロマリット現象は或る意味で米司法省の60年代後半までの，より正確には69年のニクソン政権の発足以前の，反トラスト政策の鬼子であるといえる。つまり合併の手段を問わず，特定企業が同一産業において水平的に同業他社を合併したり，垂直的に生産連関のある分野に進出することを通じて，市場占有率を高めることを封ずるために設けられたもろもろの法的規制の予期せぬ結果として，相互に連関のない多岐の産業に跨がる，モンスター的な資本の集中形態が生みだされたのである。

　産業の観点からは，50年代から60年代にかけて勃興した代表的コングロマリットは，多くが航空宇宙産業とエレクトロニクス産業の双方を傘下に擁していた。これに該当する企業は，LTV，リットン・インダストリーズ，ゼネラル・ダイナミクス，テキストロン，テレダイン，ウォルター・キディー等々，枚挙にいとまがない。当時，冷戦の激化の下で核軍拡を主体とする一種の「再軍備」が進行しており，成長著しかった軍需産業はこれら投機的資本の格好の進出先，発展のための経路となったのであった。

また連邦政府反トラスト部局による一連の規制が，対外的にはアメリカ企業へのプッシュ要因となり，その多国籍企業化を促したことについても，併せて指摘しておこう。生産上の規模の経済を重視して従来の本業に固執する資本にとっては，国内において事業拡大の余地がない以上，対外進出を強化する以外に途はなかったのである。むろんコングロマリット化と多国籍企業化は資本の成長戦略として併用しえたが，軍需産業や大規模の装置産業のように生産部面での対外進出が困難な産業の場合には，多国籍企業化戦略は流通部面に限られ，国内における成長が頭打ちになった後はコングロマリット化するほかなかった。本業が世界的に成熟産業や衰退産業である場合には，流通部面における対外進出すら不可能であり，コングロマリット化が成長のための唯一の選択であった。

LTV の事例

ここでコングロマリットの典型的な事例として，LTV (Ling-Temco-Vought) 社の軌跡を追うことで[13]，第 3 次トラスト運動の具体的な展開過程を辿ってみよう。リング・テムコ・ヴォートはその連名の社名が示すように，リング (James J. Ling) が戦後の 1946 年に創業したリング電機が，50 年代にエレクトロニクス・音響・通信関連の合併を重ねた後に，60 年代に至ってテムコ航空機を 61 年に，軍需関連のチャンス・ヴォートを 62 年に，相次いで併せた企業であった。それまで『フォーチュン』誌 500 大企業ランキングに名を連ねてすらいなかった同社は，テムコ航空機を併せた結果 61 年に全米売上高順位 285 位に登場し，さらにチャンス・ヴォートの買収により 62 年には 158 位にまで浮上した。ここではリング社の 50 年代における当初の合併が，あくまで同一産業内部における伝統的なトラスト（企業合同）にほかならなかったことに，注意を喚起しておきたい。テムコ航空機取得以降の集中形態がコングロマリットに当たるのである。チャンス・ヴォートの合併のさいに司法省は当時のリング・テムコを告訴したが，LTV 本社所在地のダラス地裁は同社を支持する判決を下した。テムコ航空機の当時の年間売上高は 1 億 68 万ドル

に上り，それまでのリング社に優に3倍しており，またチャンス・ヴォート（年間売上高2億1,399万ドル）に至ってはテムコを併せた売上高に1.5倍する買収対象であった。これらは合併行動としてみればコングロマリットの典型であるが，パーツやレーダー等の財の供給対象として産業上の一定の連関は有しており，まったく無秩序な事業拡大というわけではなかった。むしろ産業上の連関から，冷戦下で成長著しかったものの新規の企業設立は困難であった軍需産業へと買収を通じて漸次進出したプロセスとして，企業としての自然な発展であったと考えられる。

この間の小が大を呑むかのごとき合併を支えたのは，一般株主をも対象としたTOBつまり，時価にプレミアムを上乗せした公開の株式交換申し入れ（tender-offer）であった。当初の現金による株式買い占めは別として[14]，主たる買収工作を新規発行の株式ないし社債との交換によって行えば，株式売却に伴う資本利得税（25%）が非課税となる。またその後に双方のバランス・シートを重ね合わせる「持ち分プーリング方式」を採ることにより，取得資産の時価と簿価との差額（「のれん代」）が含み益となって，この分は利益から償却せずに済む。しかる後に取得企業を事業分野毎の子会社に再編し，その株式の一部を新規に公開することでキャピタル・ゲインを獲得し，これを当初の株式買い占めに要した銀行からの借り入れの返済に充てるのである。60年代後半までにはこうしたきわめて洗練されたコングロマリット合併の手法が開発され，広く用いられていたが，合法的な脱税に対しては世論の批判も根強かった。

さてLTVの特異な，そして第3次トラスト運動の特徴を顕著に示す発展はここから始まる。テムコ社を合併した61年，事業の整理に伴う最初の子会社の吐き出しが行われ，資本にとっての本来の事業であったリング電機が，2社に分割されて売却される。必要な部門は手元に残したにせよ，両社併せた売り上げはこの時点で700万ドルに満たなかった。さらに63年には，やはり社名の一部を成すヴォート社の旧事業の一部分，売上高にして旧ヴォートの6分の1強相当（3,357万ドル）の部門が，ヴォートの商号と共に売却された。この

一連の子会社売却により，テムコ社とヴォート社の取得に要した費用が賄われたのである。LTV はその後も小規模な取得企業の売却を重ねながら，65 年にケーブル・ワイヤー製造のオコナイト社（売上高 6,845 万ドル）を，67 年には食肉加工・スポーツ用品・化学・薬品等の，コングロマリット形態のウィルスン・エンド・カムパニー（売上高 9 億 9,086 万ドル，資産 1 億 7,339 万ドル）を傘下に収めてゆく。オコナイトはこの時期にケネコット製銅が司法省の命令に従い，分離した企業であった。ウィルスン・エンド・カムパニーの取得により，LTV は全米 38 位の主要企業に躍り出る。ただしここに至って企業グループ内の産業上の連関は失われ，生産資本の増大という合併の方向性が明白となった。この傾向が頂点に達したのが，第 3 次トラスト運動のピークともなった 68 年で，資産が 9 億 3,386 万ドルに及ぶ鉄鋼第 6 位のジョーンズ・エンド・ラフリン製鋼（Jones & Laughlin Steel）の取得に乗り出すも，ニクソン政権発足早々の翌 69 年 3 月，反トラスト法違反で司法省によって告発され，合併は差し止められた。この合併が実現していれば LTV は一躍全米 14 位の巨大企業となっていたはずであった。LTV は J&L 製鋼の株式の 63% を取得したが，これに要した費用 4 億 2,500 万ドルの過半を銀行からの短期借り入れに負うていた。急成長を遂げていた新興コングロマリットの多くは慢性的な資金不足の自転車操業状態にあり，上述のように取得見込みの企業を分割して新規に株式公開するか，その資産を売却するかしないかぎり資金の手当てがつかない。業績不振に陥っていた J&L の株価が 50 ドル前後に低迷していた時に 35 ドルのプレミアムを付けて買収をしかけたために，LTV 自身の株価が下落してしまい，またウィルスンを含め 67 年中に 4 件に及んだ合併の結果，68 年の売上高は 50% 増えたにも関わらず利益が 18% 低下していたことは，LTV を苦境に立たせた。ニクソン政権のコングロマリット合併規制強化の方針は政権発足当初のこの時のみであり，典型的コングロマリットとして標的にされた LTV に対して明らかに苛酷であった。これが寡占資本に厳しく臨むという政権の国民向けのポーズであったのか，みずからの政治的基盤である既成産業エスタブリッシュメントの意を体してのものであったかは不明であるが，第 3 次

トラスト運動の過熱に水をさし、これを下火に向かわせたことは事実である。

　以後、法的な係争と傘下企業の相次ぐ売却による資金捻出を経て、最終的にLTVはJ&Lを取得するが、同社の取得にさいしての資金的な無理に加えて、合衆国の製鉄業自体が70年代に産業としての国際競争力を喪失したため、長期的な低迷を余儀なくされ、ついに86年に連邦破産法の適用を受けて倒産、会社更生の過程に入った。資本参加を得た住友金属工業の協力の下で、91年に軍事・航空宇宙関連の部門を売却し、製鉄・エネルギーを主体とする再建を進めて、93年にチャプター11（連邦破産法に基づく再建手続き）の適用を解除され、鉄鋼メーカーとして再建に成功する[15]。結果論として鉄鋼大手の取得に乗り出したことがLTVの命取りとなったことは明らかであるが、J.リングにしてみれば、次なる事業拡大のためのステップとして、巨大な資産を持ち収益の安定した大手鉄鋼メーカーを傘下に収めたつもりが、政権交代に伴う連邦政府の介入がこの段階で入ったがために、最後にとんだカードを引く羽目になってしまったということであろう。ともあれ結果的にLTVは、その本来の事業において形成した資本を元に株式ブームの中で合併を重ねて成長した挙げ句にJ&Lの生産資本を取得し、以後の発展が見込まれない鉄鋼メーカーへと移行したに留まったのであった。J&Lの取得によって一時的に企業の規模は増したとはいえ、この間に同社の成長の勢いは失われ、またその後の再建の過程で、無理な成長を重ねていた資本の規模は縮小を余儀なくされた。70年代の合衆国製鉄業は新規の投資を行わなかったため、その生産性は相対的に低下していったが、連邦政府が競争相手の日本メーカーに求めたもろもろの輸出規制措置に守られて安泰であった。政府によるコングロマリット合併規制が行われなかったならば、LTVはその後も秩序の攪乱者として、企業買収に基づく収益性の高い産業への進出と既存の事業の売却による、生産資本としての再編を継続し続けたことであろう。

　改正クレイトン法は50年代に抜け途としてのコングロマリットを産むが、その急成長の結果、60年代にはコングロマリット企業であるというだけで株

価が上がるという異常事態を招いて，それがまた新たな企業買収のための資金調達を容易にし，コングロマリットの成長を促すという循環を形成していたのである。LTVを始めとする「歴史的コングロマリット」は，上記にみるように途中で政府による合併規制を余儀なくされたために，生産資本の成長産業における機動的な集中ならびに事業の再編に基づく発展は阻まれ，循環は絶たれてブームは終息した。

Ⅲ　寡占形態の理論

　本章は第Ⅰ節において，寡占の国際化という見地をうち出す一方，理論的には第1章以来のトラスト現象の歴史的展開の整理を踏まえ，トラストの形態概念としての側面を「企業合同（資本集中のトラスト形態）」として析出した。続く第Ⅱ節ではコングロマリットの紹介を行いながら，歴史的なコングロマリットの生成の背景を明らかにした。本節においてはコングロマリットの理論的な解明に加えてコンツェルンの解明を行い，以上の資本集中の3形態の異同を確定する。ただし後述（注16）するように，「コンツェルン」概念には日本への紹介にさいしての混乱が混入したまま，日本語の「総合財閥」と同義の，戦前期における大規模「金融コンツェルン」を指すものとして我が国における慣用的用法が確立してしまっている。以下で扱う「コンツェルン」とは，経営学的な概念といってもよい，個々の「企業グループ」としての「産業コンツェルン」ではなく，この産業網羅型のいわゆる「コンツェルン」に限定したものである。

コングロマリットとコンツェルン

　さて，カルテル・トラスト・コンツェルンと併記する戦前以来の独占理論が戦後廃れた背景には，財閥解体と純粋持ち株会社禁止に伴う金融資本支配の後退による旧来の「独占」なかんずくコンツェルンの実体の消滅，ならびに英米

流の学問の盛行という日本固有の事情以外に，当然のことながら戦火を被らなかった戦勝国としての合衆国の経済が，戦前以来の大量生産方式に基づいて世界を制したという現実がある。その合衆国における戦後の寡占現象は，伝統的な資本の集中概念によっては捉えられない側面を有していた。あらためて述べるまでもなく「コングロマリット」(conglomerate；礫岩) という米語と，「コンツェルン」(Konzern) という独語の心象の違いはきわめて大きい。コングロマリットは，その名のとおり本業と関連が有ると無いとに関わらず，あたかもポートフォリオに債券を加えるかのごとく成長分野の企業をみずからの資本に繰り込んでは本社との連結決算の対象とし，資本として一体化する。「コンツェルン」の傘下に入った企業が会計上，持ち株会社とは独立的に管理されることとは対照的である。傘下企業の売却にさいしても淡白であり，中長期的な資本規模の増大と当面の資本総体としての収益とをもっぱら追求するという，きわめて投機的な経営戦略に立つ資本である。コングロマリットは産業分野を網羅する意志はまったくもたず，個別産業における生産の集中それ自体に対する拘泥もない。ただ資本総体としての成長と収益有るのみである。それはまさしく，資本制の本質を先鋭化させた資本形態であり，現代アメリカ資本制の特質を示すものでもある。対してコンツェルンの日本における一般的な用法としての「総合財閥」は，横断的産業支配を目指して本業とそれに隣接した産業を手始めに既存の企業を糾合し，現物資産の飽くなき拡大を図る，生産資本の形態に固執する資本である[16]。そしてそのほとんどが，企業集団の内部に銀行資本を筆頭とする金融機関を擁する[17]。

　先述のように，60年代の歴史的なコングロマリットとは，きわめて投機的な経営戦略に立つ産業資本であった。80年代合衆国のM&Aブームすなわち「第4次トラスト運動」[18]との対比で付随的に述べれば，当時の第3次トラスト運動はそれほど実体経済と懸け離れてはいなかった。換言すれば，依然として生産資本に拘泥していたM&Aブームであったと言えよう。80年代のM&Aブームは，レーガン・ブッシュの2代12年に互って続いた共和党政権の新自由主義的な理念の下で生じたものであった。この理念は，70年代に低下した

米国産製品の品質を生産工程にたち戻って向上させることに加え，強硬な労働組合の力を削ぐことで製造業の競争力を回復し，アメリカ経済を建て直すという政策体系として具体化された。ブームとなった M&A にしても，レーガン政権1期目当初の81年の大規模な減税，同じく2期目当初の85年のプラザ合意以降の大幅なドル安誘導に伴う低金利政策といった，政権の節目節目の景気刺激を旨とする経済政策によって促されたものではあるが，それだけで持続するものではない。背景に第Ⅰ節に述べた集中的技術革新が存在し，企業の再編を促した。くわうるに司法省の人事は無論のこと，最高裁において政権の意を体した保守的な判事が陸続と登用され，反トラスト政策の大幅な後退がみられた。かくして，企業買収が高度にマネー・ゲーム化して繰り拡げられたことは記憶に新しいところである。

またコングロマリットに関しては，合衆国におけるその華々しい活動が60年代であったために，一過性の現象とみなす見解も在る。たしかに69年に発足したニクソン政権が，それ以前のジョンソン政権とはうって変わってコングロマリット型合併に対する厳しい反トラスト政策で臨んだ結果，企業の急成長の手法としてのコングロマリット型合併は後退した。異産業の有力企業に対する合併もまた，同一産業内部における水平・垂直的合併すなわち狭義のトラストと同様に，司法省および連邦取引委員会（FTC）による独占禁止政策の規制対象となったのである。だがコングロマリットには資本の集中形態としての普遍的な性格が有り，ムーヴメントとしてのコングロマリット現象がとうに収まった今日の合衆国においても，傘下企業の組み替えの結果，コングロマリット形態となっている資本はいくらも在る。第Ⅰ節で言及した「トラスト」と同様，歴史的現象と形態的概念とが混同されたまま学術的でない慣用語によって言い表されてきた「コングロマリット」についても，これを2つの概念に分離しないかぎり，この領域における分析は進展しない。すなわち「コングロマリット」概念は，50年代から60年代にかけての特殊アメリカ的なムーヴメントとしての，投機的な企業売買を特徴とする歴史的概念，「歴史的コングロマリット」と，それから抽出された，銀行資本を内部に擁さずに相互の産業連関を

欠く企業を一体化する歴史普遍的な形態的概念,「資本集中のコングロマリット形態」に分離されるべきである。

次いでこの視座から,先述の「産業コンツェルン」概念について再検討する。単一企業の発展形態として,同一産業において中核企業が周囲に子会社・関連会社群を配したもの,すなわち今日でいう「企業グループ」が,堀江説の「産業コンツェルン」である。歴史上の企業集団としては,これと本章冒頭に述べた大規模の「金融コンツェルン」以外に,複数の産業に非網羅的に跨がりながら銀行資本を擁さない,上記「資本集中のコングロマリット形態」が存在した。後世から振り返れば,「コングロマリット的なコンツェルン」として再発見される類型である。その歴史上の典型的事例として,戦前・戦中期日本の日本産業,戦間期ドイツにおけるスティネス(Stinnes Konzern)が挙げられる。「新興コンツェルン」の一角を占め,しばしばその筆頭とみなされた日産は,保険業には進出したものの銀行資本を擁さなかった。傘下企業の株式公開と増資という直接金融によって資金を調達しては,既存企業の合併と新規の子会社設立により新たな産業へと進出して,急成長を遂げた[19]。37年には資本金において三井・三菱の両財閥に次ぐが,陸軍の要請によりこの年より満洲に大々的に進出したため,敗戦とともに解体を余儀なくされる。一方スティネスは鉄・石炭の鉱工業ならびに電気工業(ジーメンス社)を基礎として,ハイパー・インフレーションの下で造船・海運・製紙・新聞・通信等々に及んだ一大「コン

表3-2 企業間関係の歴史的相互対応

		単一産業	複数産業 (銀行資本除く)	複数産業 (銀行資本含む)
戦前期	ドイツ	「産業コンツェルン」	「非網羅型産業コンツェルン」	金融コンツェルン
	日本		新興コンツェルン	⇩ 総合財閥
戦後期	アメリカ		「資本集中のコングロマリット形態」 ⇩	
	日本	「企業グループ」		⇩ (六大)「企業集団」

ツェルン」であったが，第1次世界大戦後の混乱が収拾され，23年にマルク価値が安定するとともに崩壊した。その破綻は，当時における「金融資本」支配の象徴であった[20]。

上記表解は，コンツェルンとコングロマリットの形態概念としての対応を整理したものである。スティネスを表象とする，戦前期ドイツにおける「資本集中のコングロマリット形態」に関しては，「複数産業コンツェルン」とする規定も考えられる[21]が，ここでは慣用の「金融コンツェルン」に対して，「非網羅型産業コンツェルン」とするに留めている。産業横断的な大規模コンツェルンの内訳として，「産業・金融網羅型」と「非網羅型」の2者を想定しているのである。また注6に述べたように，「新興コンツェルン」は戦前期日本における「資本集中のコングロマリット形態」にほかならなかった日産と，これと同時期に台頭しながら，単なる「産業コンツェルン」にすぎなかった日窒・日曹等々を一括りにした慣用である。表では「産業コンツェルン」と「非網羅型産業コンツェルン」の中間に配することで，その事情を示した。

寡占形態の諸範疇
以上の分析を基に主要な資本の集中形態について総括する。

いわゆる「コンツェルン」を資本集中のドイツ型，コングロマリットをアメリカ型として，あるいは前者を戦前型，後者を戦後型と分類するのでは，分析はいっこうに深まらない。国内での近年の慣用としては，産業横断的な資本についてはその内部に産業連関が有ると無いとを問わず，「コングロマリット（複合企業）」で済ませることが一般化している。コングロマリットが広くみとめられるのは合衆国資本制であるが，同国においても19世紀末から20世紀前半期にかけて，史上初めて資本の大規模な集中が進行したさいの集中形態はトラストにほかならなかった。コングロマリットとはもろもろの産業への進出の結果，本業が埋没して見えなくなった，場合によってはかつての本業を手放して喪失した寡占体である。だが構成企業の株式を自在に売買するに至ったコングロマリットにしたところで，その相当数が本源的な資本を企業合同によって

形成したものであることは言をまたない。かつてのトラストは装置産業におけるものであれ，組み立て産業であれ，当該産業の勃興期に，あくまで単一産業において成された集中であった。歴史的な存在としてのコングロマリットは，株式取得に伴う企業合併が活性化した状況下で，単一産業の内部での資本の集中が厳しい反トラスト規制によって阻まれた場合に複数産業に跨がって出現した，特異の集中形態である。理学的に形容するならば，仕切られた特定の容器の内部で圧力が異常に上昇した結果，内容物が他所へと噴出した場合に相当する。対して典型的「コンツェルン」としての「金融コンツェルン」は，本章第Ⅰ節に述べたように，金融恐慌や準戦時経済という状況の下で大規模の銀行資本が，やはり複数産業に跨がって生産資本を企業集団の傘下に収めていったものである。資金調達から製品販売に至る市場取り引きを内部化して生産体系を自己完結させればさせるほど，デフレーションや戦争等の外部の国民経済の変動に攪乱されずに済んで，競争上の優位を発揮しえたから，「（金融）コンツェルン」の合併は基幹産業を始めとして産業網羅的であった。そして上記の状況が続くかぎり，この「コンツェルン」はひとたび傘下に収めた企業を手放さないのである。

　最後に表解を掲げ，本章における議論の整理とする。なお「会計上の管理方式」の項目については，資本としての一体性の程度を示す一つの指標として添えたものである。今日においては「一体的管理」は決算方式の連結に，「個別的管理」は非連結に対応する。この項目に関するトラストとコングロマリットの近親性は，コングロマリットがトラストの代替物であるという上記の議論の傍証となろう。なお「産業コンツェルン」は一般に一体的に管理され，財閥本社が傘下各社の株式を保有していた戦前期日本の旧財閥の管理形態は個別的で

表 3-3　集中形態の対比

集中形態	特　質	会計上の管理方式
トラスト	単一産業内部における水平・垂直的合併	一体的
コングロマリット	複数産業にまたがる非網羅的合併	一体的
「コンツェルン」	複数産業にまたがる網羅的合併	個別的

あったが，戦後急成長を遂げた韓国財閥は一体的に管理・経営されてきた。1997 年に始まった経済危機の下，韓国財閥に対しても経営健全化のためにディスクロージャーが求められており，事業交換による事業の集約・特化やグループ自体の解体，外資の参入等を通じて事業子会社の放出が進行する過程で，韓国モデルも変容を余儀なくされている。

注
1)「産業コンツェルン」と対比される概念である。注 5 にて再論される。
2) 1928 年の時点で，全国の法人企業の払い込み資本金の内，三井・三菱・住友の 3 大財閥が 30.1% を占め，これに安田・浅野・大倉・古河・川崎を加えれば 39.5% に達していた（柴垣和夫『三井・三菱の百年――日本資本主義と財閥』中央公論社，1968 年，90-91 ページ）。
3) インフレーション下で産業資本が銀行支配から解き放たれ，恐慌下では逆に金融資本の支配が進行するという分析は，すでに 1931 年刊の有澤廣巳・脇村義太郎『カルテル・トラスト・コンツェルン』（改造社）において，521-22 ページを始め，当時におけるドイツの事例を述べた箇所の随所にみとめられる（同書は 1977 年に御茶の水書房より再刊されており，引用ページの表示は復刻版に依った）。
4) この極端な事例としては，戦前期のドイツ最大の化学企業である，IG ファルベン (Interessen-Gemeinschaft der deutschen Farbenindustrie AG) が挙げられよう。ドイツの六大化学寡占体は 1904 年以来，二大カルテルに集約されていたが，第 1 次世界大戦さなかの 16 年，戦時「利益共同体」(Interessen-Gemeinschaft; IG) 契約を結んで一体的活動を行う。戦後の 25 年，ついに 6 社は合同し，IG 染料会社（ファルベン）となった。同社はベルリン五大銀行から自立しており，国内における独占的な装置トラストであったばかりか，国際カルテルを張りめぐらせ，染料の世界市場の 70% を占めた（主に有沢他前掲書 226-29, 544-53 ページに負う）。IG ファルベンは戦間期に全産業を通じて，世界第 4 位の企業であった。その西方部分は 53 年，ドイツ敗戦に伴う財閥解体により分割され，BASF，バイエル，ヘキストの母体となる。IG ファルベンが分割された片割れにすぎない BASF が，今日では世界最大の化学企業となっている。本書第 1 章補論参照。
5) 堀江英一「産業コンツェルン――巨大企業の生産構造(3)――」（京都大学『経済論叢』第 110 巻第 5 号，1972 年）参照。戦前と戦後の企業構造の連続性が，資本

関係ではなく生産集積のレヴェルへの着眼によって鮮やかに解き明かされている。そこでは「…たんなる資本結合としての企業集団」が「金融コンツェルン」、「…生産結合を基底とした資本結合としての企業集団」が「産業コンツェルン」と規定されている（同上3-5ページ）。「産業コンツェルン」自体は戦前起源の術語で，樋口弘『日本財閥論』（味燈書屋，1940年）には現れる。紡績，鉄鋼等の，「個別産業におけるコンツェルン」という意味あいである。

　本章における企業の集中形態の分析も，堀江論文の提起になる「金融コンツェルン」と「産業コンツェルン」の両概念の対比を基礎とするものであるが，この分析枠組みは包括的なものではなく，歴史上の銀行資本をまったく欠いた巨大「コンツェルン」の事例を，例外として分析の埒外におかざるをえない。また，金融機関のみから成る「企業グループ」をとり扱うことができない点にも限界がある。「産業コンツェルン」を含むコンツェルン概念の包括的な検討作業については，本章第Ⅲ節に譲る。

6）　新興コンツェルンは日産を例外として，鉱産資源・水力発電等の資源・エネルギー立地型の企業をその中核として発展した戦前の「産業コンツェルン」である。朝鮮半島・満洲の遠隔地に，中核的なプラントをとりまく形で自己完結的に工場群を配した，いわば旧ソ連邦のコンビナートの日本版であって，「在外コンビナート」とでも形容しうる存在であった。

　新興コンツェルンに関する研究状況の概略については，下谷政弘「新興コンツェルンと企業グループ」（『経済論叢』第137巻第2号，1986年）を参照。下谷氏の一連の研究の眼目は，この30年代「新興コンツェルン」の代表と目されてきた日産コンツェルンが，「企業グループ」の域を出なかった日窒・日曹その他と質的に異なり，既成財閥に準ずる，レイト・カマーとしては唯一の総合財閥的コンツェルンであったことの指摘である。

7）　蔚山石油化学コンプレックス（蔚山エチレン・センター）の中核を成す国営大韓石油公社は，石油精製・ナフサ分解の拠点として，米ガルフ・オイルと韓国政府との各50％の合弁で設立され，64年に操業を開始した。80年，ガルフ社が手放した株式を川下の繊維関連の財閥であった鮮京が落札し，その中核企業「油公」として再発足する。綿紡織に発した，中位の財閥にすぎなかった鮮京は油公を得て総資産を1兆5,600億ウォンに倍増させ，一躍主要財閥の仲間入りを果たしたのである（榊原芳雄『韓国の財閥』日本貿易振興会，1982年他）。なお，鮮京は97年より，「SKグループ」に改称している。

　他に装置産業のプラントに発する韓国の一大企業グループとしては，浦項と光陽

の2箇所に一貫製鉄所を擁する,粗鋼生産量世界第3位(98, 99, 01年には1位)の旧国営浦項綜合製鐵(POSCO)が挙げられる。浦項製鐵は大韓石油同様,既存の大財閥に今さら譲渡するにはあまりに巨大であり,財閥間の較差を大きくすることになると韓国政府は判断したのであろう。民営化の後は5大財閥に次ぐ財閥として育成する意向とのことであった(光陽製鐵所における聞き取り,1994年7月)。

韓国の工業化は従来,三星・現代・大宇・LG(旧ラッキー金星)の四者を筆頭とする財閥(jaebol)に政府のプロジェクトを振り分け,政府系特殊銀行による融資を与えることを通じて進展してきた(「官治金融」)。戦後期日本の長期信用銀行を通じた「産業金融」ときわめてよく似ており,政府が産業育成を目的として設立した特殊銀行が融資の主体であって,融資の保証に当たるのが中央政府である点では何ら変わりはない。韓国のケースでは計画立案以降のプロジェクトの主導権が,企業ではなく政府に在り,これは計画段階から行われる一種の「払い下げ」と言える。明治期日本の払い下げとの相違は,オペレーションに関して,プラント設立の当初より民間の手に委ねられていることである。このように,後発資本制国家において政府が能動的に関与する産業育成政策には,立案から生産が軌道に乗った後のオペレーションに至る,プロジェクト進行のどの時点で案件が民間企業にひき継がれるかという点で,時代また国により,さまざまのヴァリアントが存在する。

韓国においては民間銀行が未発達であって,金融において今だに無尽が大きな比重を占めている。台湾も同様である。本格的な銀行資本を擁さない韓国財閥が資本集約型の産業を一揃い備えることが可能であったのは,徴税を介して国家が蓄積機構としての機能を代行したからである。韓国のような財閥の割拠の状況とはなっていないものの,台湾・シンガポールの重化学工業化を可能にした背景も,同様の国家蓄積への依存であった。これがいわゆる「開発独裁」の,金融的側面である。以上にみるように,香港を除いたアジアNIEsの工業化への国家の関与の度あいは,明治期日本の比ではない。この点に,NIEsの工業化や韓国資本制の特異性が顕著に現れているように思われる。第4章注27も参照。

8) 「トラスト」なる語を生んだアメリカ合衆国における,信託=受託方式に基づく本来の「トラスト」はきわめて短命であり,オハイオ州裁において早くも1892年に違法判決が下されている。解散命令を下されたスタンダード・オイル・トラストはいったん解散し,本拠をオハイオからニュー・ジャージーに移して持ち株式会社化することを余儀なくされた。この判決と前後して,持ち株会社方式による合同が隆盛を極めるが,1904年に連邦最高裁は株式取得に基づいた持ち株会社方式に対しても違法判決を下し(ノーザン・セキュリティーズ判決),14年に成立した独占

禁止法（クレイトン法）がこれを明文化して，この方式での持ち株会社方式による合併運動は一時下火となる。

9) ドイツならびにその文化圏においては伝統的に，銀行が証券業務を兼営しており，さらに一般投資家は所有する証券を株主権ともども銀行に信託するため，銀行の産業資本に対する影響力は絶大なものとなる。今日の連邦共和国（BRD）においても事情はまったく同様である。これはアメリカにおいては 14 年独禁法以前に違法判決の出ている初期トラスト（信託）に当たり，銀行が信託の制度上の媒体として経済に埋め込まれているのである。このことがとりもなおさずドイツにおける「金融コンツェルン」の制度的保証となっており，「金融資本」とは「古典的帝国主義」段階の資本制に典型的な現象であるとともに，ドイツ資本制固有の類型的性格をも強く帯びている。日本では戦後信託銀行に転じた財閥系の信託会社が，かつてこの機能を果たしており，ドイツに準ずる金融資本の発達をみたが，商業銀行との制度・組織上の区分は存在していた。

10) レーニン前掲書第 5 章。形成過程では成立期のトラストの名残を留めてはいるものの，レーニンが念頭においている米 G.E. と独 A.E.G. の集中の実態は，その事業の広がりから形態面では「（産業）コンツェルン」と見なすべきであろう。

11) 同上第 5 章においては，参与によって成立した米独の 2 大電気「トラスト」による，国際カルテルに基づく世界市場分割を指して用いられている（訳書 116 ページ）。また第 7 章にも同様の字句が出現するが，カウツキーを批判する文脈でナンセンスな仮定として言及しているにすぎず，この箇所には「世界的トラスト」と類似の語として「一個の世界的独占」との表現が併記されている（同 153 ページ）。いずれにせよ既存の分析は「独占」現象の形態面での整理が不充分であり，ここでの「トラスト」の用法も，当時における究極的な独占という程度の意味でしかない。

12) いうまでもなく，ここでの「トラスト」とは企業の集中一般を指す米語の広義の用法であって，第 3 次以降の「トラスト運動」とは「企業合同」と同義ではない。

13) LTV に関しては当時の邦文文献も多い。コングロマリットを論じた文献は，例外なく LTV に言及しているからである。それだけ LTV が代表的コングロマリットと目されたということであろう。本章も 70 年代初めまでの歴史的な経緯に関し，佐藤定幸『コングロマリット』（毎日新聞社，1969 年）113-17 ページ，宮崎義一『寡占——現代の経済機構——』（岩波書店，1972 年）90-112 ページ，渡辺明『コングロマリット研究』（ミネルヴァ書房，1984）31-37 ページ等に多くを負うている。

14) 特定企業の株式を 10% 以上取得した場合には証券取引所委員会に申告せねばな

らず，水面下で工作を進めることはできない（日本では1990年の改正証券取引法により5％以上で所管地の財務局に報告）。また過度の買い占めは相手に悟られる外に，便乗買いを招いて取得費用が嵩むので適切な方法ではない。したがって本文に述べたような，買収は当初の一部に留めて，これを足がかりにテンダー・オファーをしかける方式が一般化していた。

　我が国においても英国のTOB（Take over Bid），米国のテンダーオファーに倣って株式公開買付制度が1971年の改正証券取引法により導入され，90年の一部改正によって整備されていた。通称でTOBと呼ばれるこの制度はしかし，長らく敵対的M&Aで用いられることはなかった。詳細については *http://www.investment-japan.net/jp/*，「対日直接投資に関する調査」，「平成7年度」の項「対内直接投資促進のための…」，「1　対日直接投資とM&A（PDF）」10ページを参照。

15) LTVをめぐってはさらに後日譚があり，結局2000年12月，チャプター11を再申請する羽目になる。なおこの時期に行き詰まった鉄鋼資本は1社や2社ではない。米国の製鉄業界は苦境に陥る都度，政府に働きかけて通商上の優遇措置を得て生き長らえてきたが，90年代の好況が息切れをみせると破綻するものが相次ぎ，欧州に数年遅れて1国1社の方向での再編の気運が生じた。

16) この種の，総合財閥を資本集中の最高形態として論ずる議論が，戦前のドイツにおける議論の日本的な受容の結果であった事情に関しては，下谷政弘『日本の系列と企業グループ』（有斐閣，1993年）第6章「コンツェルンと財閥」を参照。

17) 合衆国における歴史上のコングロマリットにも，LTV，ガルフ・エンド・ウェスタン（Gulf & Western Industries）を始め，後に銀行業を含む金融業へと進出したものがあった。この産業資本によるコングロマリットが金融業に進出する場合に対して，大手銀行資本が擬態的な持ち株会社を設立してみずからその傘下に入り，これを介して非金融業務へと進出する，単一銀行持ち株会社（one-bank holding company）方式の持ち株会社設立が66年以降急増していた。69年のニクソン政権発足直後に，56年銀行持ち株会社法の抜け途となっていた，この単一銀行持ち株会社を規制する法案が連邦議会に上程されたが，上院での審議の過程で骨抜きとなり，銀行の純資産が300万ドル以下の場合，ならびに銀行の純資産が5,000万ドル未満で，その持ち株会社傘下のグループ純資産総計に占める銀行部門の割合が25％を超えない場合には適用除外とされることとなり，コングロマリットが小規模の銀行を企業グループ内部に擁することは容認された。

18) 世紀を超えた今日顧みれば，20世紀末から新世紀にかけて進行した大再編こそが，グローバル化したトラスト・ムーヴメントの大波であったことから，これと近

接しすぎている80年代米国のM&Aブームをはたして主要なトラスト運動の1つとしてカウントすべきか否かという議論が，当然提起されねばならない。論点は，従来の通説である「第4次」をカウントしないか，はたまたこれを世紀末再編の露払いと観て，今回のムーヴメントと一体のものとして考えるかということである。

19) この投機的急成長の一面を捉えて，日産コンツェルンを「コングロマリット」的コンツェルンとする見解が在るが（宇田川勝『新興財閥』日本経済新聞社，1984年），それは形態面に限られる。日産は積極的な企業合併を展開したものの，それに伴う人員整理や，買収した企業の再編切り売りによる「吐き出し」を行わなかった点で，後のコングロマリットとは異なる。

20) スティネスに関しては，主として有澤他前掲書117-18ページに負う。

21) その場合には堀江説に言う「産業コンツェルン」を更改し，「単一産業コンツェルン」と規定しなおす必要が生ずる。

補論 i) 合衆国におけるコングロマリット分類の解明

　本章においてはコングロマリットの寡占形態としての対比の側面に焦点を当てて叙述した関係上，コングロマリット固有の問題をその構成の内に収めえなかった。ここに補論として，一般的な資本の集中形態としてのいわゆる「コングロマリット」についてではなく，合衆国におけるコングロマリットの展開の諸相に関する，行政・学術上の範疇の扱いについて整理を行っておく。これまでのコングロマリットに関する邦語文献の多くが，コングロマリットの定義を示そうとしてこの合衆国における扱いを論じたさいに，単にアメリカでの慣行・議論を紹介するに留まって，理論面ではいたずらに混乱を深めるばかりであったように感ずるからである。

コングロマリットの諸類型

　初めに下表の術語の注釈をしておこう。「市場拡大型」は 'market extension merger' の訳語であり，この表現は1968年に米司法省が発表した「合併ガイドライン」(Merger Guideline) に，「同一製品を販売しているが，地理的

表 3-4　コングロマリット合併の諸類型

区　分		単一の地理的市場	複数の地理的市場
補完的消費・中間財	単一の商品範疇	（狭義のトラスト）　⇩	⇨**市場拡大型**コングロマリット　⇩
	複数の商品範疇	**製品拡大型**コングロマリット	⇨製品拡大型兼市場拡大型
非補完的消費・中間財等		「コングロマリット」（その他型）	

市場の異なる2企業の合併」[1] を指すものとして用いられている。一方FTCの定義[2]によれば，同様の概念が「地理的市場拡大型」('geographic market-extension merger')とされ，例としてワシントン市のパン製造業とシカゴ市のパン製造業の合併が挙げられている[3]。「製品拡大型」と「その他」は同じくFTCの定義中の，'product-extension merger', 'others' のそれぞれ訳語である。「製品拡大型」に関してFTCは，「相互に生産面ないし流通面における機能上の関連をもっているが，相互に直接的な競争関係にない生産物を販売している場合」として，洗剤メーカーと漂白剤メーカーの例を挙げている。これは流通上の相互補完関係の例示であるが，「生産面における機能上の関連」とは，原料や中間生産物を共有する場合である。また「その他」についてFTCは，「取り引き関係がなく，生産面あるいは流通面において機能上なんら関係のない」場合として，造船会社とアイスクリーム・メーカーの例を挙げている。この生産面において関連する財を「補完的中間財」，流通面において関連する財を「補完的消費財」と捉え，表解では両者を「補完的消費・中間財」として表わした。補完的財の供給者が存在するにも関わらずこれとは合併せず，単一の商品範疇に留まって行われる合同が「狭義のトラスト」（企業合同）である[4]。この「狭義のトラスト」が複数の地理的市場へと空間的に拡大する合併が「市場拡大型コングロマリット」であり，空間的拡大を伴わずに商品範疇を増す場合が「製品拡大型コングロマリット」なのである。むろん，表に示したように「市場拡大型」と「製品拡大型」の複合的な合併も在りうる。これらとは別個のいわゆる「コングロマリット」[5]，商品生産・流通上の連関をもたない複数の産業への無差別的な進出を行う合併が「その他型」であり，表解ではこれを「非補完的消費・中間財」として区分した。

ナーヴァーの貢献

ここで従来の研究の1つの到達点として，ナーヴァーの整理を取り上げる。ナーヴァーは外部市場・内部市場に着眼して合併形態の整理を行った。水平的合併・垂直的合併にさいしては合併後の企業によって製品の単一の外部市場が

共有されることを示し，また水平的合併と垂直的合併の相違は，後者が中間財を自社の他部門に対して販売する内部市場を1つ有するのに対し，前者はそれをもたない点にあることを明らかにしたのである。これに対してコングロマリット合併は，「非競争的で，非垂直的な関係の2つの企業間で合併が行なわれる場合…」であって，「…合併後の企業体は合併前と同様，2つの外部市場をそのまま保持している」[6]点で相違しているとし，「2つ以上異なった生産物を生産するか，あるいは，2つ以上の地理的にわかれた市場に供給する企業…」[7]

がコングロマリットであると定義した。この定義の前半部分「2つ以上異なった生産物を生産する」合併が，先述の「製品拡大型」ならびに「その他型」であり，後段の「2つ以上の地理的にわかれた市場」を有するに至る合併が「市場拡大型」に当たることは言うまでもない。

表3-5 ナーヴァーの議論のシェーマ

資本集中の形態		生産物	外部市場	内部市場
水平的合併	狭義のトラスト	単一	同一	形成せず
垂直的合併		単一		新たに形成
コングロマリット合併		複数	別個	形成せず

上記の表解は，ナーヴァーの議論を著者が整理したものである。ナーヴァーの議論はきわめて明晰であり，一貫した観点からコングロマリットを含む資本集中の問題を解明してみせた業績と言える。内部市場の項目に注目すれば，コングロマリットが法的に禁じられたトラスト中の水平的合併の代替物であることが，論理的に示されているように思う。ただ難を言えば，合併企業の製品と産業との関わりが曖昧である。単に製品のラインナップを揃えるための合併と，従来の本業と根本的に異なる産業へと進出する場合の合併との相違が析出できないことは問題であろう。ナーヴァーの分類ではこの両者はまったく同一の範疇で括られてしまう。またナーヴァーに限ったことではないが，州権に基づく連邦国家である合衆国におけるコングロマリット関連の議論には，歴史的な空間的市場拡大のプロセスが色濃く反映しており，流通を主体とする分類に陥っているように思う。言い替えるならば，例外であるはずの「その他型」が，ナ

ーヴァーが分類を行った時点ですでに量的には支配的範疇となっていたという，カテゴライズの逆説である。「市場拡大型合併」は合衆国において50年代以降に現れてきた合併形態であるが，企業合併件数の内で一貫して数％にすぎず，コングロマリット型合併としてみても1割に満たない。「その他型」とされてきた狭義のコングロマリット型合併の比重が低かった当初はいざしらず，今日的には捨象してよい問題であろう。この「市場拡大型合併」は「チェーン型水平合併」とも呼ばれることから判るように，日もちのしない消費財を別にすれば一般に流通部面に限られる現象であって，地域的なチェーンを連ねてナショナル・チェーンを形成するまでの過渡期の問題にすぎない。原材料調達や一次加工の共通化につれて，生産部面ではナンセンスな分類となってゆかざるをえない。流通業を主体とする合併に関しては，この種のものはむしろ狭義のトラストと位置づけた方が適切であると考える。先の表3-4では合衆国における議論に包括的な見取り図を与えるために地理的市場を横に2つに分けたが，主眼はあくまでも縦の区分にある。従来は製品を不問として，この縦の区分を単一産業と多産業に二分していたがために，「複数の商品範疇」への進出と「非補完的財」（多くが異産業）への進出が混同され，分析が深まらなかったのである。

　なおコングロマリットと市場との関連では，かつて宮崎義一氏が多国籍企業もまたコングロマリットの一種であるとする議論を展開した。「…地理的市場拡大型コングロマリットの定義は，拡張すると多国籍企業をその内に包摂することになる…」[8] というのである。確かに合衆国における議論を踏襲すれば，複数の国民市場に同種の財を供給する点で，多国籍企業を「多国籍コングロマリット」と規定することは可能であろう。しかし上述のように，氏が依拠している「地理的市場拡大型コングロマリット」は流通部面を主体とする区分であり，しかも過渡的なものである。多国籍企業の相互浸透の初期段階における現地流通網の買収はいざしらず，今日のように国際的生産が一般化した状況では，こうした概念で多国籍企業を規定することはもはや不可能であり，この議論は一種の流通主義であると言わざるをえない。

むすびに代えて

　ナーヴァーの議論を踏まえ，あらためてトラストとコングロマリットの対比を行うことで，本論を終えるに当たっての小括としよう。この作業を通じて，合衆国における「コングロマリット」概念の本来的性格が浮き彫りとなるはずである。表3-6は，合併が企業の側から見た市場を変容させる上で及ぼす効果という観点から，合併の形態を規定しているが，ナーヴァーの所説を組み替えたものであることから，内容自体について多くの説明は要さないであろう。トラストについては，同一製品・産業に関する企業合同に伴う製品市場の拡大を，ここでは「水平合併型」と捉え，中間財の生産を取り込む川上への合併ないしは，最終製品へと至る川下への合併を「垂直合併型」としている。ナーヴァーが指摘するように，この生産工程に沿った合併の結果，中間財の取り引き市場は内部化されて減少してゆく。

表3-6　トラストとコングロマリットの対比

	資本集中の形態	市場の変容に基づく規定
狭義のトラスト	水平合併型トラスト	単一市場拡大型合併
	垂直合併型トラスト	市場内部化型合併
コングロマリット		複数市場結合型合併

　次いでコングロマリットについて，冒頭表3-4の整理に示した「市場拡大型」・「製品拡大型」の両者は，合衆国における慣用的区分の日本語訳にほかならないが，つまるところいずれも元来は別個の市場に面していた企業を結合する型の合併である。前者が「地理的市場拡大型」の意であることは，合衆国においても了解されているところであるから言うをまたないとして，ラインナップを増す合併である後者ならびに，まったく異なる領域への進出となる「その他型」も，企業から見た市場という観点から把握すれば「製品市場拡大型」ないしは「製品市場増大型」と規定しえて，これまた企業にとっては，合併前の

個々の企業がアクセスしていた複数の市場を結合する類型に相当する。今日，たとえばシティ・グループ[9]を念頭に「金融コングロマリット」という表現がなされる。同社は，傘下企業が商業銀行・投資銀行・保険・消費者金融・投資顧問等の業務をそれぞれ分掌する総合金融機関であるが，合併を重ねることでこの種の金融機関が成立するさいにも，業態ごとに多様な商品から成っていた市場がその都度，統合されることになる。無論，統合後の再編にさいして重複していた商品は整理され，縮小する市場も出てこようが，この種の合併もまた，本論において検討してきた「製品拡大型」コングロマリットの範疇に当てはまるものであり，表3-6に言う「複数市場結合型」に含まれるのである。

注

1) 公正取引委員会事務局国際課訳（E. W. キントナー著，商事法務研究会訳『反トラスト法』1968年，409ページ）
2) Federal Trade Commission, *Economic Report on Corporate Mergers,* 1969, pp. 59-60. なおこの見解は，65年に上院の反トラスト・独占小委員会に先だつ公聴会で，FTC経済部長のミューラー（W. F. Mueller）が述べた証言を踏襲したものである。
3) この「地理的市場の異なる」合併ないしは「地理的市場拡大型」合併という合併の概念も，周到に扱わねばならない。90年代半ば以降，合衆国の州際業務規制撤廃に伴って，米地銀の再編過程が猛烈な勢いで進行しているが，この事例は「地理的市場拡大型」には含まれるものの，「ワシントン市のパン製造業とシカゴ市のパン製造業の合併」とは異なる。なぜならばパンに代表される日もちのしない消費財の市場は，遠隔の企業同士の合併の場合には合併後も地理的に分断されたままであるのに対して，銀行合併の場合，もろもろの金融商品はただちに共通化できないにしても，帳簿上で決済される貨幣の本質から，バンキングの「仕入れ」過程たる預金受け入れと「販売」過程たる貸し付けは，合併の直後より同一の銀行資本の全支店網において行われることになるため，市場としてただちに一体化するからである。
4) ここで「狭義の」と限定したゆえんは，資本集中一般を「トラスト」とする用法が存在するのに対して，これと区別するためである。本章第I節参照。
5) 表解では慣例に倣って「その他型」とするに留めた，この一般化した用法として

の「コングロマリット」を「狭義のコングロマリット」型合併と規定すれば，コングロマリット現象をめぐる議論はより明解となるであろう．

6) Narver, John C. *Conglomerate Mergers and Market Competition,* University of California Press, 1967, p. 3.（江夏健一・古海志郎訳『コングロマリット合併と市場競争』1971年，東洋経済新報社，10ページ）

7) *ibid.*（前掲訳書4ページ）

8) 宮崎義一，前掲書，117-18ページ．

9) トラヴェラーズ・グループは97年9月，大手証券会社ソロモン・ブラザーズの親会社ソロモンを90億ドルで買収し，すでに買収していた傘下の証券会社スミス・バーニーと併せて，ソロモン・スミス・バーニーとして再編した．ソロモン・スミス・バーニーはメリル・リンチ，モルガン・スタンレー（97年2月の投資銀行のモルガン・スタンレーと個人向け証券のディーン・ウィッター・ディスカバーの合併後，持ち株会社名は連名であったが，2001年4月以降ブランドを世界的に「モルガン・スタンレー」に改称し，さらに2002年6月より持ち株会社の名称も短縮されている）に次ぐ，米国証券業界3位の寡占企業である（日本経済新聞1997年9月25日づけ，*http://morganstanley.co.jp/*,「Press Center」，「モルガン・スタンレー・グループに関するプレス・リリース」の項「06/18/02 モルガン・スタンレー，持ち株会社の社名変更を発表」）．その後98年4月6日，トラヴェラーズが米国商業銀行最大手のシティ・バンクの持ち株会社シティコープとの合併を発表するに及んで，金融業態の垣根は法制面のみならず実態として消滅し，業態別の順位を取り沙汰することの意味は薄れた．

その後，親会社「シティグループ」は，その投資銀行部門を「シティグループ証券」として，世界的に改称を進めた．日本ではトラヴェラーズグループが同年6月に旧日興證券と資本・業務提携を結んでおり，第三者割り当て増資を引き受けることで25%を出資して筆頭株主となるとともに，役員を派遣している．法人向けのホールセール部門として翌99年3月に営業を開始した「日興ソロモン・スミス・バーニー証券」は，2003年4月に「日興シティグループ証券」へ名称変更している．合弁の持ち株会社「日興コーディアルグループ」へのトラヴェラーズの出資比率は20.89%に達する（*http://www.nikko.co.jp/*,「株主・投資家の皆様へ」，「株式の状況」）．

補論ⅱ）　持ち株会社解禁とコングロマリット型合併

　コングロマリット型合併については1950年代から60年代にかけてのアメリカ資本制に固有の資本の集中形態とする見解も存在しようが，この現象はアメリカ資本制の類型以上に，同時期の合衆国行政府による反トラスト政策に帰すべき問題であると私は考える。1997年12月の「私的独占の禁止及び公正取引の確保に関する法律」の改正施行ならびに，98年3月の「銀行持ち株会社整備特例法」他の金融持ち株会社関連2法の施行は，日本においてもコングロマリット型の方向へと企業合併を誘導し，将来的には一定の比率でコングロマリット型合併も検出されることであろう。本論においては，この問題について検討する。

持ち株会社のガイドライン
　我が国においても「独占禁止法」を改正し，純粋持ち株会社の再合法化を求める声が産業界を中心に持ち上がり，規制緩和の流れの中，ガイドラインの提示と法整備が進められて，上述のように97年12月より事業会社の純粋持ち株会社が，98年3月より金融持ち株会社を含む純粋持ち株会社全般が解禁された[1]。リストラクチャーを容易にするというのが，その主たる理由である。その結果するところは，「企業グループ」[2] 単位の統括的企画・管理部門と事業部門との機能の分離と，企業グループ間の個々の不採算の事業会社の譲渡に伴う相互の事業の再編であろう。改正「独占禁止法」施行に先だって97年12月8日，公正取引委員会によって明らかにされた同法第9条（持ち株会社関係）

関連のガイドライン案[3]に基づいて,「事業支配力が過度に集中することとなる持ち株会社」の禁止類型についてまとめれば,以下のとおりである。

① 「持ち株会社グループ[4]の総資産合計が15兆円を超え,かつ,5以上の主要な事業分野のそれぞれにおいて単体総資産の額3,000億円超の会社を有する場合」。
② 「総資産が15兆円を超える金融会社と,金融又は金融と密接に関連する業務(債務保証業務など)以外の事業分野の単体総資産の額3,000億円超の会社を有する場合」。

　ただしガイドラインには明記されてはいないが,証券会社と保険会社は,ここでいう「金融会社」に含まれず,①の禁止類型によってのみ制約されるものとされている。また金融機関の総資産3,000億円という傘下企業規模の上限は買収の場合に限定したもので,異業態間の新規相互参入にさいしては,その制約は受けないと,別項に明記されている。

　なおこの金融持ち株会社に関しては,大蔵省の提出により,97年12月5日に参議院を通過して成立した,「銀行持ち株会社整備特例法」他に定められるところである。

③ 「相互に関連性のある5以上(規模が極めて大きい事業分野に属する場合は3以上)の主要な事業分野のそれぞれにおいて別々の有力な会社(売上高のシェアが10%以上または上位3社以内の会社)を有する場合」[5]。

　ただし現に営む事業部門を再編して子会社化し,その株式を100%保持する場合は,支配力が増すわけではないので上記①-③のかぎりではない。

以上の規定を一見して明らかであることは,これらが既存の大規模の事業会社や金融機関なかんずく銀行が,純粋持ち株会社を中心に据えて企業グループ化する場合の歯止めを示したものであるということである。主として①は代表的企業相互の合併について,②・③は巨大企業による他企業の買収について述べている。15兆円という総資産の具体的規定には現存する国内企業の規模が

投影されており，事業会社では資産が14兆円前後の東京電力とグループで20兆円に達する日本電信電話，金融機関では100兆円内外のメガバンク各行がこれに該当する[6]。①は3，4社（事業分野）以内であれば15兆円という総資産の限度を超えて，3,000億円の上限に制約されず大規模な事業会社の合併が可能であるということを意味する。ただし③により，産業上の密接な連関を有する領域への，合併を通じた進出は制約される。また②から，金融機関の内で銀行資本はこの大規模事業会社の企業グループには加われない。しかも都銀各行は①・③による制約から，大手の保険・証券会社を買収してみずからの金融持ち株会社の傘下に収めることには限度があり，旧安田財閥に類する総合的な「金融財閥」の出現する余地はない[7]。せいぜいが既存の関連業務部門を小規模の金融関連企業として再編・分社化し，銀行本体や既存の関連業務子会社ともども，新規に設立する金融持ち株会社の傘下にぶら下げる程度の再編しか図れない。ただし同時に改正「独占禁止法」第11条（金融会社の株式保有関連）のガイドラインにおいて，同条第1項ただし書の規定に関して，いわゆる「5％ルール」，従来5％以下とされてきた金融機関による他企業の発行済み株式の保有制限の緩和が示され，金融関連の株式保有に関しては無条件となったことは[8]，事業金融持ち株会社によって束ねられたタイプの広汎な金融企業グループの設立というもう一つの方向性を示すものである。

　また非銀行の金融機関に関しては，銀行・証券兼営の「ユニヴァーサル・バンク」に留まらない，純粋金融持ち株会社を介した異業態の結合に基づく再編が，98年4月の改正外国為替管理法の施行に伴う外資系金融機関の参入と相まって，展開してゆくことが予想される。この分野では製造業と異なって欧米企業の競争力が強く，おりしも日本側の金融機関はおしなべて不良債権処理に手間どり，財務体質を悪化させているからである。86年に英サッチャー政権が先鞭をつけた金融自由化は，我が国においては「バブル経済」期にこそ行われるべきであったが，当時は超円高に伴う国内における資産効果により，日本の金融機関の経営諸指標は健全であり，また高度成長の終息後としては類をみない好況の下，金融機関に限らずあらゆる業種が，従来どおりの経営方針を踏

襲するだけで高収益を上げられたという事情も与って，課題は先送りされてしまったのであった。「バブル」崩壊後の留まるところをしらぬ資産価格の下落の中，国内金融機関の体力は低下し，自由化で先行した欧米の金融機関との経営面の較差が露呈する。93年のBIS規制強化を承け，国内において早期是正措置の適用に迫られて，後追い的な金融自由化が行われようとしていたが，預金のペイオフ全面凍結解除は2001年の同時多発テロを機とする世界的な金融情勢の悪化から2年間延期され，05年4月にようやく導入された[9]。戦後の日本では預金が全額保護されてきたから，すべての銀行は事実上，公営に準ずる扱いを受けてきたも同然だが，経済成長の持続の結果，昭和40年に山一証券を救済した時を除いて金融システムが大きく揺らぐことはなかった。「バブル」が崩壊して数年を経るまで，現実には政府はさしたる役割を演じないで済んできたのだった。

持ち株会社解禁とその影響

以下では③の禁止類型を中心に，さらに若干の検討を行う。

先に述べたように，相互に関連する事業分野への持ち株会社を通じた進出が制限されたことは，製造業の場合には本業における生産の集積に依らない，生産上の連関を通じた搦め手からの緩やかな寡占・独占の進行を阻むものである。構造不況業種への適用の実際にもよるが，本ガイドラインは改正独禁法が旧法より引き継いだ水平的合併の制限と相まって，今後の寡占体の成長の方向を誘導してゆくであろう。資金に余裕のある大規模の寡占資本にとって，許容されている発展方向・成長戦略は以下のとおりとなる。(1)本業での生産の集積の結果として，当該産業において一定程度まで市場占有率を増大させてゆく場合。(2)本業と異なる産業分野の事業に，まったく新規に子会社を設立して進出する場合。同じく(3)本業と異なる産業分野に，産業を5分野未満にしぼって進出し，当該産業における主要企業を買収する場合。同じく(4)本業と異なる産業分野に，産業を限定せずに進出し，既存の中小規模の事業会社を買収してゆく場合。

言うまでもなく，これらは事業展開の理念型であって，実際には複合して現

象する。(1)はやがて旧来の反トラスト規制に抵触するため，寡占体は60年代の米巨大企業がそうであったように，多国籍企業化により国外へ展開する一方で，国内において(2)から(4)の途を追求することになる。現実には，(2)の手法は(3)・(4)と併用される。また主要な進出分野を3ないし4分野に抑えておけば，(3)と(4)も併用しうることになる。今後は日本国内においても，事業交換等の子会社の売買によるリストラクチャーが一般化してゆくであろうし，各企業によっていったん採用された経営戦略も固定的なものではなく，臨機応変に最適の事業展開が選択されてゆくはずである。

日本における寡占資本のコングロマリット化

ところで上記のガイドラインには「一定の取引分野における競争を実質的に制限することとなる場合」なる文言が複数の箇所にみとめられる[10]。これらは，本章第Ⅱ節に述べた米国反トラスト法中のクレイトン法の文言が念頭にあるものと考えられる。すなわち，「企業は直接と間接とを問わず，株式の全部または一部もしくは他の（株式以外の）持ち分，商業に従事する1社またはそれ以上の企業の資産の全部または一部を取得する場合に，かかる株式または資産の取得の結果，…国の或る地域における<u>或る取り引き分野において，競争を実質的に減殺し</u>，または独占の発生へと向かいうるときは，これをしてはならない。（下線ならびに挿入は著者）」[11] と述べて，特定の地域・市場における水平的合併を禁止したとの解釈が判例を通じ確定している条文である。ガイドラインの文言は，米法の完全な翻訳と言ってよい。

付言するならば，先に③とした「相互に関連性のある5以上（規模が極めて大きい事業分野に属する場合は3以上）の主要な事業分野のそれぞれにおいて別々の有力な会社（売上高のシェアが10%以上または上位3社以内の会社）を有する場合」との第9条関連のガイドラインの文言は明らかに，68年にコングロマリット合併の盛行に直面して米司法省が発表した，本章補論i)に先述の「合併ガイドライン」中のコングロマリット型合併の項における，「18. 潜在的参入者を含む合併」の(a)の(ⅲ)を踏まえたものである。同項は「上位4企

業の市場シェアが合計しておよそ75％以上を占める市場における上位企業の中の1社，但し，その市場における合併企業のシェアがおよそ10％以上を占める」[12] 企業と，市場に参入する見込みの大きい企業との合併に対しては「特別の事情のない限り訴追する」としている。「シェアが10％以上または上位3社以内」という表現は，明らかに米司法省のガイドラインを踏襲したものである。

　先の持ち株会社禁止類型をめぐる議論に戻って，①の禁止類型は旧財閥型の企業集団の再現を避けるためであるとされている。本書を通じ検討した概念を用い解釈するならば，①によって総資産と事業分野に制約を加えることで，銀行資本を欠いた，旧日産コンツェルン型の巨大「非網羅型コンツェルン」の出現を封じることができる。②は，銀行資本に対して1産業であれ総資産が3,000億円を超える非金融関連業務への進出を禁ずる厳しい内容であり，旧四大財閥型の「金融コンツェルン」の出現を防止している。また③によって，本章第Ⅲ節に述べた巨大単一「産業コンツェルン」，すなわち30年代の日産以外の「新興コンツェルン」や，戦後でいうところのトヨタ・松下電器産業・日立製作所等の巨大な「独立企業グループ」が，関連産業における資本と生産の集中を通じて際限なく独占に近づくことが避けられるであろう。

　上記の検討を通じて明らかとなったように，公正取引委員会は米司法省の反トラスト政策を研究してきており，今回の独禁法改正にさいしてもコングロマリット型合併に関する規制について相当程度研究した跡がみとめられる。ただし，米司法省がトラストやコングロマリット型の合併に対して用いている規定を，「金融コンツェルン」の顕在化を封じたと目される②や，隣接する産業やサプライヤーの合併に制約を設けた③に用いている程度で，コングロマリットそれ自体に対する備えはとられていない。我が国においては流通業を別として，コングロマリットは現実の可能性として過去にとり沙汰されたことすらなかったのであるから，無理からぬことである。だが旧財閥系や戦後の六大企業集団が結束を図って共通の持ち株会社の下に総結集しようとしても①によって阻まれ，また輸出のみならず海外での現地生産も与って一層の資本集積を遂げてい

る「独立企業グループ」の国内での事業展開は③によって制約を受ける。

　現時点では純粋に論理的に検討しうる可能性の域を出るものではないが，以下のような議論ができる。とりわけ旧財閥系の場合，②で排除されている銀行は別として，資産を有する不動産会社と販路を担う商社に重工業等の中核的な系列事業会社を併せて合計 4 分野，15 兆円の枠内で再結集し，企業集団内部の核となる中規模のグループを形成しうる。上記は銀行を除く旧財閥系の核となっていた企業の資本的結合である。またこれとは別に，こうしたかつての六大企業集団の核となっていた企業を除いた形での，残余のグループ企業相互の，産業上の連関をもたない再結合も考えられるところである。以上は仮に現象するとすれば結果として，日本的なコングロマリットに他ならない。近年，企業集団内部の結束は緩んできたが，それは大競争時代を迎えた調達の最適化に伴う多様化，個々の構成企業の国外展開による多国籍企業化という事情もさることながら，これまでの企業集団を支えてきた株式相互持ち合いが，長引く不況下では含み損を生むばかりで重荷となっているからである。グループとしての総合力という経営資源を発揮するために，純粋持株会社の解禁された今後は逆に，中長期的にはこうした新たな結集の手段が模索されてゆくことも考えられる。

　雇用面のリストラクチャーの進行によって，終身雇用制・年功序列賃金体系といった家族主義的，擬制共同体的ないわゆる「日本的経営」とは，高度経済成長期から石油危機後の安定成長期にかけての基調としての労働力への需要超過によって支えられていた，過渡的な形態であったことが明らかになりつつある。90 年代央に世界経済の「成長センター」とまで呼ばれたアジア地域の好況は，90 年代初めに先行して「バブル」が弾け，一時的に投資対象を喪失した先進諸国[13]金融機関による低金利貸し出しを通じた，いわば「バブル経済の輸出」ないしは「遅れてきたバブル」としての側面を有していた。とりわけ 91 年以降，基調として景気低迷を脱しえなかった日本の金融機関の場合，この傾向は顕著であった。日本経済はその後も低迷を抜け出せなかった一方で，欧米諸国を始めとする世界の他の多くの地域は，IT 好況の恩恵に浴することがで

きた。このコントラストは金融危機を経て日本経済の混迷の深まった98年以降，一段と顕著となる[14]。貯蓄過剰の日本経済は，「バブル」崩壊によって国内に投資先を喪失した後も，世界のマネー循環の供給センター，巨大な結節であり続けている。この構図が米経済に資金を供給し続け，また米国債を買い支えることで，戦後の国際経済体系の要である基軸通貨，ドルの暴落を食い止めてきた。アメリカの「一人勝ち」を演出してきたこの構造は，領土拡大の過程での繁栄に類するものである。拡大している限りにおいて続く均衡であり，長続きするはずがなかった。「ジャパニーズ・バブル」の崩壊後，システムは大きな裂け目を抱え込んで不安定性が高まった。2001年9月の同時多発テロはシステムを攪乱させたものの，これが直接の破局の要因ではない。レーガン政権以降の同国の御都合主義の国際経済政策に問題が内在していたのである。

　世界恐慌への序曲としての無気味な蓋然性をも秘めた日本発のこの不況，いわば「局地的大恐慌」下で，国内においても子会社や事業部の相互譲渡も徐々に一般化してきている。戦後，輸出を通じて著しい成長を遂げた，「独立企業グループ」を始めとする非財閥系の有力企業にしても，国内における事業の発展を志向した場合に，③の規定によって本業の拡大には限度が有る以上，無差別的な進出を通じた，特定産業における過度の生産の集積・集中を伴わない資本集中の形態としてのコングロマリット化が，当然選択肢に入ってくるであろう。無論その場合に，公正取引委員会はガイドラインの改訂を含む新たな対応を迫られることになる。

むすびに代えて

　重化学工業に基づいた一国単位の寡占段階が過ぎたことが明らかとなった今，70年代以降の日本の合繊産業や鉄鋼業の多角化[15]にみるように，本業が成熟期を過ぎ，衰退過程に入った寡占資本は，積極的に国外に展開して多国籍企業化しないかぎりは，資本が目減りしないうちに生き残りを賭けて異産業に進出せざるをえない。資本の大規模集積・集中で他国に先駆けた合衆国においては，

これが第二次世界大戦後早々に起こったのである。一方戦後日本における多角化は，既存企業の買収を極力避け，新規事業部門の立ち上げを通じて行われるのが常であった。株式相互持ち合いによって外資の参入を排除した六大金融系列の均衡の下，企業の成長は通常の商行為を通じて果たされるべきとする黙契が企業間に存在し，一定の秩序が保たれていた。黙契は各企業と，これを構成する社員の間にも存在した。それは終身雇用制であり，年功序列制の昇進・賃金体系である[16]。そしてこれらを可能にしていたのが，のちに「右肩上がり」と形容された，復興以来の経済成長の趨勢であった。

今後は上記の六大企業集団の再編過程に留まらず，合繊産業以降に絶頂期を迎えた製造業の諸産業に関して，敵対的買収といった取得の現象面はさておき，少なくも形態面におけるコングロマリット化が順次進行するはずである。純粋持ち株会社・金融持ち株会社の解禁は，そのための地均しとしての意味をもつ[17]。合衆国の事例にみるように，本業が成熟期・衰退期に入った寡占企業のリストラクチャーにさいしては，従来の本業との産業上の連関以上に事業としての成長性や取得のタイミングの方が，より重要な買収要因となってくるであろう。

注
1) この影響もあり，金融不安が続いていた台湾でも2002年6月，金融機関の再編を促す金融持ち株会社法が成立していることは注目される（施行は同年11月）。全文は *http://www.roc-taiwan.or.jp*/news/weeknews145.htm。なおこのホームページは台湾（中華民国）の国家としての公式のもので，すべて日本語で詳細な情報が得られる。国民党が下野したことから，今日では党派的な偏向も薄れている。
2) 下谷前掲書に集約される氏の企業構造をめぐる一連の研究は，堀江前掲論文の提起を承けて六大企業集団を「企業集団」とし，その構成単位である個々の事業分野毎の大企業とその子会社・関連企業を「企業グループ」として，この両者を弁別することを眼目としている。企業構造論として，両者を戦前・戦後の連続性の下に分析することの必要性は重要な指摘であると考える。本論においても同氏の区分を踏

襲し，後者のみを「企業グループ」とした。これは本章でも述べたように，堀江論文に云う「産業コンツェルン」と同義である。
3) 公正取引委員会による改正「独占禁止法」関連のガイドラインについては *http://www.jftc.go.jp/*，「資料」の項「法令・ガイドライン」，「■独占禁止法関係法令集検索サイト」にて「事業支配力が過度に集中することとなる会社の考え方」を検索「●事業支配力が過度に集中することとなる持株会社の考え方」で全文が得られる。これは 97 年 7 月 9 日新聞発表のガイドライン案とほぼ同一である。
4) 公正取引委員会によるガイドラインでは，持ち株会社グループについて「持ち株会社＋子会社（50％超所有されている国内の会社）＋実質支配子会社を持ち株会社グループと捉える」としている。
5) 同上のガイドラインでは，この関連性に関して付帯的に，「関連性については，…例えば，次のような場合には関連性のあるものとして評価する」として，取引関係と補完・代替関係の例を挙げている。
6) 相次いだ合併と淘汰の結果，近年はメガバンク最下位のりそな銀行でも総資産は 28 兆円に達している（*http://www.resona-gr.co.jp/*，「りそな銀行について」，「財務情報」，「ディスクロージャー誌」，「りそな銀行」の項「2004 年 3 月期」，「単体情報」の項「単体財務諸表」1 ページ）。
7) 98 年 9 月以降，旧三菱財閥の流れを汲む東京三菱銀行・三菱信託銀行・東京海上火災保険・明治生命保険の 4 社は，投資信託・保険・年金・証券の各分野を中心に「4 社提携」の具体案作りを進めたが，東京海上は独自のグループ（ミレア保険グループ）を結成し，また明治生命は旧企業集団の枠組みを超えて安田生命と 2004 年 4 月に合併するなどして独自路線を採った結果，提携は限定的なものに留まった。銀行自体も 2001 年 4 月に持ち株会社「三菱東京フィナンシャル・グループ」を結成し，10 月には 3 行あった系列の信託銀行を持ち株会社傘下の三菱信託銀に一本化している。同様に 2000 年 9 月に持ち株会社「みずほホールディングス」（03 年 3 月より「みずほフィナンシャルグループ」），2001 年 4 月に「UFJ ホールディングス」，2002 年 12 月には「三井住友フィナンシャルグループ」が発足する。

　保険・証券は本文に述べた②の規定による制約を受けないことから，大手でも①・③の規定から 4 分野以下に領域を限定すれば共通の金融持ち株会社の傘下に納まって同一の金融グループを形成することが可能であり，メガバンクの側は総じてみずからの持ち株会社傘下企業の拡大の方向で働きかけているが，保険会社の株式会社化の問題もあり，進展していない。
8) *http://www.jftc.go.jp/*，「独占禁止法関係」，「ガイドラインなど」，「企業結合関

係」の項「●独占禁止法第11条の規定による金融会社の議決権の保有等の認可についての考え方」参照。このガイドラインは，金融業務関連子会社に関する「第1」と，一般の事業関連の株式保有に関する「第2」に明確に区分されており，後者が「原則として1年以内」に「速やかに処分することを条件」として認可するとしているのに対し，前者にはその種の制限はなく，大幅に条件が緩和されている。金融規制緩和の進展とともに，「第1」はいずれいっそう緩和することを見越しているものと思われる。

9) 2002年9月，日銀は主要国の中央銀行で初めてとなる銀行保有株式の直接買い上げを打ち出す。97年秋の金融危機以来，企業の決算対策のために次々と採られてきた資本制の禁じ手に近い施策の極めつけとも言えるものとなり，市場はこれに対して敏感に反応した。翌日，日本国債が十年物として史上初めて未達となり，予定された販売量に達しなかったのである。日銀の資産内容が確実に悪化し，国債の格付けもさらに低く見直されることを見越したものだった。『フィナンシャル・タイムズ』を始めとする英米の経済紙は，直後にこれを強く非難した。中央銀行は市中銀行との国債の売買を通じて通貨供給量を調整するのが本来の姿であり，今回の決定は銀行への事実上の公的資金の際限のない注入に道を開くものである。日本の文脈では高度成長を支えた株式持ち合い解消の支援だが，英米の市場観からすれば，中国の言う「社会主義市場経済」が資本制ではないのと同様に，もはや日本も資本制から懸け離れた経済運営を行っていると見えるのだ。今回の決定は一見すると債券の売買と同様の行為のようだが，国家がみずからは発行量に責任をもてない株式の売買に手を染めたということで，市場と国家財政の間にあった一線を取り払ってしまった。正規の資本注入と異なり，返済の必要がないことから関与に歯止めがかからない。

10) たとえば *http://www.jftc.go.jp/*，「独占禁止法関係」，「ガイドラインなど」，「企業結合関係」の項「●株式保有，合併等に係る「一定の取引分野における競争を実質的に制限することとなる場合」の考え方」参照。

11) No corporation shall acquire, directly or indirectly, the whole or any part of the stock or other share capital and no corporation…shall acquire the whole or any part of the assets of one or more corporations engaged in commerce, where in any line of commerce in any section of the country, the effect of such acquisition, of such stocks or assets, … may be substantially to lessen competition, or to tend to create a monopoly. (Clayton Act, Section 7. 下線著者)

12) E. W. キントナー, 前掲訳書, 410-11 ページ。
13) 80 年代半ば以降の景気の底は, アメリカが 91 年, 日本と西欧が 93 年であった。
14) *http://finance.yahoo.com/*, 'Dow', 'Chart', 'Range' の項 '5y' および 'max' 参照。ダウ平均は上述の 91 年の景気後退以後, 一貫した上昇基調にあったが, 95 年以降それ以前より急勾配で上がり始め, アジア経済危機で攪乱されるものの, その影響を吸収して, 99 年以降の 3 年間に亘って高原状のピークを形成していることが看て取れる。同一期間の日経平均の推移 (*http://quote.yahoo.co.jp/*,「日経平均株価」,「チャート（大）」の項「5 年」) のグラフと比較対照すると, さらに興味深い。

　米国の 87 年 10 月のブラック・マンデーから 91 年の景気後退にかけては通常の循環性の景気変動（キチン波：在庫循環）で, その後は IT 化技術革新の本格化に伴う長期波動の影響がより強く出, 通常の 3-4 年周期の景気変動の波形は薄れた。また経済のサーヴィス化により在庫変動の影響は後退していた。IT バブル期に華々しかった「ニュー・エコノミー」論は, この点を錯覚して循環の消滅という託宣を垂れていた。今となっては 20 年代アメリカの「永遠の繁栄」論と変わるところのない錯誤なのだが, これが説得力をもって受け止められるのが世代の記憶が薄れた頃にやってくる長波のバブルの恐ろしさである。一方日本の製造業がメカトロニクスに基づく「多品種少量生産」という, 大量生産方式の逆理のような到達点に達し, 我が世の春を謳歌しているさなかに, すでに長期波動の交差が生じていたことは皮肉である。先のコンドラチェフ波に自身を適合させすぎていた戦後日本は, 次の大波を捉えることができなかったのであった。

15) 国内大手鉄鋼各社の 90 年代の多角化の柱は, 4 年周期の「シリコン・サイクル」に基づいて本業と同様の計画的設備投資が可能であると信じられていた, 資本集約型産業としてのメモリー産業への進出であったが, 64MB の DRAM の量産化にさいして生じた半導体市況の悪化を機に, この戦略は混迷の度を深め, 撤退が相次いだ。電機大手でもすでに富士通が 99 年末, 東芝は 2001 年末に DRAM の製造・販売から撤退しており, 国内に残った大手 3 社も, NEC と日立が 99 年 12 月に折半出資でエルピーダメモリを設立し, これに 03 年 3 月, 三菱電機も事業を譲渡した結果, 日本の DRAM メーカーは 1 社に集約された。

16) 戦後日本企業による雇用は, その成員が年齢構成の最下層から毎年一定数ずつ継続的に補われ（「新卒」）, 中途採用は例外的であったから, 年月を経てもその顔ぶれに基本的な変化はなかった。入社年次によるシニオリティに基づいてはいたが, その実態は年齢による序列と大差がない。ひるがえって, 年齢に基づくシニオリテ

ィが確保されている集団とは，伝統的には地域社会（なかんずく自然集落の村落共同体，「ムラ」）であり，近代的制度としては学校に酷似している。

97年以降長期化が明らかとなった不況の下で，事実上の債務超過に陥ったり赤字決算に転落した企業による，短期間の極端なリストラクチャーが進行した。93年1月のパイオニア社による管理職の指名解雇の決定が嚆矢となったこの事態は言うまでもなく，戦後期の社会的合意であった終身雇用制の崩壊過程である。従来，人員解雇が容易でなかったため，個々の企業が「窓際」という形で余剰人員を抱え込むことで統計上の失業は僅少であった日本社会は，グローバリゼーションの下での国際的なビジネス慣行との摺り合わせを迫られた。

政府の景気区分は，好不況の区切りの発表というそのアナウンス効果自体が景気に影響を及ぼしうるため，必ずしも経済の実態を反映しているわけではない。「バブル経済」にしても一般には経済成長率を主眼に1986-90年とされているが，長期の求人倍率の推移から観れば，バブル期は87年から93年に至る足かけ7年の，高度経済成長の終焉以来まれに見る長期の好況局面であったことが判る（*http://www.tottori-rodo.go.jp/*，「統計情報」，「雇用関係等統計情報」の項「有効求人倍率の推移」）。97年に始まる二番底を含めた「平成不況」は，石油危機後の70年代半ばから80年代半ばにかけての「安定成長期」に匹敵する長期に亙り求人倍率が低下した期間であるが，この間の経済成長率の劇的な低下を含めれば（*http://www2.ttcn.ne.jp/~honkawa/*，「経済・GDP」の項「4400経済成長率の推移（日本）」参照），戦後の復興期以来，日本人がかつて経験したことのない長期の不況局面であり，その後半に従来の「日本的システム」が厳しい批判を浴び，見直されるに至ったことも頷ける。

17) 改正独禁法9条のガイドライン（本書98ページ）の②が直截的に想定しているのは，今日のメガバンクの企業構造にみるように大銀行が金融持ち株会社を設立してその傘下にぶら下がり，系列の小規模の信託・証券等の関連企業を従えた金融グループを形成することである。

さらに進んで銀行系に関しては米生保トラヴェラーズ・グループ＋米銀シティコープ（98年よりCitigroup）が先鞭をつけたように，②と③が三井住友FG=大和証券型の2分野に跨る銀行系金融コングロマリットへ大手金融機関の再編を誘導してゆくであろう。また非銀行系金融グループについては②の「金融会社」が証券・保険を含まないと解釈されていることから，②と③は大手証券＋大手保険型（生保か損保のいずれか）あるいは大手生保＋大手損保型の，非銀行系金融コングロマリットへと，金融機関の再編を誘導する作用がある。

UFJ HD が 2001 年に発足した後の 03 年秋，旧三和銀の 90 年代の積極的な拡大策が裏目に出て，同グループの財務問題が表面化する。金融庁検査で大幅な貸し倒れ引当金の積み増しを求められ，当初は住友信託銀に傘下の UFJ 信託銀を譲渡することで凌ごうとしたが，04 年 3 月期決算で 4,000 億円を超える税引き後赤字に転落したことに加え，金融庁による検査の過程でみられた書類隠滅などの検査忌避行為に対し，金融庁が刑事告発を辞さない厳しい姿勢で臨んだため，UFJ は単独での生き残りを断念した。7 月，三菱東京 FG への身売りに近い経営統合が申し入れられ，三菱東京側は受諾するが住友信託は収まりがつかず，経営統合に向けた交渉の差し止めを求めて法廷で争う。メガバンクとして経営規模で取り残される形になる三井住友 FG も，本来は不仲である住友信託と組んで UFJ グループの分割取得を画策するが結局展望が見出だせなくなった。99 年 4 月以来，大和証券との合弁（大和証券グループ本社 60%，三井住友 FG 40%）で法人向けの証券会社という日本版の投資銀行「大和証券 SMBC」を運営してきたつながりから，三井住友 FG は 05 年 2 月，銀行を軸とした枠組みでの拡大策に代わる選択として，大和証券との経営統合を打ち出す。結果的にこれが，日本における本格的な金融コングロマリットの展開の序曲となった。

第Ⅱ部　技術ならびに資本制の変容

第4章　産業と競争の段階の理論

はじめに

　1980年代は後世に振り返った場合に，疑いもなく巨きな歴史的・社会的転換点として銘記されるであろう。我々の眼前で幕を閉じた20世紀は，その4分の3（1917-91）の長きに亙ってロシアに社会主義政権が存続して甚大な影響力を及ぼし，その過半の期間（1910s-70s）を通じて全世界に社会主義政権が拡大の一途をたどった，「社会主義の世紀」であった。その下でイデオロギー的な装いを纏って保たれていた冷戦体制は一種の勢力圏分割にほかならず，ポスト冷戦の世界は過去の大国間戦争の終結後ときわめて似かよった展開を示している。

　この冷戦とその終了自体にまつわる問題に関しては次章を充てて論ずることとし，本章においては，この問題の技術的・経済的な側面について解明を行う。分析の一部に関してはミクロ経済学の手法に想を得てはいるが，産業一般を扱う近代経済学の理論ではなく，また経営学・商学や応用経済学にありがちな際限のない各論でもない。第Ⅰ部におけるのと同様，産業の区分に着目することにより，リアリティーを犠牲にすることなく分析の明晰性を損なわない，メゾ・レヴェルでの歴史と現実の把握を試みたものである。なお，「産業段階」はともかく，「競争段階」とは馴染みのない概念であろう。後述のように，「産業段階」をめぐる議論は北村洋基氏によって提起された。同氏の一連の研究は，米

国と日本の技術開発の相違を，軍事技術関連と純粋な民需という見地から対比させ類型的に論じた上で，さらにこれを2段階に配列することにより，80年代に顕著となった合衆国製造業の衰退を説明しようとした，技術開発に関する類型論的段階論である。氏の産業段階論については，いわば「在来型重化学工業」の段階までは明確であるものの，その後に来たるべき，同氏のいう「先端技術産業段階」は，80年代日本型という類型的範疇としては成立するにせよ，明確な段階的範疇たりうるのか不明であるように思われる。本章においては一国規模の寡占を境とする「競争段階」概念を提起して，これを段階論の軸に据えることで，この問題の解決を図った。

I 産業と競争の段階

競争段階の区分

　事実の問題として，技術革新というものが恒常的に生じ，漸次進展してゆく過程ではないことは，技術史における何らかの具体的事例にふれた者には自明であろう。そもそも産業革命とは，18世紀後半（1760年代から80年代）の綿工業をめぐる織布・紡績，動力，製鉄等々の技術革新のラッシュを，機械制大工業を招来した過程として後世に捉えかえした概念である。その後19世紀後半を通じ，製鋼法と工業化学が発展を遂げる一方で，1880年代を中心に電気工業と内燃機関に関する発明が相次いだ。近年に至るまで支配的な産業であった「重化学工業」を招来したこの時期を，18世紀の産業革命との対比で「第2次産業革命」と称することが多い。この間に，今日「プラント」と呼びならわされている，製鉄業と化学工業に代表される装置産業における一連の巨大な生産施設が成立した。その過程で資本の集積・集中が進行し，銀行資本の成長と並行する形で，各国の「国民経済」を単位とする産業資本の寡占体が史上初めて出現したことは，第1章に述べたとおりである。さらに前世紀に入ると，1880年代の発明の具体化ともいうべき消費財の組み立て産業が，労働過程の

少なからぬ変容を伴って勃興する。

さて，ロシア1917年革命は結果として相当広大な「社会主義」圏を成立させたが，全世界的な社会主義生産様式への移行をもたらすことはついぞなかった。1990年を挟んで，欧州における「ソ連型社会主義」政権はすべて崩壊し，前世紀における大規模な社会主義の試行は急速に歴史的過程となりつつある。その後も依然として，最初の産業革命を招来した生産様式は継続しているものの，第二の産業革命がもたらした重化学工業の産業としての主導性は明らかに後退している。前世紀における，国家に依拠した「社会主義」政権の盛衰は，スターリンによる農業集団化と5箇年計画体制の始まった1928年を起点とするならば60年余のできことであった。コンドラチェフ波に関しては，価格周期の複合としては説明がつかないために，これを退けようとする見解も根強い。だが経験則としては存在しており，シュムペーターが述べたように[1]大規模な技術革新の周期と捉えれば，今回もまた事態の推移に整合している。ともあれ，「ソ連型社会主義」の盛衰を，この1コンドラチェフ周期に重ねて理解するか否かは別として，旧ソ連邦を起点とした20世紀の「社会主義」政権が，在来型重化学工業の盛衰と共にあったことは疑いようもない。

今日の工業は情報化によって規定されていると言えようが，この情報関連産業において演算・記憶素子の生産に留まらずハードウェア全般の生産が無人化工場で為されたうえ，ネットワークに基づく在宅勤務によるソフトウェア開発や素子設計が支配的とならないかぎりは，生産編成形態に変化が生じたとはいえないので，現状は未だ「機械制大工業」の域を出るものではない[2]。産業の

表 4-1　主導的産業と競争の関連

時　期	競争の段階	主導的産業	規模の経済
-1880s	I. **自由競争段階**	軽工業	未成立ないし限定的
1890s-1970s	II.「**一国寡占段階**」	重化学工業	全般的に有効
1980s-	III.「**世界寡占段階**」	在来型重化学工業	世界寡占規模到達により有効
		「情報化産業」	デ・ファクト・スタンダード確立により有効

現段階は近代ブルジョワ的生産様式において，機械制それ自体を招いた自由競争のフェイズ I から，「独占」と「ソ連型社会主義」の並立するフェイズ II を経て，第 III 位相に入りかけているものと考えられる[3]。

　表 4-1 は先に述べた産業段階の位相を，競争との関連において整理したものである。機械制の区分に関して，第 I 位相の軽工業と第 II 位相の重化学工業については，期間も長期に亙っており，それぞれが固有の産業段階を形成していることに異論はないであろう。軽工業においても規模の経済は，大規模の紡績工場等の設立に至る，一定の生産規模までは有効であるが，さりとて大国一国の需要を2,3の事業所で満たすほどの生産集積を行うことに意義があるわけではない。自由競争段階の軽工業における規模の経済の効果は，重化学工業に比すればきわめて限定的である。自由競争段階の次に来るものは，従来「独占資本主義段階」とされ，この段階概念は「国家独占資本主義」なる体制概念によって裏打ちされてきた。だがこの議論は，せいぜいが戦後から冷戦期にかけての合衆国の世界覇権の時代までしか説明しえず，この視角からグローバリゼーションを解明することは不可能である。上表はこの立場から，従来「独占資本主義段階」とされてきたものを「一国寡占段階」と規定しなおし，この段階を中心に据えて，いわば「プレ一国寡占」と「ポスト一国寡占」との3段階に競争段階を区分したものである。このグローバリゼーション以前の「一国寡占段階」においては，組み立て産業における生産関連の直接投資を伴った各国寡占体の対外進出はシンガーのミシン，GM とフォードの自動車等に産業も企業も限定されており，また装置産業においては生産関連の進出自体が行われず，流通関連の投資を行って本国の製造施設から自国消費分以上の余剰生産分を輸出するに留まっていた[4]。したがって重化学工業の規模の経済は，一国経済の規模を大きく凌駕することはなかったのである。

ポスト一国寡占

　1980 年代以降の在来型重化学工業の後退に伴う，第 II 位相終了後の現局面が，明確な段階に当たるのか否かについては議論の岐れるところであろう。こ

こでは「一国寡占段階」終了後の現局面を過渡期と見なして，産業段階としては確定した段階とせず，これを構成する主導的産業を二分して把握するという論理的な操作を施した。産業に関しては過渡的であるものの，競争に関しては一段階を成すと見なすものである。

　その内訳をみれば，重化学工業は「一国寡占」を超えて「世界寡占」にさしかかっている。鉄鋼業における資本の集積・集中の現段階に関しては，第1章第Ⅲ節にみたとおりである。非鉄金属についても，同様に国境を超えた生産統合・企業合同（狭義のないし厳密な「国際トラスト」化）の流れがみとめられる[5]。WTO発足後の非関税障壁撤廃の潮流の中，国内産業の保護育成政策はもはや不可能となりつつあり，グローバルなシェアホルダー・ヴァリュー（global shareholder value）の概念が共通認識となった化学工業をも含めた装置産業全般において，既存の現地生産企業の買収ないしは新規の（greenfield）直接投資による現地工場の設立を通じて，生産プラントを世界経済の二極以上に跨がって世界的に配置し，統合化された複数の経済圏にアクセスしうる一握りの企業だけが，グローバルな規模の経済（'global economy of scale'）の達成を果たし，価格競争にうち勝って生き残りうるという状勢となってきている。組み立て産業においても第2章第Ⅲ節に分析したように，輸出を通じた市場確保は相手国の雇用を阻害することから，おのずと限度がある。経済統合の進展に伴う経済圏単位のローカル・コンテント原則の確立は，輸出国と相手国の二国間の政治的交渉を介さずして現地生産へと多国籍企業を誘導する。自動車産業の合同については第1章第Ⅰ節に述べたが，この産業におけるかつての企業合同の論理は，ブランド・車種を増やすことに限られた。今日ではエンジンならびにプラットフォームの共通化の追求によって，チャネル毎のブランド・車種を減らさずにグローバルな生産上の規模の経済が達成できることから，98年5月のダイムラークライスラーの成立にみるように，やはり二極以上に跨がるダイナミックな業界再編が開始されている。言うまでもなく家電産業においても，三極にアジア地域を交えて積極的な生産の海外展開が果たされてきた。

他方「情報化産業」に関してであるが,「知識集約産業」という言葉に象徴されるように,一国規模の重化学工業とは明らかに賦存すべき生産要素を異にする一群の産業が興りつつあり,これに集約的生産要素の観点とは別に積極的な質的規定を与える必要がある。ここでいう「情報化産業」('intelligent industry') とは,単なる狭義の情報産業(「ソフトウェア開発業」・「情報処理産業」の2者)に留まらず,「情報素子製造業」(回路設計を含む,いわゆる半導体産業)・「情報機器組み立て産業」(大型計算機・パーソナルコンピューター産業等)・「情報関連機器組み立て産業」(通信機器産業・メカトロニクス産業・AV機器産業等)の3者から成る機械工業の一部と,永らく通信産業と未分化であった「情報伝達産業」[6] を包含する,つごう6者から成るものとして構想している。これらを慣用のように「情報関連産業」と呼んだのでは用語法として曖昧である。また狭義にすぎ,在来の機械工業と半導体・ソフトウェア産業の狭間にあって,在来機械工業を巻き込んで拡大してゆくインテリジェントな機械工業である,上記「情報関連機器組み立て産業」の産業としての裾野を捉えきれないように思われる。主導的産業はここに及んで製造業に納まらなくなり,「高度サーヴィス業」[7] に跨がるに至った。なおこの「情報化産業」固有の問題に関しては,本章補論において掘り下げて論ずる。

資本集約型産業

以下,集約的生産要素との関わりで述べる。

「機械制大工業」の第Ⅱ位相,「一国寡占段階」においては,おおむね60年代まで,同一の財に関してより大規模なプラントを設けることが進歩であった。第1章第Ⅰ節にみたように,主要な技術革新の時期と合併運動のサイクルから判断して,装置産業における基本的な生産技術はすでに20世紀の初めには確立していたと言ってよい。そこでの競争は,技術面ではいかに反応効率を落とさずに生産規模を拡大するかということに限られ,競争上の最大の要素は財務面,すなわち投下資本の絶対量であった。やや遅れて,組み立て産業においても20年代以降,コンベア・システムに基づく大量生産方式の実現によって生

産効率を落とさずに生産規模を拡大する途が拓けた。投資の方向性はきわめて明白であった。最大の設備を擁する企業は、一般に最少のコストで生産が可能であったから、他社が規模の面で追随してくるまでの間、資本蓄積に専念できた。かくして主要国の各産業において規模の均衡した数社による寡占体制がいったん成立し、国内市場が飽和して以降は、相互のやみくもな設備の拡大競争は製品の値崩れを招いて当該産業全体の長期的な不利益となるから、装置産業を中心に生産カルテルが一般化する。しかるにこの競争停止状況は、自己増殖という資本の本性にもとる。1産業で蓄積を遂げた産業資本がさらに成長するための解は2つしかない。新興の産業を始めとする他産業への進出ないしは、国外への進出である。当時にあって前者が銀行資本を経由した産業資本の金融資本化として、後者が鉄道・鉱山開発を主体とする、植民地への間接投資による資本輸出として発現したことはいうまでもない。世界の領土分割の完了後はこの金融資本の資本が軍需産業に流入し、やがて植民地再分割のための武力衝突に発展する。帝国主義戦争である。

集約的要素と産業段階

以上の議論を基に、旧来の集約的要素である労働集約型と資本集約型のそれぞれの産業についてモデル化を行い、小括に代える（図4-1, 4-2参照）。

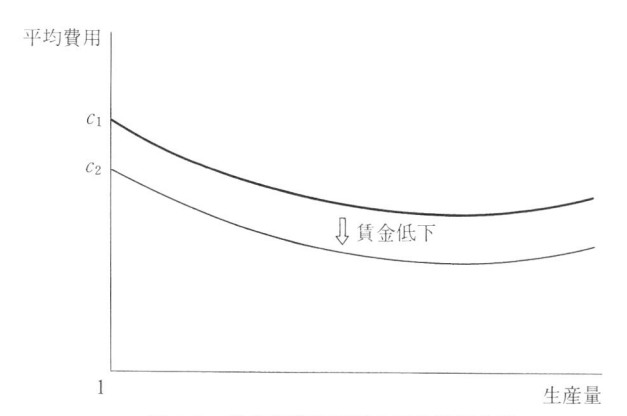

図4-1 労働集約型産業の平均費用曲線

Ⅰの労働集約型産業は，資本集約型産業と対比するかぎりで，生産規模に関して収穫はほとんど不変であるといって過言ではないであろう。単価の低下は販売量に直結するので，自由競争がもたらされる。また生産の過度の集積は管理効率の低下を招き，コスト増につながるため，産業は寡占には達さない。図4-1の平均費用曲線を下方にシフトさせる条件は，労賃の低下と生産手段の改良であるが，使用技術の水準の低さから後者はじきに限界に達する。労働力の再生産の必要から賃金切り下げにも限度が有り，低賃金を求めて周縁の未発達地域へと生産施設を移動させるか，それができなければ新興の競争相手によってうち負かされるほかはない。

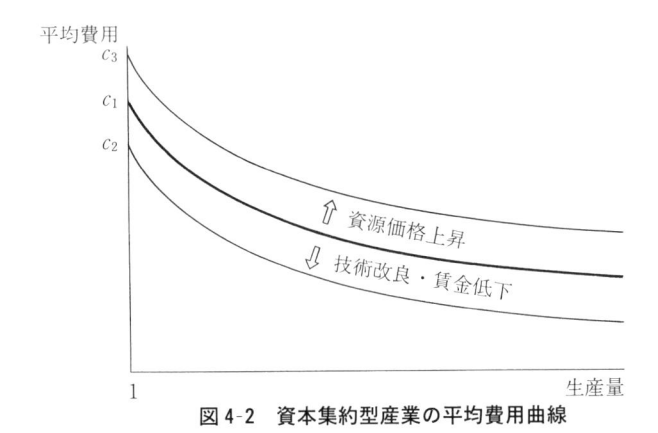

平均費用
c_3
c_1
c_2

⇧ 資源価格上昇
⇩ 技術改良・賃金低下

1 生産量

図4-2　資本集約型産業の平均費用曲線

これに対してⅡの資本集約型産業は，一般に生産規模に関して，当初に収穫がいちじるしい逓増傾向を示し，生産の集積に伴う管理効率の低下を補って余りある。寡占段階（「独占」段階）では製品のコストが下がっても必ずしも価格は下がらないので，最大の生産規模の企業が「独占利潤」を手にする。現実にはカルテルが存在せずとも寡占企業が相互にすくみ合って価格は下がらず，寡占企業群の間でいわば「準独占利潤」が共有されるのが常であろう。生産技術と賃金・原材料コストがこの関数をシフトさせるパラメーターであるが，組み立て産業においては陳腐化した財に関して賃金の比重が決定的となり，企業は労働集約型産業と同様の行動様式をとって，周縁部へと生産拠点を移動させ

る。

ソ連型社会主義

　補論的となるが，資本集約に基づく「一国寡占段階」の亜種と考えられるソ連型社会主義の位置づけに関する分析を挿入しておく。

　先述の1930年代にかけての旧ソ連邦の西側へのキャッチ・アップにしても，この重化学工業の産業段階の下で広大な国内の消費財市場を囲い込み，農業集団化によって現物徴税の形で強制的に農産物を集荷してはこれを輸出して外貨を稼いで，国営化された工業の第I部門へ自国で調達できない資本財を導入することを繰り返すうちに可能となった。所有と分配は社会主義に基づいて為されたにせよ，生産面における発展の手法はまさにマルクスの分析にかかるところの資本制そのものであった。この目的のためにボリシェヴィキ左派のプレオブラジェンスキーが理論化した命題，「社会主義的本源的蓄積」[8] とは，大工業を制した後進国の社会主義政権が非国営の経済諸形態（уклады）との不等価交換により，先行する資本制工業国の発展の軌跡を凝縮してたどることを目指した，生産様式の相違を超越したアナロジーである。スターリンはひとたびこれを却下してプレオブラジェンスキーを退けておきながら，新経済政策（НЭП, NEP）の後になって，やはり彼によって排除されたブハーリンを始めとする右派の主張していた一国社会主義建設と結びつけることで，事実上の社会主義的本源的蓄積政策を強行するのである。

　この過程を解釈しよう。集団化貫徹の結果，生産手段たる土地を喪失した全農民が，「農業プロレタリアート」に転落した。驚くべきことに，彼らには国内旅行の自由すら与えられなかった。農民の地位と自由は，農奴解放令以降の帝政ロシア晩期に比しても著しく低下した。農業集団化過程は，この点ではいわば「再版農奴制」にほかならなかった。そのうえで連邦国家は全土の集団農場・国営農場に対する単一の非人格的「農業資本家」として，人口の大半を占めた農民を搾取し，この「国家資本制農業」からの剰余価値を，当の農業の発

展のためにではなく，やはりみずからの所有する国営の重化学工業に投資することを継続した。ここでも国家は，工業部面における最有力のウクラードたる大工業における「単一の国営トラスト」[9]の唯一の「資本家」としてたち現れるのである。集団化の時点で農業プロレタリアートと化していた農民は，窮乏化して順次都市に流入し，成長を続ける工業が必要とした工業プロレタリアートの格好の供給源となってゆく。当初のショックを別にすれば，動態的変化をきわめて円滑に実現する社会システムだったのである[10]。一部の工業・商業に残った純然たる小経営の生産様式を別として，全土のコンビナートを所有し，実効的に管理・経営した連邦の国家機構自体が，歴史上のいかなる資本制国家におけるのに増して，巨大な言葉どおりの独占体であった。縦割りに細分化された工業各省は傘下企業と一体化して，ことごとく現業官庁と化した。

以後のソ連型社会主義の基本的な構造を形成したスターリン体制とは，レーニンがNEP期に向けて戦術的に展望した「国家資本主義」とは別の意味で，国家が能動的に追求した資本制に基づく発展戦略であったのである。国家資本主義と区別する意味で，これを「開発国家資本主義」と規定する。そこでの所有と上部構造の社会主義的性格が，体制転換を経た今日に至るまで真の科学的な分析を阻んできたといえよう。

II　ポスト一国寡占へ

一国寡占段階の終焉

1970年代以降のNICs，アジアNIEsの発展をきっかけに，重化学工業は急速に陳腐化し，事態は一変する。先進工業国の在来重化学工業部門における規模の経済は意味を喪失したのである。続く80年代に中東欧の社会主義圏が体制転換の過程に入り，やがてソ連邦が解体することで，一方の当事者を失った冷戦は終了したが，先述のとおりこれは偶然の符合ではない。従来型の「一国寡占段階」の重化学工業の段階が終わり，次なる段階への移行が始まったので

ある。基本的な製造技術の進歩の停止の前提の下で，国家による集中的な資本の投下による，量的な拡大を通じた成長という手法に依ったソ連型社会主義は，この事態に対応できなかった。「国際戦略提携」の活発化も，西側における「独占資本主義」の後退[11]も，この産業段階の移行との関連で統一的に論証しうる。では，なぜ「一国寡占段階」は終わらざるをえなかったのか。先に，装置産業を主体とする 20 世紀初頭の産業技術の到達状況について概観したので，ここでは戦後期の検討を行う。

いうまでもなく，第二次世界大戦終結まもなくから中東欧における社会主義体制が連鎖的に崩壊する 90 年代初頭に至るまでの大半の期間，戦後期とは冷戦期と同義であった。戦後期の工業製品の特徴として，まず挙げられるのは自動車・家庭用電化製品に代表される耐久消費財の著しい発達・普及である。ラジオに始まり，テレビを経て携帯電話に至る民生用エレクトロニクス製品は，技術的にはそれ自体が本来，固有の業務であった電気通信の産物である。またモートルを用いた洗濯機・掃除機・扇風機・髭剃り等の多くの電動機器や，コンプレッサーを用いた冷蔵庫・クーラー等にしても，やはり固有の産業用途の技術を家庭向けに小型化することによって出現している。これらは自動車製造において確立された組み立てラインによる生産方式を小規模化・簡略化して適用することによって初めて，消費財としての大量生産が可能となった。オートバイも生産工程に関する事情を同じくするが，こちらは自動車の下級財たる代替財として，戦後の世界的な経済発展の流れの中，自動車の普及に先駆けて普及してゆくことになる。

以上は元来が産業用に開発された資本財であった機械の，消費財としての家庭への浸透という，技術の内生的要因に伴う変化であった。ついで技術発展の方向性自体に影響を及ぼした外生的要因について分析する。

機械工業における上記以外の戦後期の変貌として，タンカー・大型旅客機・原子力発電プラントといった大規模な製品の出現が挙げられよう。それぞれ，第二次世界大戦中の戦艦，戦中・戦後の戦略爆撃機，そして戦後の原子力潜水艦の技術を転用したものであり，少なくとも当初に国家による資金に糸目を付

けない「プロジェクト型」の開発を必要とする,「巨大技術」である[12]。これらはいずれも軍事技術に発しているが,戦後の同種の事例として,アポロ計画やスペース・シャトル計画に至るアメリカの宇宙開発を挙げねばならない。集積回路で構成されたコンピューター,ディジタル音声・画像処理技術,セラミクス素材といった,今日「ハイテク」と呼ばれているものの粗方が,アメリカの宇宙開発の過程で生み出されたか,それによって製品化が可能な水準まで発展した技術なのであり,宇宙開発計画の副産物といって過言ではない。宇宙開発計画は,その運搬手段自体はナチス・ドイツのミサイル技術[13]に端を発する固有の巨大技術に基づきながら,ロケットの搭載量(ペイ・ロード)という重量と,惑星外を目的地とすることによる距離との両面の制約から,小型・軽量,高信頼性という新たな技術体系を方向づけ,揺籃した点で,大きな意義をもっていた。「軽薄短小」という今日の表現は,まさしくこれを物語るものである。「軽薄短小」は「重厚長大」の対義の造語であるが,それ自体は重厚長大の極致であったロケット工学が,搭載するカプセルの内部には軽薄短小を求めたことは興味深い逆説である。それとともに,宇宙開発の遂行が技術的側面から,戦争(熱戦)の代替物としての機能を有していた点について指摘しておかねばならない。体制の盟主としての威信をかけて競われた宇宙開発は,ある意味で旧ソ連邦との「技術戦争」,冷戦の技術的現象形態であった[14]。

さらに,従来型の資本集約型産業の段階の終わりを決定づけたのが,70年代に2度に及んだ石油危機というエネルギー制約の問題ならびに,60年代に汚染・公害としていったん問題化し,80年代以降再び顕在化した環境制約の問題であった。これらは先進国における重化学工業のコスト上昇として結果して,NICs(NIEs)を始めとする発展途上国へのこの種の産業の移転をもたらしたほか,先進国において在来産業の弊害を補う環境保全型技術と,在来産業に代わって雇用を創り出す新規産業の発展を促す契機となった。なかんずく,高い利用効率を要求するエネルギー制約は,宇宙開発がもたらした小型化を促進した。これに要する微細加工技術は,モジュールとしての信頼性を高める以外に,信号経路を短縮させることから演算の高速化につながり,また分散処理・

ネットワーク化をも可能にして，情報関連産業を全面的に開花させたのである。小型化とネットワーク化が可能とした生産設備の分散的な配置は，結果としてエネルギーの節約を通じ，環境制約の要請にも応えるものであった。

ポスト一国寡占と戦略提携

　以上が産業段階の移行に当たること[15]は，軽工業が生産要素の面から労働集約型産業と規定され，重化学工業が資本集約型産業と規定されてきたことに対して，今日「知識集約型」という表現が用いられていることからも検証される。このことからさらに，今次の産業段階の移行を画したME化を始めとする一連の技術革新は「第3次産業革命」と規定しうる。現在は，これまでの支配的な産業であった重化学工業における資本の集積・集中の水準が，19世紀末以来の一国水準から世界水準へと一段の上昇を遂げる一方で，新たに勃興した「情報化産業」は全産業に占める比重を高めつつも，産業段階としての全面移行を果たしていない，過渡期にあると考えられる。次なる産業段階は，これまでの二度に亙る主導的産業の移行に倣うならば，集約的要素に基づいて「知的資源（知識）集約型産業」と規定するのが適切であろう。

　さらにこの「一国寡占段階」からの移行に伴う企業間関係の変容の問題であるが，かつての「一国寡占段階」にはその19世紀的背景としての装置産業（化学・金属工業）が存在していたから，新規に参入する企業あるいは後発の国家にとり，資本量さえ伴っていれば追随は容易であった。また生産規模の拡大を目指した他社の資産の取得は，新規の投資と並んで最も重要な経営戦略であった。そしてこれが「金融コンツェルン」を形成した事情については，前章第Ⅰ節において分析した。ところが今次の「情報化産業」においては，日本企業に代わって韓国企業が成功したメモリー・チップ（DRAM）の量産を除いて，今のところ規模の経済を伴った後発性が奏功する領域は見当たらない[16]。投資対象は無論のこと，技術革新の方向性自体が定まらない中，規模の経済は開発・生産体制としては「規模の不経済」[17]に転じ，企業はみずから分社化・事業部化を推し進めるとともに，主として合衆国所在の研究開発型のヴェンチ

ャー企業との提携活動を強めてきた[18]。資本参加を交える場合にも，目的は支配や取得にではなく，あくまでも取り引き関係の安定化にある[19]。そしてこの技術革新・設備投資の方向の不確定性は，段階移行期の過渡的な現象に留まりはすまい。先述の「情報化産業」を主体とする産業段階の将来的な到来を仮定するとして，この次なる産業段階それ自体が内包する性格なのである。特定の研究機関なり，それを構成する個々の研究室の規模をむやみに拡大したところで，研究上の生産性が上がるものではないことを考えてみればよい。企業間関係は，大企業相互と大企業と中小企業間での製造資産の拡大をめぐる闘争から，相互の積極的な交流・提携へと変貌しつつある。各企業は今後永続する可能性も有るこの長期的な模索の状況の中で，みずからが優位性をもつ固有の技術を明確にし，引き続きこれを培ったうえで，次々に他企業との適切な「戦略的企業間提携」[20] 関係をとり結んでゆくことを要求されているといえる。

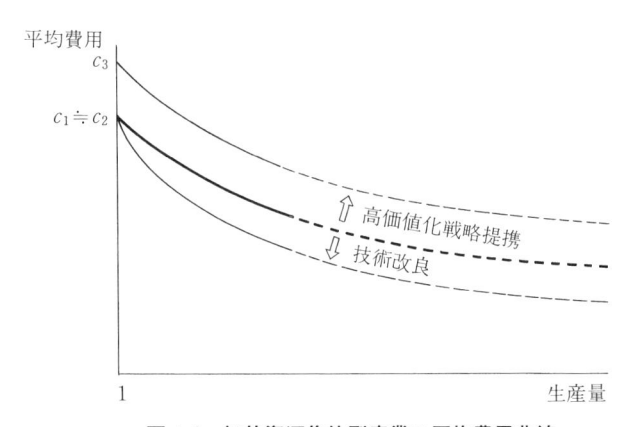

図4-3　知的資源集約型産業の平均費用曲線

このⅢ「知的資源集約型産業」の財の特徴について，それ以前の産業段階同様の分析を付す。ここで「知的資源集約型」産業と規定した産業における，知的所有権関連の財，すなわち音楽・映像用CDソフト，映像用DVDソフト，コンピューター・ソフトウェア，ASIC (application specific integrated circuit：特定用途向けIC)，工業デザインに基づく製品，医薬品等々は，それ自

体はオリジナルの複製にすぎないので，工業的にいくら生産したとしても，追加的に要するのは製品の本来的な価値の部分ではない。この種の財については生産工程に投入される労働ではなく，最初の1単位を造るにさいして投入される創造的な労働に価値の大半が在るのである。上記のうち記録媒体に基づく財に関しては，ディスク等の共通の媒体の生産について規模の経済が成立するが，個々の製品パッケージの生産は多品種少量（変量）生産である。そして記録媒体の普及につれて進行する大量生産の結果，媒体の価格はいちじるしく低下してゆくが，記録媒体が製品全体の価値に占める比重は元来，高くない[21]。よって個々の製品の生産にさいしての量産技術の改良は，製品化に先だつ知的な活動を主体とするオリジナルの生産に要する費用をさして低減させない。ここでは図4-1・4-2との対比で，$c_1 ≒ c_2$ となっていることに留意されたい。知的所有権の問題が浮上するゆえんである。この種の財が一般に多品種少量的に生産されるものである事情は，図4-3では破線で表されている[22]。これが実線化して規模の経済が本当に意味をもつのは，本章冒頭の表4-1に記したデ・ファクト・スタンダードが成立する場合のみである。この「事実上の標準」現象と「情報化産業」出現との関わりについては，後続の補論i) において解明を図る。

　そして上記「戦略的企業間提携」現象についてであるが，図に示したように商品の原価を引き下げるという従来の産業段階で支配的であった手法に留まらず，オリジナルがもつ使用価値そのものを高める機能をも果たしている。以上は産業と，財一般の高度化の結果にほかならない。

　なおこの範疇で複写しえない財は，純粋な芸術作品自体ないしはその実演に当たる。知的所有権の問題が今日さかんにとり沙汰されるゆえんは，全産業に占める「情報化産業」の領域の拡大に伴って，独自技術のもたらす特許料・著作権使用料収入が企業にとって無視しえなくなってきたことと，著作権の対象そのものが拡がったことによるものである。ともに知的所有権と不可分である，「知的資源集約型産業」の製品と芸術作品の両者は，複写の問題を基礎として同列に論じうる。むしろ太古より営まれてきた芸術活動が，今日の資本制の下ではこの「知的資源集約型産業」に包含されるに至っていると理解すべきであ

ろう。なお純粋な芸術作品は，上図では各カーヴと縦軸との交差する点に出現・成立する。各種の版画の製作や演奏の吹き込み等，一点製作や一回性の演奏に留まらない，一定数の複写を前提とした芸術もまた早くから存在したことは言うまでもない。これらは高度の工業製品と同様に，軸上の点を離れてカーヴを描くものである。

以上の議論のまとめとして，次に表解[23]を掲げる。

表4-2 集約的生産要素に基づく産業の対比

区 分		1750s-1880s I 労働集約型産業	1890s-1970s II 資本集約型産業	1980s- III「知的資源集約型産業」
主導的産業		軽工業	重化学工業	「情報化産業」
規定的生産要素		(低賃金) 労働	(大) 資本	(高) 創造性
目 標		低コスト	生産規模拡大	独創的技術
企業行動	対内的	賃金切り下げ	設備投資	研究開発
	対外的	「周縁」への移動	合併	戦略提携

集約的生産要素再考

集約的生産要素に関しては，伝統的に「労働集約」('labour intensive')型[24]・「資本集約」('capital intensive')型という分類が存在し，戦後コンピューターの登場により情報（関連）産業が勃興すると，「知識集約」('knowledge intensive')型という奇妙な用語[25]がこれに加わった。この「知識」集約という訳語が問題である[26]。研究開発には知識のみならず創造性が必要であり，ましてデザインは芸術的創造性を要する以上，今からでもこれを「知的資源集約」('intellectual resources intensive')型と改めるべきであろう。一部に「研究

表4-3 集約的生産要素に基づく産業区分とその前提

区 分	主導的産業	社会的前提条件	企業側の前提条件
労働集約型	軽工業	低開発	──
資本集約型	重化学工業	大規模金融機関／国家の産業金融	内部留保蓄積・グループ形成
知的資源集約型	「情報化産業」	教育の水準と質	固有の先端技術保持

開発集約」とする見解も存するが,「研究開発」は賦存している要素ではなく行為や体制にすぎないことから,「知識集約」と同様に棄却されるべきである。

　ここで集約的生産要素に基づく産業の区分について,整理しておく。表4-3で生産要素に基づいた「区分」に対して,産業を「主導的」とするに留めている理由は,両者が完全には1対1対応するものではないからである。前節に述べたように例えば組み立て産業の製品でも,技術的に陳腐化するにつれ加工・組み立て工程も確立し,工場を低賃金地域へ移動する傾向がある。その場合にも資本量の制約を受けなくなり,完全に労賃のみによって立地が決定される産業となったわけではなく,ただ立地の決定に与える資本量の影響が相対的に低下し,労賃の影響が増大したというにすぎない。重化学工業のプラントによって生産される製品の中にも,薬品の合成など,研究開発の比重がきわめて高いものが存在する。ここでは産業の各類型が必要とする集約的生産要素の前提を,立地地域ごとに社会的に賦存する「社会的前提条件」と,当該地域に所在ないしは新規進出して資本投下を行う資本側に関する「企業側の前提条件」とに分離している。上表の「労働集約型」に関しては,取り立てて説明は要すまい。一般的に資本制の及んだ周辺の後進地域に立脚する,もっとも原初的な産業であり,企業は最少限の資本と企業家精神さえ備えていれば成立する。

　対して19世紀から1960年代頃までもっとも主導的な産業であった「資本集約型」については,そもそも先行する軽工業の発展を通じ,当該国内部において充分な資本蓄積が果たされていることが欠かせない[27]。ヒルファーディング以来,大銀行と一般事業会社の密接な関係が強調されてきたが[28],それは大量生産を達成した当時の主導的産業が,巨額の資本投下を第一義的に必要としていたからにほかならない。産業企業の側においても,自前の内部留保によって資本を調達することには限界があるため,企業集団を結成して協同し,しばしばグループ内部に銀行資本を形成したり,外部の銀行資本の傘下に入るという行動様式が一般的であった[29]。ただし,戦前にあっても重要な例外が存在していた。明治期日本政府による各種の官営工場の設立と,政商や大商業資本が近代化セクターとしての新鋭産業資本を傘下に収めて総合財閥化することを促し

た，その払い下げである[30]。この手法は第2次世界大戦後，「産業金融」という形で資本制的に洗練され，重化学工業化が大々的に追求されていった。やや後れて，韓国は60年代より石油精製施設等の事実上の国家プロジェクトを順次，歴代大統領の郷党（慶尚道〈キョムサド〉）の財閥に割り振り，政府系特殊銀行の融資によって建設・運営させた。70年代に築かれた台湾・韓国それぞれの一貫製鉄所は国営であり，明治以来の日本の工業化過程をトレースするものである。後に東アジア型モデルとして定式化され，NICs・NIEsの成功として喧伝されたものは多分に，重化学工業によって主導されていた当時の資本制の起動期における巨大な金融面の慣性モーメントを，国家の大いなる手によって克服しようとした事例である。不況脱出のためでも，その未然の回避のためでもない，当時の工業化過程への政府の関与に対しては，開発経済学における「積極的なケインズ主義」という表現が可能であろう。

　残る「知的資源集約型」であるが，ここでいう「知的資源」とは，高度教育と知的熟練によって裏づけられた技術開発能力・意匠考案能力・金融技術等のいずれか，あるいはそれにマネージメント能力を加えたものを体化した人材ならびに，すでにそうした人材によって開発された，特許・プログラム・作品等の知的所有権の保護対象の両者を指す。日米間の継起的な通商交渉の場において，合衆国側が近年知的所有権の問題を重点的に取り上げてきたのは，単なる日本経済の世界的な比重の増大の現れではなく，先端的産業においてこの種の要素賦存[31]が決定的に重要となってきたことの反映にほかならない。この類型もまた，いかなる社会においても立地しうるものではなく，多分にポスト工業社会というべき先進地域に集中する。教育水準も暗記主体の内容で，たどり着いた高等教育機関を単に卒業していればよいというものではなく，問題設定・解決型で創造性が重視された内容でなければ意味がない。表解では社会的前提の項で，それを「教育の質」として表わした。多国籍企業による研究開発拠点の立地選好という形で，この点は端的に現れてくるが，この種の産業の研究開発部門の雇用対象はごく限られており，当該地域全体の失業率を改善し，所得水準を底上げするといった効果は決して高くない。また企業の側に関しては，

国際的競争の激化に伴い先進国間で相互進出の行われる領域が拡大し，知的所有権の問題が浮上して以降，従前のように他国で開発された技術を資本という要素により導入することを通じて，自国の国内市場に一定の位置を占めることは困難となった。今日では，固有の技術という知的資源を有する外国企業は必ずしもライセンスを結ばず，みずから乗り込んでくるからである。生き残るためには新規のデ・ファクト・スタンダードの形成にさいし，戦略的提携を通じて勝ち馬に乗る必要があるが，そもそも有力な提携の連合に加わるために，自前で開発した有用な技術の提示が必須である。資本量という要素が不要となったわけではないが，企業はともすれば非効率と利益率の低下につながりかねない，企業グループとしての規模の追求という従来の方針に代えて，固有の技術の開発を優先する必要が有る。それはビジネスの領域をみずからの得手に絞り込んで，低収益部門から撤退することにつながる[32]。また収益率を度外視した長期的な規模の追求の放棄は，当面の事業収益の重視という資本制本来の姿への回帰を意味するものである。ビジネスが国際的な有力格付け機関によって高い評価を得ることができれば，生産の拡大や新規の事業展開にさいして必要な資金の調達は，有利な条件で社債を発行することによってまかなわれるから，企業はますます旧い重化学工業の段階の行動様式を離れてゆくことになる。

注

1) Schumpeter, Joseph, A. *Business Cycles,* 1939.（金融経済研究所訳『景気循環論』有斐閣，1958-64年）

2) この生産様式と生産編成の区分をめぐっては，第6章第I節において検討される。

3) 北村洋基氏はこの事態を，戦後の組み立てラインへのコンピューターの導入を起源とする「オートメーション生産様式」と規定する一方，まったく正当にも，それに適合的な生産様式は未だ到来していないとしている（北村洋基「先端技術産業＝情報（関連）産業の現段階——ハイテク不況の意味するもの——」福島大学『商学論集』第62巻第2号，1993年，55-56ページ）。

　ただ用語法の問題として，氏は「先端技術」産業という表現を用いているが，そ

の内訳としてマイクロ・エレクトロニクス，バイオ・テクノロジー，新素材等を挙げておきながら，実際には情報（関連）産業に関する言及しか行っていない。具体性を欠き，歴史的な規定たりえない，「先端技術」産業段階という用語は避けるべきではあるまいか。

4) この問題は純粋に経済学的に，生産力発展の水準のみで説明されるべき事がらではない。「古典的帝国主義」期以来の勢力圏分割の問題と併せ論ずる必要がある。本書第5章，第6章参照。

5) 冷戦終結後，ロシアを始めとする旧東側諸国は自国通貨が暴落する一方で，自国工業製品の国際競争力の欠如が露呈し，外貨獲得の必要から自国産の天然資源とその一次加工品を採算を度外視して輸出した。他方，企業レヴェルでは冷戦の終了は旧西側企業に旧ソ連圏の広大な市場をもたらしたに留まらず，カール・ツァイス，マイセン等の旧東側の幾多の有力企業を世界市場に招き入れ，いくつかの製品・産業の世界市場が混乱に陥った。基本的に優れた原料産地に立地していながら世界市場から遮断されてきたこれら企業は，永らく社会主義政権の下で必要な設備投資を抑制されていたことから，市場参入当初の生産性は低いが，原料の輸入を要さないばかりか労働コストが格段に低く，産業によっては手強い競争相手である。いわゆる「メガ・コンペティション」現象の要因の一つは明らかにこれである。

6) 「情報伝達産業」としては，19世紀に始まりダイアルアップによるネット接続が衰退する昨今までの永きに亘り電信・電話産業が唯一の存在であり，またそれは比較的近年に至るまで公益事業の域を出なかった。

　本文での「情報伝達産業」とは，単なる電信・電話業務以上の情報量を光ファイバーや地上波・通信衛星等による回線によって伝達し，マルティ・メディアを担うものであり，既存の電信・電話産業を概念的には包含する。現状では旧来の電話会社がデータ通信部門を手がける一方で，データ通信専業の通信企業が併存しているが，IP電話の普及につれデータ通信専業の業態が支配的となるはずである。

7) C. クラークによる産業構造分類における「第3次産業」とは，採取型産業（「第1次産業」）と加工型産業（「第2次産業」）を除いた残余という性格が強い（Clark, Colin. *The Conditions of Economic Progress*, Macmillan, 1940, 大川一司他編訳『経済進歩の諸條件』勁草書房，1968年）。したがって産業構造の高度化論にしたところで，高等教育を要さない「単純サーヴィス業」から「高度サーヴィス業」を分離して論じないかぎり，今日的には有効性をもたない。

8) Преображенский, Е. А. Новая Экономика, Москва, 1926（救仁郷繁訳『新しい経済』現代思潮社，1976年，105-88ページ）

9) 同上。
10) 本書において展開する紙幅はないが，この過程をアウタルキー下の農業集団化という閉鎖系における手法によらず，合衆国の巨大な消費財市場とリンクさせる開放系において実現したのが，第2次世界大戦後の日本の高度経済成長であり，さらにはそれに続いた60年代半ば以降のアジアNICsの領域国家たる台湾・韓国の発展，すなわち「輸出指向工業化」に基づく「東アジア型発展モデル」である。そこでの農工間の価格較差がどの程度政策的に意図されたものであったかは国別の実証を俟つほかないが，いずれもロシアにおけるのと同様，西欧で世紀単位の年数を要した工業プロレタリアートの創出と社会の産業化を，わずか20年たらずで成しとげている。またその過程で強力な官僚制国家が財政を介して，穀物農業（いずれも稲作）からの税収を，重化学工業部門やこれを支えるインフラストラクチャーにみずから積極的に投資し続けたことは明らかである。
11) この問題に関し，従来のスターリン主義的「独占資本主義」論にみられた，「独占」段階における競争の否定を排し，独占を競争の一形態として把握したきわめて建設的な作業として，榎本里司「独占資本主義の一般的法則と独占の法則についてⅠ-Ⅶ」（大阪市立大学経済研究所『季刊経済研究』1992-95）が在る。本書第6章注13も参照。
12) この中では依然として大型旅客機エア・バスが，先進国における大規模な研究開発を必要としている巨大技術である。世界寡占に達した2社のうちの非アメリカ資本であるエアバス・インダストリー社はEUにバック・アップされたコンソーシアムが，2001年1月に株式会社化したものであり（*http://www.airbus.com/*, 'Enter the site', 'ABOUT AIRBUS'の項 'History'），この産業がとうに一国経済の規模を超えてしまったことを示している。
13) 第二次世界大戦の後期に，戦略爆撃の代用としてロンドンをたびたび脅かしたV2号は，今日的には通常弾頭による中距離弾道弾（IRBM）に当たる。ドイツの敗戦直前，この弾道ミサイルの開発ティームの主力は進駐してきた合衆国軍に投降し，陸軍の人工衛星開発を経て米航空宇宙局（NASA）の中心メンバーとなるが，旧東独のペーネミュンデ（Peenemünde）に在った開発拠点を押さえた旧ソ連邦は，資材と残った技術者を自国領へと運び去り，合衆国とは別個にその技術を吸収した。
14) 本稿の技術固有の問題をめぐる検討とは視角を異にするが，70年代初頭までの時点につき再生産表式に基づいて，西側における合衆国の覇権とその経済構造との関連を検討した先駆的貢献として，南克巳氏による在来重化学系統ⅠA部門から

の「新鋭＝基幹」産業体系ＩＢ部門の分離・検出が在る。ＩＢ部門とは，定義的に航空宇宙・電子・化学等の系列の財の内で兵器・原子力産業に投入された部分のみを指す概念のはずであるが，実証にさいしては氏はそこから派生した航空機・コンピューター等の財全般を，投入対象となる産業・部門を問わずに含めている（南克巳「アメリカ資本主義の歴史的段階——戦後＝「冷戦」体制の性格規定——」『土地制度史学』第 47 号，1970 年，同「戦後資本主義世界再編の基本的性格——アメリカの対西欧展開を中心として——」法政大学『経済志林』第 42 巻第 3 号，1974 年）。

15) この点を明確にしたのは，北村洋基「日本経済の構造転換とその評価について——経済構造の転換と産業構造の転換——」（福島大学『商学論集』第 61 巻第 2 号，1992 年）60-61 ページである。

16) 北村前掲「先端技術産業＝情報（関連）産業の現段階」は，DRAM 量産に依存してきた日本の情報産業の，「重化学工業的」とでも呼ぶべき問題点を突いている（68-71 ページ）が，それはひとり日本情報産業に限った性格なのではなく，メモリーの量産一般が，情報化産業においては例外的に，資本集約型で装置産業的な性格を帯びているということなのである。

17) 「規模のデメリット」（北村前掲「日本経済の構造転換とその評価について」55 ページ）。

18) 一例として Collins, T. M. & Doorly, T. L. *Teaming up for The 90s,* Business One Irvin, 1991（トーマツ戦略コンサルティング部門訳『グローバル・アライアンス戦略の実際』ダイヤモンド社，1993 年）には，バイオ産業と化しつつある合衆国医薬品産業を舞台とする，ヴェンチャー企業と多国籍企業との提携の事例が紹介されている（訳書，110-18 ページ）。

19) 同上 216-39 ページ参照。

20) 例えばダニングの近著では，'strategic alliance' を 'international' という語とは併記しておらず，連語とはしていないもののいくつかの箇所で，この語を 'cross-border' という語と関わる文脈で述べている（Dunning, John H. *Alliance Capitalism and Global Business,* Routledge, 1997, p. 361, 69）。それぞれのテクストは企業と政府との関わりを論じて，国民国家のみならず国家よりも上位と下位の行政単位を扱っている。

　なおここで言う「戦略的企業間提携」とは，概念として相当部分が「調達」（sourcing）に関わることがらである。ここでの「調達」は広義のもので，中間財に留まらず技術の導入や，クロス・ライセンスとなる共同開発をも含む。調達はかつて同一企業・同一資本の内部で極力行うことが志向されたが，IT 化の進行に伴

い状況は一変し，可能な限り外部調達（out-sourcing）することが望ましいとされるに至った。

21）　例えばDVD-Rの1枚当たりの販売価格は，わずか百円前後まで下がっており，これは数年前までのCD-Rの水準である。

22）　このことはグラフを読み替えて生産関数を形造れば，「複雑系」スクールのいう「収穫逓増」論が提起している問題と同一である。詳細は本章補論ⅱ）参照。

23）　なお表4-2の生産規模は最終的に低生産コストに帰着するものであるが，この段階においては参入当初において採算を度外視してでも市場占有率を追求することが競争上有効となる。したがって規模自体が目標となっていると言えるのである。

24）　生産要素としての「労働」という概念は，伝統的経済学の製造業への拘泥から，永らく熟練度のみを念頭において扱われてきた。中世都市における徒弟制の手工業の段階の下での熟練は高度のものであって，長期に亘る制度化された修業の産物であった。これに対して，今日まで一般的に想定されてきた「熟練」とは，産業化社会の工場制手工業の段階以降の熟練を指す。この熟練は生産現場での一定期間の経験の産物であり，徒弟制の段階ほどではないにしても，しばしば特権的な待遇，既得権と結びついていた。現代的な例示としては，合衆国の自動車産業におけるUAW加盟の労働者の，シニオリティに支えられた特権的待遇が挙げられよう。旧西独以来の連邦共和国においても，政府に認定されたマイスターは無論のこと，強力な労組によって西欧でも異例の短い労働時間と高い時給を保障された，一般の大企業勤務の労働者がこれに当てはまる。

　しかるに到来しつつある産業段階の下での技能とは，情報処理に類する事がらであり，製造業と関わる場合があるにしても，直接的な製造の現場，過程を離れている。これらは学校で教育することも，再研修によって習得することも可能であって，生産手段の高度化の結果，熟練が無形の対象に対する技能となったものとして，把握することができる。ただし言うまでもなく前提は相違しており，従事する労働者に要求される知能・知識が，かつての熟練労働者に要した水準を上回ることに加えて，その学校における養成や，後の研修のための教育制度の整備が必要となる。

　そればかりではない。いっそうの問題は，上記の知的熟練が新たなルーティン・ワークを意味するものにすぎず，この産業段階におけるより高度の労働が，学術研究や芸術活動に類する知的創造となったことである。1960-70年代の合衆国において，大学から電子工学関連の研究者・学生が飛び出して企業を設立することが相次いだ。これがシリコン・ヴァレーの創世記であり，80年代に日本に紹介され，我が国の政府・大学が今日，支援を制度化しようと躍起となっているいわゆる「ヴェ

ンチャー・ビジネス」の始まりである。高度の技術がモノを離れてゆき，核心的発明は発明家という素人の英雄の手を去った。社会の知的な底上げが要求されており，高等教育の大衆化が依然として進行しているのも道理である。

　　　近代経済学においても，単なる労働者の頭数の投入に基づく議論が行われてきたが，労働を物的な旧「熟練」と知的熟練に基づいて分類するのみならず，教育水準・専門的分析能力・創造性等に基づいて労働力自体を階層的に分類しなおさなければ，変化の把握は不可能となっている。Reich, Robert B. *The Work of Nations*, Alfred A. Knopf, Inc., 1991（中谷巌同名訳書，ダイヤモンド社，1993 年，237-54 ページ）参照。

25) そもそも多文化間の翻訳に基づく共通了解に関わる問題が在る。西洋人にとっては，英単語 'knowledge' の語意はそのラテン語訳（scientia；知識）を媒介に，たとえばドイツ語でいう 'Wissen' と相互に通じているはずである。独単語 'Wissen' はその動詞形 'wissen' であれば，'knowledge' の同じく動詞形 'know' とほぼ同義であるが，名詞として用いた場合には派生語である名詞 'Wissenschaft' に通じ，「知」，「学問」に当たる意味が生じる。周知のとおり英語はこの「学問」に当たる名詞を欠いており，米語の 'Ph. D.' という用法にみるように，ギリシャ語起源の古典的語彙 'philosophy' に飛躍するか，上記 'scientia' から 19 世紀に造られた，より狭義の語 'science' を用いる外ない。したがって 'knowledge' を用いた場合でも，教養ある英米人には，より広義の意味合いが念頭に在る。

　　それを日本において，'knowledge' 単独であればともかく，「知識労働」等々さまざまな関連用語に関しても英語からの直訳として「知識」としたところに，誤解の種が撒かれたのである。次代の産業が，単に労働者が知識を増やすことによって対応できるものであるならば，従来の日本の教育制度で充分であるはずで，例えば今日のウィンテルによる情報関連産業の世界制覇を許すこともなかったし，メモリー・チップの量産にしがみつきトレンドに対応できなくなった電機大手各社が，軒並み経営不振に陥ることもなかったであろう。

26) 'knowledge-intensive' という原語もさることながら，上述のように「知識」集約という訳語はいただけない。'knowledge worker', 'knowledge industry' といった用例に鑑みに，「高等教育を受けた労働者が携わる」という意味あいであり，「高度教育集約」と言い替えたならば，これらの用法における要素賦存については表現できるであろう。本論では後続の本文に述べるように，人的に体化された要素のみならず，技術等の知的所有権の対象となる事がらまで含められるよう，もはや 'knowledge' の訳語を離れ，新たに「知的資源」集約という概念を造りだして，集

27) 今日,先進国における国際的寡占体が,相手国で相互に重化学工業の生産拠点を設立・買収することが一般化しつつある。だが第1章に述べたように,こうしたことは戦前において一部の組み立て産業を除き,例外的であった。第3章第I節に論じた,外地へと展開した日本の「新興コンツェルン」は,単に対外的に装置産業の生産拠点を設立したということのみならず,自国と経済発展の段階を異にする地域に進出したという意味においても,二重に例外的だったのである。日産以外の「新興コンツェルン」は,企業の組織構造ならびにその生産構造の中心に装置産業の主力プラントを配した,今日で言う「企業グループ」にほかならなかったが,必要な原資が完全に日本からの持ち出しであった点に顕著な特徴が有る。

戦後に放棄されたこの生産設備を接収したものが,中国東北部と北朝鮮における社会主義セクターの大工業の起源であり,これに追加投資を怠ったことが,1970年代までは工業国とされた北朝鮮の,工業生産力の趨勢的下降の要因である。

28) Hilferding, Rudolf. *Das Finanzkapital*, 1910(林要 訳『金融資本論』1964年,大月書店,国民文庫)

29) 日本を含めて後進国においては一般的に,株式の発行は資本制の要件を具備するために行われこそすれ,直接金融は資金調達の手段として支配的ではなかった。

30) さらに付言しておくならば,当時これらが官営「企業」ではなく,「工場」として了解されていた点に,重要な問題が伏在している。これらの「工場」には,欧米にではなく国内に先例が存在した。すなわち,近代日本の国家統一(明治維新,1968年)以前の領邦国家たる諸藩のうち,西国を主体とする雄藩が領内に築いていた,反射炉を始めとする藩営の近代的工業施設である。「殖産興業」・「富国強兵」なる新政府のスローガンにしても,同様のことが言える。「殖産興業」と「富国」は,「強兵」の経済的前提である。江戸後期の財政破綻後に各藩が採用した商品作物の専売政策の延長上に「殖産興業」と「富国」が在り,幕末に東アジアに来訪した欧米帝国主義列強との接触の結果,雄藩が採用した政策が近代的工業技術の摂取であった。それらは反射炉・火器のように「強兵」に直結するものばかりではなく,薩摩藩では同一の敷地(「集成館」)内にガラス・綿紡織工場等の民生品の実験的な生産施設が設けられていた。そこには近代的な工業製品を特産物化することを通じた,工業的な専売政策の観点もみとめられる。諸藩の試みた「殖産」と「強兵」の接点であった近代製鋼法が,日清戦争後に大々的に結実したものが,ほかならぬ官営八幡製鉄所であり,その後身である新日本製鐵は第2次世界大戦後,粗鋼生産量で長らく世界第1位に君臨した。「東アジア型発展モデル」の淵源は,江戸期諸藩

の財政再建努力に求められると言えよう。

31) この種の要素賦存は伝統的な貿易理論が想定してきたような静態的なものではなく,戦後の東アジアに顕著にみとめられたように,社会経済発展の結果として時代と地域によっては数年,十年といった程度のスパンにみるみる高度化してゆく,動態的なものである。高度経済成長期日本の「産業（育成）政策」や,近年広く認知されるに至った「戦略的通商政策」(strategic trade policy) と呼ばれるものは,実質的にこの点を問題にしているものといえる。

32) 本書第1章補論注35に紹介したかつての総合化学最大手の1つ,ヘキストの近年の動向が典型である。

補論ⅰ）　デ・ファクト・スタンダードの解明

　次に「ポスト一国寡占期」に関する残された重要課題である，いわゆる「事実上の標準」の問題について，論理的な解明を施しておく。

デ・ファクト・スタンダード現象——標準の形成——
　まず，本章に検討した「情報化産業」と，今日とり沙汰されているデ・ファクト・スタンダード（de facto standard）との関連であるが，この種の財に関しては生産が「多品種少量（変量）」的に行われるため，一般には劇的な規模の経済の効果は期待できない。パソコンとAV機器に代表される，民生用を主体とする「情報機器」・「情報化機械」に関して，アプリケーション・ソフトやAVソフトの媒体ならびに，これへの記録と読み取り・再生を行うハードウェアをめぐって，世界標準となる「事実上の標準」を確立しえた企業（system holder）のみが当初において製造上の規模の経済を達成し，その後の長期に及ぶ世界的な特許料収入を確保して，莫大な収益をあげることができるのである。またソフトウェア自体の言語やOS（基本ソフトウェア）の方式をめぐっても，世界標準たる「事実上の標準」の確立はこれら情報関連の製造業の場合と同様の利益をもたらす[1]。そして総体としての「情報化産業」は，これらデ・ファクト・スタンダードと直接関わる産業を支えるものである。

　以上にみたように，世界標準[2]の確立はきわめて重要な問題である。この標準の確立に向けたプロセス，いうなれば「標準形成」過程は，①HDTVの放送規格や携帯電話の搬送方式のような，公共性の高い通信関連の規格について，

国家や欧州委員会等の超国家機関が定めれば「法的な標準」(デ・ジューレ・スタンダード)(de jure standard) であり，②CDやDVDの規格のように製品開発以前から当該標準の重要性が事前に認識されている場合に，世界の主要メーカーによる合議を通じてもたらされる自主的な規格協定に基づく標準，すなわち「業界規格」(コンソーシアム・スタンダード)と同様の，単なる規格統一である。一方で③VHS方式とβマックス方式が世界的に並立した家庭用ヴィデオ・テープのように，各社の自社規格による製品発売が先行した後に集約が図られながら一本化されることなく，複数の陣営の標準に基づく生産が走りだし，その相克の過程で市場を通じた規格間の淘汰による<u>「事実上の標準」</u>が確立することもある[3]。また④オーディオ・カセット・テープのように，オープン・リール方式全盛の登場当初においては必ずしも製品自体の重要性が認識されず，<u>製品の普及を通じて自然に受け容れられる「事実上の標準」</u>もあって[4]，さまざまである。

重要なことは，③や④の場合の「事実上の標準」の確立という概念が，①・②にさいしての規格統一というありふれた概念と同様，先に提示した「標準形成」という論理範疇の一部にすぎないということである。「事実上の標準」という概念がこれほどとり沙汰されるに至ったのは，この「標準形成」にさいしての③・④のケースの増加によるものである。

グローバリゼーションの進展と技術革新の加速化の下で，本章に述べた「情報化産業」において，特定産業における特定企業の製品が短時日に世界市場を制する現象がしばしば生じており，これが政府の認可や企業間協定といった人為的な世界的規格統一を代行する役割を果たしている。画期的な新製品が発売され，或る製品カテゴリーが出現するとほぼ同時に1社による世界的な市場独占が果たされる。特定企業を1国の特定産業と読み替えれば，ここまではかつて「プロダクト・ライフ・サイクル」理論が，国家間の所得較差を根拠に描いた状況[5]と大差はない。だが今日の事態は，この製品カテゴリーが一気に普及を遂げ，「事実上の標準」の確立を通じて世界標準となった場合に，単に1社の方式にすぎなかったものが事実上の規格となり，他社が追随して類似商品を発売することが不可能であるか，可能であっても有効ではなく，事実上の「世

界独占」が持続するという点において大きく異なる。98年5月以降のパソコンOS市場の独占をめぐるマイクロソフト社と米連邦政府司直の法廷闘争にみるように，国家がデ・ファクト・スタンダードに介入しないかぎり他社の新規参入が困難である点に，今日の問題の焦点が所在している。上記の分類で言えば，①と④との関わりの問題である。

企業規格から世界標準へ

そもそも，電気工業の誕生以前には，この種の互換性を要する工業製品標準の問題自体が存在しなかった。米人シンガーによる発明からほどない1867年以降，シンガー社が欧州においても販売・整備網を展開した，その名もミシン（sewing machine）産業を例外として，複雑な機械が家庭に入り込むことはなかったから，機械類は生産財として受注生産によって造られていた。今世紀前半の自動車産業や家電産業の本格的な成立より今日に至るまで，各メーカーの部品体系の大半はもっぱら自社仕様である。たとえば，家庭用洗濯機や掃除機のホースの口径は，今も同一の国内においてすらメーカー間に互換性はない。この製造企業ごとに今も続く部品仕様の独自性を，ここでは「企業（アセンブラー）の固有規格」と把握する。記録媒体を要する製品の場合は，「ネットワークの外部性」が作用して，互換性が確保されないかぎり製品自体も普及しないので，一般にアセンブラーは業界内部で協議を行い，この結果として往々にして「業界規格」（上記②）が成立する。今日にあっては協議の範囲は国内に留まらず，当初より世界経済の三極全体の主要メーカーに及ぶ。

こうした従前の現象と，今日の「事実上の標準」の一般化との関連の問題について具体的に考察するために，上記のミシンによって布地から衣料を製作する場合を例にとろう。縫製・刺繍のさいに，購入した機種の性能次第で製品のデザインは制約を受けるものの，まさに「機械」であるミシンは単なる生産手段にすぎず，デザインのプロセス自体には関与しない。今日ではこの製作現場にさらにパソコンが導入され，以下のように製作を支援する。従来は印刷媒体によっていた図案は，電子媒体を通じてはるかに豊富にとり出される。適切な

アプリケーション・ソフトを使用することで，既存の図案を基に考案したパターンの布地の上での再現はプログラミングによって代行され，同様に同一図案の色調の変更も，実際に生地の上で行わずとも画像としてヴァーチュアルに試行しうるので，単に労働が軽減されるのみならず，はるかに多くの場合について検討が可能となる。さらにこれらの過程はCG化によって，二次元に留まらず立体的にシミュレートしうる。なお現実には，家庭用ですら上位機種はミシン自体がインテリジェントとなっていてマイクロ・コンピューターが組み込まれており，デザインの時点ではともかく，縫製の制御にさいしてパソコンは要さない。この例にみるように，半導体集積水準の飛躍的上昇に伴うコンピューターの小型化の結果，情報化・「知性」化されたもろもろの機械は製造を容易にするばかりか，試行の煩瑣なことから多くがイメージで済まされてきた作業をヴァーチュアルに具象化し，そのことにより従来の知的創造過程の一部を代行するに至っている。

　以上の例示は生産手段を工作機械に置き換え，機械化工程に切断・切削・研磨等を含めて一般化すれば，産業全般にそのまま当てはまるものである。こうした過程が複数の工場において行われる場合，工作機械の機種は異なってもかまわないが，アプリケーション・ソフトは特殊な用途であればあるほど市場が狭隘であり，互換性が伴わなければ品揃えが困難である。市場の世界化の下では外部性も世界化し，これはただちに世界的な商品の互換性の問題となる。また作業が複数の工場やデザイン・設計事務所の間の連携において行われる場合，プロトコルが整備され，最低限の情報環境は標準化されていなければ図面のやりとりが電子的な環境において行えず，効率が低下する。製造業を離れ，産業として一般化しても，ネットワーク化した情報環境においては同様のことが言える。この標準化作用は，国際的コミュニケーションが制約ないしは遮断されており，関連技術の進歩が遅々たるものであると仮定すれば「一国標準」をもたらすが，今日において事情はこの仮定の正反対であり，標準は一気に世界化する。かくして，情報環境の整備に伴っておのずと「世界標準」が形成されてゆくのである。

これに対して電力の周波数・電圧，電源コンセントのプラグの形状等の規格は今も各国ごとに異なるデ・ジューレ・スタンダードであるが，この「国別法的規格」（上記①）は，国内における互換性さえ確保されていれば何の不都合も生じない。アセンブラーが製品輸出や現地生産にさいし，母国における「企業の固有規格」の部品のごく一部に関して現地仕様に留意すれば済む問題であり，個々の企業の生産上の規模の経済の根幹とは関わらないのである。

世界標準と著作物の再現
　ところで，くだんのデ・ファクト・スタンダードの成立の歴史上最初の事例は，今世紀初頭のアナログ・レコード普及の初期に，かつての「レコード」（phonograph record）がエディソン方式の錫箔円筒（'gramophone' in American usage）にとって代わった一件であろう。再生音質の点では劣ったが，前者は先行していた後者を音量において圧倒したうえ，プレスによる量産に適していたことが決定的であった。一般の耐久消費財の出現に先だつこの事例においてすでに，音声記録に基づく演奏の再生というソフトウェアの問題が随伴して生じている。製品の国別規格が一般的であった当時にあって，上記「世界標準」の先駆けとなった，この世界的な互換性を要する製品の出現は著作物の再現と不可分であった。ただ，振動を増幅して音声に復元するアナログ（波形相似方式）レコードは，信号のコード変換を伴わない，音声ソフトウェアのメカニカルな記録媒体であり，このさいに著作権保護の対象となったのはもっぱらその記録内容であった。オーディオ・カセットから8ミリ・ヴィディオ・カセットに至る，アナログ方式のテープ媒体も著作権の対象という面では同様である。
　他方，「世界標準」を形成している今日の各種記録媒体のほとんどはディジタル方式であるため，再現されたソフトウェアの内容のみならず，ソフトウェアの再現過程自体がソフトウェアを要し，著作権保護の対象となる。この再現のためのソフトウェアは，一般の媒体の場合はマイコン（micro processor），システムLSI等の形でハードウェアの制御素子にあらかじめプログラムが組

み込まれており，ユーザーはその付与されたプログラムを取捨して使用するのみである。ところがコンピューターに限っては，ユーザーがCPU等の演算装置を操作して各種の処理を行うことこそが使用目的であるから，ハードウェアの周辺装置に留まらず，演算・処理過程そのものを使用価値とするプログラムであるOS自体にまで「世界標準」が成立するのである。

標準の形成過程

デ・ファクト・スタンダードとは，こうした「世界標準」が成立するプロセスに関する語であって，一般には意識されていないが，その前提として「世界標準」が存在している。当然のことながら，かつての一国経済が基本であった時代にも，概念は存在しなかったにしても上述の「企業の固有規格」と並立する形で，現象としての「事実上の標準」は存在したはずである。ただしそれは，前述のアナログ・レコード等の国際的な互換性を要する少数の例外を除いて，国家を地理的単位とする「一国標準」をめぐるものにすぎなかった。この「一国標準」形成のプロセスは当時にあってあまりに自明のこととされ，今日の「デ・ファクト・スタンダード」のようにとり沙汰されることはなかったのである。

表4-4 「標準」概念の整理

	「事実上の標準」	業界規格	法的規格
グローバリゼーション以前	（一国標準）	国別業界規格	国別**法的規格**
グローバリゼーション以降	**世界標準**	世界的業界規格	（広域的法的規格）

以上により，今日における「標準」の多様性の問題に関して一定の整理を施すことができた。ここまでの分析をまとめておく。先述の「企業の固有規格」は表解に盛り込まなかったが，これらすべてに先だつものである。上述のように，「事実上の標準」は現象としてはグローバリゼーション以前より各国単位で存在したであろうが，概念として存在しなかったので括弧を付している。業界規格とは，関連生産企業の合議に基づくものである。なお国別の業界規格は，

関連する法的規格が後に成立した場合にはこれに包含される。世界的な法的規格は，主権国家の世界的な上位主体が存在しない以上，今のところ携帯電話のローミング規格等，きわめて限定的である。ただ媒介項としてのEU・東アジア等における広域的な法的規格は，現状では限定的であることから括弧を付したものの，存在する[6]。また財によっては必ずしも「事実上の標準」から業界規格，さらに法的規格へと順次進むものではないが，ここでは縦の列を，「標準」としての強度の増す順に配した。

この標準が先の①のように国家や超国家機関による認可・規制の対象であったり，②のように主要メーカー間の自発的な協定による規格であれば，メーカーは必要な技術を涵養しているかぎりにおいて，製品化時期をにらんで生産体制を準備することが可能である。これに対して③や④のような自然成立による場合には，世界標準が確立した時点ですでに当該製品の量産は本格化しており，関連する産業資本にとって，生産投資の効果はとうに極大化している。したがって製品仕様を規定する標準の確定のタイミングが重要となり，企業収益を決定的に左右することになる[7]。それゆえ今日では，産業によっては次代のデ・ファクト・スタンダードの確立に関与することが何より重要となっている。仮に自社単独の開発により標準を確立できないまでも，自社開発の技術を標準規格の一部として採用するよう働きかけ，それすらかなわない場合にも世界標準が見込まれる陣営に加わって製品化の当初より生産を行い，勝ち馬に乗る必要がある。それゆえ個々の企業による，自社固有の技術に基づいた熾烈な研究・開発競争と，その後の「標準形成」をめぐる苛烈な合従連衡の戦略的企業間提携活動という事態を招いているのである。

「一国寡占」水準の重化学工業によって規定されていた従来型の資本集約型産業の段階を了わらせたものは，ほかならぬ重化学工業自体の「世界寡占」水準への移行であるとともに，上記の新たな「情報化産業」の台頭である。ソ連型社会主義が技術的に追随できず，産業社会として旧西側に振りきられてしまったのも，まさにこの産業においてであった。やがて重化学工業が全般的に「世界寡占」水準に到達した後には，過渡期がすぎて新たな段階が画され，「情

報化産業」のみによって規定される次なる産業段階への移行が果たされる可能性がある。

コンピューター産業をめぐって

情報関連の製造業のうちコンピューター本体に関しては，先述のように記録媒体のみならずOS（operating system）自体に「事実上の標準」としての規格が伴うため，固有の問題が生ずる。この新興の産業は，新たな製品の範疇の出現にさいして，ただちに普及する当該範疇の世界市場が成立の当初から，それをもたらした１社によってしばしば独占されるという特異の性格を帯びていることからも，別建てで論ずる必要がある。系論となるが若干の吟味を行っておこう。

大型機（main frame）については，産業としての初期に長期にわたり，IBM社による「世界独占」に近い市場寡占状態にあった。このため後発メーカーの多くがIBMとの本体互換戦略を採ったことから，OSの問題が表面化することはなかった。つまりこのカテゴリーにおいては，IBMの大型機OSが当初より「事実上の標準」としての世界標準を形成していたのである。このことが後のパソコンOSにおける世界標準の伏線となる。

このメイン・フレーム市場に対し，後れて登場したパーソナル・コンピューターは当初，メーカーごとに複数のOSが並立していた[8]。1974年にディジタル・リサーチ社（現Novell社）によって開発されたCP/M[9]が当時の8ビットCPU機のデ・ファクト・スタンダードとなった後，79年にアップル社のマッキントッシュが，80年にはIBM/PC向けのマイクロソフト社のDOS[10]が登場し，三つ巴の競争となった。文字どおりパーソナルなコンピューター，業務用の大型機ではない，個人のマニアのための趣味の道具であったパソコンが，やがて本格的な普及と実用の段階に入ると，OSの淘汰が進行する。だがそれは，使い勝手によるものではなかった。使い易さではマッキントッシュが群を抜いていたからである[11]。パソコンの登場の当初これを取り合おうとしなかっ

た IBM は，後発の参入にさいして，大型機 OS でのパートナーであったマイクロソフトと組み，マイクロソフトが DOS を IBM/PC 以外の他社向けに販売することを認める戦略（open architecture）を採った。大型機でいうところの「互換機路線」をあえて容認する形で，自社規格の浸透を図ったのである[12]。結果的にこれが奏効する。このさいの淘汰の要因としては，データの共有にさいしての不都合という点もさることながら，アプリケーション・ソフトウェアのパッケージの販売に随伴する問題が大きい。すなわち，応用ソフトのタイトルが増加したことで，数多くの OS に準拠することに伴う生産上のコストならびに流通上のスペースに伴うコストの両面から，制約が生じたのである[13]。後は「ポジティヴ・フィードバック」と呼ばれる正の循環の状況に入り，販売台数の相対的に伸びないマッキントッシュは割高なマシンとなるが，その使い勝手から，周辺機器やソフトウェアを含めたコストの差を厭わない一部の信奉者向けに定着して今日に至る。

　その間にディスプレイを主体とするハードウェアの水準ならびに製品デザインの質を保ったことが幸いして，アップル製がデザイン・教育分野においては例外的にデ・ファクト・スタンダードを確立し，逆に応用ソフトの豊富さを武器に牙城を築いていることは，この産業の特質を示すもので興味深い。一方の DOS 陣営にはハードウェア・メーカーによるヴァリアントが存在した。NEC が独自の日本語処理用のボードを取り付けた 98 シリーズによって 80 年代に国内市場で 60% に達するシェアを占め，豊富な専用ソフトを背景に「一国標準」を形成して高収益をあげたことは今だ記憶に新しい。アップル社の形成しえた標準は特定の用途の領域におけるものであり，NEC のそれは特定の言語と不可分であって地域的で，また短期的なものにすぎなかったが，両者は整備された応用ソフトの存在を前提とする「ポジティヴ・フィードバック」の作用に基づいた，部分市場における標準形成という点で同一の現象なのである。これを「限定的標準」と規定しよう。この「限定的標準」との対比において，縷々述べてきた「事実上の標準」とは（世界的な）「支配的標準」にほかならないことが浮き彫りとなる。

以上のパソコン OS の興亡を踏まえ，いまパソコン本体の世界市場を OS の世界市場として読み替えるならば，マック OS に倣って GUI（graphical user interface）を導入した公開 OS であるウィンドウズ・シリーズの誕生と，これを 32 ビット CPU とインターネットに対応する本格的な単体の OS として発展させたウィンドウズ95[14]の普及に伴い，パソコン OS の世界市場は，OS 開発専業のマイクロソフト製のウィンドウズ OS を搭載したハードウェア・メーカー（パソコン・アセンブラー）の陣営と，OS・ハード一体販売のアップル社のマック陣営に明確に二分された。パソコンという財の「価値連鎖」（value chain）は，無形の財であるパソコン OS と有形のハードウェアという二つの財に分かれるが，店頭ではウィンドウズがあらかじめインストールされたハードウェアが販売されることが一般化し，ユーザー側から見れば GUI 搭載のモデルを購入するにさいして，マック機とウィンドウズ機の相違はなくなったのである。世界のパソコン市場が，もろもろの IBM/PC 互換機メーカー対アップルという図式ではなく，GUI を搭載した OS 陣営相互の争いと化したことを看て取ったアップル社経営陣は，多勢に無勢の状況を打開するため，ついに OS の公開[15]に踏みきる。だが時すでに遅く，GUI によるユーザー・フレンドリーな操作環境という OS 開発の方向性では先駆的でありながら，OS 公開のタイミングを見誤ったことで，ウィンドウズ95発売の時点ですでに劣勢であったマック OS の凋落は決定的となった。そしてこの過程を通じ，パソコン OS 市場がパソコン本体の市場から分離する形で確立した。これは単なる「事実上の標準」の確立を超えて，マイクロソフト社による市場の「世界独占」へのプロセスである[16]。同社は元来が，IBM 製大型機向け OS の開発によって75年に誕生した，ヴェンチャー企業であった。

またパソコンに関しては，他に基幹部品としての CPU の規格の問題が存在する。ハードウェアの中枢を構成する CPU についても，周知のとおりインテル社が世界市場の約80％を占める，「世界独占」に近い寡占状況にある。インテル製 CPU はソケット式となっていて消費財市場で単体でも販売されており，

交換によって容易に本体のヴァージョン・アップが可能な商品である。Pentium II 以降は，プロセッサを装着するインターフェースをそれまでの「ソケット 7」から Intel 独自の「スロット 1」に変更している。

現在ではサイリクス社・AMD 社[17]等の，インテル方式 CPU の互換製品を手がけるメーカーが出現しており，そのシェアは下級財との価格競争によって蚕食されている。インテル社の技術開発戦略は，一般のメーカー 4 社分に相当する複数の技術開発拠点を擁して開発速度を加速することにより世代交代の期間を短縮し，世代交代を完全にみずからの主導権の下で計画的に惹き起こすことで他社の追随を振りきる[18]という，驚くべきものである。インテルもまた，IBM に同社製パソコン用の CPU を納入する下請け企業から大を成したものであり[19]，インテルが市場を制覇する以前には方式の異なる CPU が複数存在した。インテル製 CPU のシェアが圧倒的となったことの結果として，数ある「固有規格」の一つにすぎなかったインテルの方式が CPU の製品規格を確立するという現象が生じたのである。これは先の区分における④に相当する，「事実上の標準」形成の一例である。インテルの「世界独占」としての「世界標準」を支えているのは先行の優位性に基づいた開発体制にほかならず，アプリケーション・ソフト資産の外部性を利用できるマイクロソフトとは，まったく事情を異にする。

先述のとおり，IBM がメイン・フレームのハードと OS の両面で「事実上の標準」を確立していたことが，パソコン OS 市場においてもやはり IBM 規格が「事実上の標準」の地位を固めることにつながり，このパソコンに関する IBM 規格が，CPU に関するインテルならびにパソコン OS に関するマイクロソフトの，「事実上の標準」をもたらした。技術革新の著しいコンピューター産業は，「事実上の標準」を確立した特定の財がそれに付随する新たな財を産みだし，この派生した財が外販されて産業として自立するにさいして，これに関する新たな「事実上の標準」が成立するという過程の繰り返しによって発展を遂げてきたのである。この現象を先の価値連鎖の観点からみれば，インテル

とマイクロソフトという新たなパソコン関連産業の覇者の台頭は，かつては IBM が一括して最終製品として販売していたコンピューターという財の発展に伴う，そのヴァリュー・チェーンの細分化の結果にほかならない。以上の過程を振り返るならば，これまでのところ IBM 社という最有力のコンピューター・アセンブラーの存在自体が，関連製品のデ・ファクト・スタンダードの確立にさいしての外部経済となってきたということが言える。標準形成の媒体となっている主たる財は，大型機・パソコンと 2 代続いて IBM が中心となって世界市場へ供給したのだが，IBM は一貫して最有力のメーカーの一つであったにしても，それ自体はあくまでもいわば土俵の一部を成すにすぎず，一度として 32 ビット・パソコン本体の市場における世界的独占に達していないし，また収益の根幹となるデ・ファクト・スタンダードを直接掌握していたわけでもない。ここに，この産業の逆説が存在する。

小　括

　コンピューター産業の事例にみるように，製品レヴェルで「事実上の標準」としてとり沙汰されている現象のかなりの部分は，新興の特定産業や特定製品市場における，特定企業による世界市場の独占に近い寡占状況にほかならない。言い換えれば本書を通じて強調してきた「世界寡占」が，部分的な製品・産業においてさらに亢進した状況としての，「世界独占」（'global monopoly'）現象である。

　この「世界独占」は，次世代には覆されかねないデ・ファクト・スタンダードの上に乗った流動的な市場支配であることから，これまで教条的に反復されてきた「独占」，すなわち重化学工業の段階における一国単位の寡占に比すればはるかに不安定である。グローバリゼーションの下，主要な製造業は趨勢としては世界的な寡占体制に向かっており，ハイテク産業においては標準を制することによって，一時的に上記の「世界独占」を果たして莫大な収益をあげることが可能である。だが資本制の現段階における今日の世界的な独占は，一国をベースとして語られたかつての「独占」と異なって言葉どおりの独占たりう

る反面で，脆い。特定の製品範疇における標準形成の1ラウンドで一敗地にまみれた他社は，それによってただちに脱落するわけでも，技術開発能力を喪失するわけでもない。成長分野であればあるほど，次なるラウンド，次世代標準に備えて雪辱を期するであろう。

　他方，「国際寡占間競争」の段階を過ぎて，母国国民経済の基盤を超えつつある寡占資本相互の競争は激しい。経営学の領域で「国際戦略提携」の活発化が指摘されて久しいが，日本国内においても恐慌を想起させる不況の長期化の中，「(資本)系列を越えた取り引き」が広がった挙げ句，今日では系列の解体が進行している。この両者は「戦略的企業間関係」[20] という概念を設けることによって，同一の論理的次元に還元しうるであろう。特定産業における寡占体・独占体と当該産業内外の諸企業との間で，「戦略的企業間提携」が繰り広げられてゆく。

　かくして，重層化した「戦略的企業間提携」の下で「世界寡占」化が進行する一方，ハイテク産業を主体として「世界寡占」の「世界独占」への転化が生じている。この現象に直面し，従来の「一国寡占段階」の二元論的な競争と独占の理解を適用しようとしても，競争と独占の矛盾という論理の袋小路に陥って，いずれかの優位を強調する羽目にしかならない。以上にみるように，世界的な独占の存在と，この寡占体・独占体を中心とする競争の作用とは，矛盾するものではないのである[21]。これを二項対立的に捉え，あらためて停滞的なヴィジョンを構成しては，事態の把握を誤ることになる。

　在来型重化学工業においては，特定産業における寡占企業相互と当該産業外部の諸企業との間で「戦略的企業間提携」が繰り広げられてゆく。また「情報化産業」においては，一時的に達成された「世界独占」の下で，当該独占企業と当該産業内外の諸企業との間で「戦略的企業間提携」が展開される。各国において安定的であった寡占体制に対して国際的な競争が強力に作用する結果，各国の寡占体は徐々に淘汰されてゆき，世界的な寡占体制に向かう。そして独占すらもその競争の過程で翻弄される。これがグローバリゼーションの下での競争と寡占・独占のイメージである。

一方では産業の情報化に伴い，世界市場における製品レヴェルでの新規「標準」が続出しており，他方で冷戦終了後の世界経済の一体化の深化に伴って，広域経済内部とその相互間の法的標準となるべきもろもろの産業規格の統一の問題が新たに浮上している。この双つの問題の複合ならびに相互作用の結果として，「デ・ファクト・スタンダード」の問題がこれほどまでにとり沙汰されるに至っているのである。

注
1) ソフトウェア言語については純粋な知的所有権の対象であるから，その収益の源は世界的な使用料収入に限られる。だがOS産業に関しては，著作物であるプログラムを組織的に開発し，これをハードウェア・メーカーならびにアプリケーション・ソフト・メーカーに提供して使用料収入を得るという，知的所有権をめぐるビジネスが基本であるものの，新規OSのパッケージという有形の商品の消費者に対する販売が収益の根幹を成している。
2) standard of the world．日本で広く人口に膾炙している「グローバル・スタンダード」は「ヴェンチャー・ビジネス」と同様，近年成立した和製英語である。
3) この類型の近年の代表的事例はSCE（SONY Computer Entertainment）の「プレイステーション」（1994年12月発売，32ビット機），任天堂の「NINTENDO 64」（96年6月発売，64ビット機），セガエンタープライゼスの「ドリームキャスト」（98年11月発売，128ビット機）の3規格が世界市場において激しく競った家庭用ゲーム機（video game）である。ただしこの3規格は世代が異なっており，後に記したものほどCPUのビット数が多く，動画の表現が豊かとなっている。パソコン用CPUの世代交代と量産に伴う価格低下という環境の下，各社が次々と新世代規格で巻き返しを図った結果，標準が世界的に並立してきた。「ドリームキャスト」に至って新作ソフトの開発費が邦画の新作に匹敵する1本当たり数億円に達しており，また画像処理能力でワークステーションを上回るSCEのプレステ2（2000年3月発売，北米同年10月，欧州11月発売，128ビット機，クロック周波数実質450MHz相当，浮動小数点演算性能6.2GFLOPS）では，東芝と共同開発した専用CPUの開発投資額だけで千数百億円と見積もられている（『日本経済新

聞』1999年10月7日づけ他)。これらが費用制約となって,標準の問題はプレステ2の登場までではほぼ決着した。任天堂が2001年9月(北米同年11月,欧州02年5月)に発売したゲームキューブは,サイズを小型化するなど,玩具への回帰を鮮明にし,DVDプレーヤー兼インターネット接続プラットフォームとしてのPS2との機能のバッティングを回避している。また PC用 OS の雄マイクロソフトが2001年11月に北米で投入(国内02年2月,欧州3月)したXbox(Intel Pentium III 搭載,733 MHz)は,PS2からの有力ソフト・メーカーの移籍が少なかったために,米市場で一定のシェアを確保するに留まった。

　　前述の巨額の開発コストの問題は同時に,成長を続けてきたゲーム用ソフトウェア・メーカー側に資本の集中に基づく再編を促さずにはいないであろう(本書第一版以来のこの記述は,2003年4月のスクウェアエニックスの成立によって成就した)。任天堂陣営からSCE陣営に移った代表的キラー・コンテンツである「ファイナル・ファンタジー」シリーズを制作する旧スクウェアは,ソフトと同名で制作した映画の不振から経営危機に陥ったが,初のオンライン対応版となる「FFXI」(2002年5月発売)の開発途上にあった同社に対してソニーは2001年11月,第三者割当増資を全額引き受け,18.6%の株を取得して同社の第2位株主となった。

4)　パソコンにしても,分散処理の進展に伴い,今日では大型機をはるかに上回る市場規模をもつに至っているが,そもそもは大型機メーカーが取り合わないニッチ・インダストリーにすぎなかった。アップル社はパソコン市場の草創期より一貫して同市場の一角に寡占的に位置する専業メーカーであって,市場独占に近づいてデ・ファクト・スタンダードを確立したためしは一度たりとないが,同社と同社が後にうち出したマックOSの軌跡は,本文に述べた④の類型に近いものである。

5)　Vernon, Raymond. 'International Investment and International Trade in the Product Cycle', *International Investment*, Edited by Dunning, J. H. Penguin Books, 1972.

6)　日中韓3箇国は第4世代携帯電話の周波数帯域について合意済み(同紙2005年3月25日づけ)。

7)　この点は関連する国際機構・NGOの側も認識しており,たとえばISOがカヴァーしていない電気・電子分野を担っているIEC(International Electrotechnical Commission:国際電気標準会議)は,コンソーシアム(企業連合体)が同会議に登録していた規格が実際に市場で活用されていることが判明した時点で,これをIECの標準に繰り込むという柔軟な方針を採っている(*http://www.jema-net.or.jp/*,「機関誌『電機』」,「2002年」の項「1月号」,「IEC会長に就任して」)。「コン

ソーシアム・スタンダード」が国際的な「デ・ジューレ・スタンダード」に転化するメカニズムを制度的に整備したものであるといえる。IEC は本部の所在するスイスの民法に基づく公益民間法人 NGO であるが、会員は各国の IEC 国内委員会（National Committee）であることが要求され、多くの国内委が実際には政府機関であることから、結果的に公的な国際機関に準ずる存在となっている。したがってその標準は厳密には「法的標準」ではないが、それに準ずるものである。ちなみに IEC は 1906 年以来の歴史をもち、日本は加盟国がわずか 13 であった結成時以来のオリジナル・メンバーである。

8) たとえば国内でも NEC 以外に、富士通も 93 年 10 月に現行の FMV シリーズに移る以前の FM・FMR シリーズまでは、IBM PC/AT との互換性がない「非クローン」機だった。

9) control program for microcomputer の略号。

10) DOS は、技術的には CP/M の系譜に当たる。

11) アップルは 83 年の Lisa でアイコンによる GUI とプル・ダウン・メニューを導入し、今日の PC の操作性を確立した。翌 84 年発売の初代マッキントッシュが GUI を導入した初の普及機となる。

12) ただし大型機での互換機戦略は、ユーザーが従来の応用ソフトウェアとデータを保ったまま IBM 機から乗り換えられるよう、他社側が IBM 製に基づく OS を採用したのに対して、この場合には IBM 側が自陣営の OS の浸透と応用ソフトウェアの普及を通じて、自社製のパソコンのシェア増大を図ったのであるから、攻守はまったく逆になっている。

13) 応用ソフトウェアの開発自体は、特定の OS とは無関係に可能であるから、この件が示すように、OS は応用ソフトウェアの販売にさいしての無形のフォーマットとして、メーカーに対してソフトウェアの有形の媒体の規格に類似した機能を有するのである。

14) 85 年発売のウィンドウズ 1.0 に始まるウィンドウズ・シリーズは、この 95 直前のウィンドウズ 3.1 までは単体 OS ではなかった。GUI と称されていた当初のウィンドウズは、MS-DOS との併用を前提とする補助的 OS の域に留まっていたのである。80 年に登場した時点での DOS は「でき損ない」と評される代物で、ウィンドウズ・シリーズにしても 3.0 までは操作性においてマック OS とは雲泥の開きがあった。大型機において長年デ・ファクト・スタンダードを確立していた最大手メーカーである IBM/PC の互換機を、16 ビット・パソコンに関しても他社が造り続けた結果、IBM が外注で採用した「固有規格」であった DOS が「世界標準」とな

ることができたのである。

　IBM/PC とその互換機，ならびに関連ソフトウェアから成る「ファミリー」，言い換えればその製品体系の市場拡大は，これらに OS を供給し続けたマイクロソフト社にとっては外部経済（「ネットワークの外部性」）として作用し，DOS から，それに付加するウィンドウズ 1.0 へ，さらには DOS と旧来のウィンドウズを一体化して発展させた 95, 98, ME, XP へと至る，OS 機能の高度化と事業の拡大過程を支えたのであった。

　以上に見るように，ウィンドウズ 95 は競合するマック OS 最大の特長であった GUI を DOS に統合した OS であり，ウィンドウズ 98 はネットスケープ・コミュニケーションズ社（98 年 11 月，パソコン通信最大手 AOL が買収することで合意）のブラウザー・ソフト，「ネットスケープ・ナヴィゲーター」による，ブラウザー関連ビジネスの制覇を阻むために自社製の代替ソフトである「インターネット・エクスプローラー」をあらかじめウィンドウズ OS に一体化させて組み込んだものであって，単なるヴァージョン・アップに留まるものではない。マイクロソフト社の経営戦略は，DOS によって築いたパソコン OS における既存の「事実上の標準」を武器に，競争相手が OS に隣接する新たな技術上の土俵に築きつつあるものと同様の関連ソフトを自社開発し，これを DOS に付加的に一体化することでユーザーに乗り換えさせ，次世代標準を確固なものとするという一種の陣地戦であり，一貫している。そのさいに米国内に 6,000 万人と言われる継続的な顧客に対して，新規に購入する場合に比して廉価なアップ・グレード料金を申し出ることで移行を円滑にし，これを新たな「事実上の標準」の中核として確保するのである。

　ただし単独のソフトとして有効な市場を確立していなかった GUI と異なり，ウィンドウズ 98 でのブラウザーの組み込みは，OS とブラウザーという，ソフトとソフトの巧妙な抱き合わせ販売にほかならない。この産業の流通部面においてハードとソフトの抱き合わせによる値引きは常態化しているとはいえ，ハードウェア・メーカーが抱き合わせ販売を行ったところで，薄利多売であればソフトウェア・メーカーにとってなんら不都合はないが，標準 OS への統合化によって関連ソフトをあらかじめ抱き合わせた場合には，当該領域（この場合ブラウザー）に開発企業は残らない。98 年 5 月，ついに司法省とアメリカ合衆国の 20 州の司法当局は反トラスト法違反でマイクロソフトを提訴した。この提訴はかつてのスタンダード・オイル，US スティール，IBM, AT&T を相手どった訴訟に匹敵する，歴史的な法廷闘争であったが司法省は政権交代後の 2001 年 11 月，同社の分割を求めないとの声明を発表し，和解に達した。司法省は同社の商行為に独禁法上の問題があったとする従来

の主張は取り下げない方針で，マイクロソフトはウィンドウズに関する技術情報の一部を公開し，和解案の一部を裁判所の承認を待たず前倒しで実施した。同訴訟は02 年 6 月に結審し，11 月にはこの和解案をほぼ妥当と認める判決が下されたが，マサチューセッツ州は単独で控訴に踏みきる。

ちなみに対 IBM 訴訟は，1969 年から 1982 年まで 13 年間続いたが，司法省が訴訟を無条件で取り下げ，IBM の勝訴に終わっている。AT&T 訴訟は 80 年に，同社がコンピュータ産業進出の権利を得ることと引き替えに，長距離電話会社としての現 AT&T と 6 つの地域電話会社への分割を受け入れることで決着している。

一方 EU は 2004 年 3 月，音声・映像再生ソフト「メディア・プレーヤー」の OS プレインストールが独占禁止法に抵触するとして，5 億ユーロ近い制裁金を課し，MS は 05 年 3 月，欧州で新バージョン「ウィンドウズ XP N」を並行販売することに同意する。

15) マック OS のライセンス供与に基づくアップル社の互換機路線は 94 年に始まるが，97 年 7 月の共同創業者スティーヴ・ジョブズの暫定 CEO 復帰に伴い，アップル製ハードウェアの販売を低迷させているだけであるとして，ライセンス料の大幅引き上げと次世代 OS（Mac OS 8）供与拒否の方針に転じた。これを承けて 9 月に入り，モトローラ，パイオニア等が相次いで互換機事業からの撤退を表明した（『日本経済新聞』1997 年 9 月 29 日づけ）。

16) ウィンドウズ OS 以外の唯一有力なパソコン OS はマック OS であったが，マック OS の世界市場占有率は，アップル社の一貫性を欠いた経営方針も与って 90 年代に入り漸次低下を余儀なくされてきた。米国の調査会社 IDC によれば，マック OS の世界市場シェアはウィンドウズ 95 発売前の 93 年の 6.7% から，97 年には 4.6%，さらに 2001 年には 1.9% まで低下しており，この時点で 3.3% に達しているオープン・ソース OS，Linux に抜かれた（*http://www.pcmag.com/*，'PRODUCT GUIDES' の項 'view all Guides＞＞'，'Operating Systems / Platforms'，'Windows 98'，'more Windows 98＞＞'，'next＞＞'，'Windows 98 Put to the Test'，'next＞＞' の最終ページ）。ガートナーの PC 出荷台数に基づく調査によれば数値は若干高く，アップルの米国内シェアは 2002 年第 3 四半期で 3.9% に留まっており，前年同期よりさらに 0.6% 減っている（*http://www3.gartner.com/*，'news'，'Press Releases'，'2002 Press Releases，'October'，の項 'Gartner Dataquest Says Worldwide PC... (18 October 2002)'）。

Linux はサーヴァー OS として先行して普及しており，IDC によれば世界の 2000 年のデータ蓄積用の中型コンピューター（サーヴァー）の 27% が Linux を

採用しており，これは MS のウィンドウズ NT の 42% に迫るものである（1999 年はそれぞれ，24% と 38%）。Linux の国内普及率については，日本 Linux 協会監修の『Linux 白書 2003』の内容が *http://home.impress.co.jp*/books/linuxwp2003/ からダウンロード可能。2001 年のサーバー OS 市場動向調査の結果から，Linux の国内企業への普及率が 35.5% となったとしている。なおこれは搭載 PC の台数を直接反映するデータではない。

97 年 8 月，反トラスト政策対策上，マック OS の存在を必要としているマイクロソフトは，もはや脅威ではなくなった長年の宿敵アップルに手をさし伸べ，提携を行った。マッキントッシュに自社製ブラウザーを搭載することと引き換えに，マック OS 向けの応用ソフトの供給を保証したのである。

また CPU と OS 両面でのパソコンの性能向上により，企業の専用構内通信網である LAN（local area network）向けサーヴァーの市場に，95 年発売のウィンドウズ NT を皮切りとするパソコン・サーヴァーが進出し，従来のハードウェア・メーカーの棲み分けは崩れた。個々のユーザーに対するシステム設計に基づいて販売され，ソフトウェアも専用の仕様で汎用アプリケーション・ソフト市場をもたなかったワークステーション・サーヴァーに対して，ウィンテル陣営の武器はここでも豊富で安価な汎用アプリケーション・ソフトという外部性であり，その基本戦略もまたサーヴァー OS にオフィス用アプリケーション・ソフトを統合して利便性を増し，抱き合わせ販売によってシェアを伸ばすというものである。PC サーヴァーは従来の WS サーヴァーに代わって，高度のシステムを要求されない低価格サーヴァーの市場を席捲してきた。

だが，事態を流動化させているのが，OS 本体がインターネット上で無償配布されている先述の特異のサーヴァー OS, Linux である。Linux は UNIX ベースであるが OS プログラムの原本というべき，ソース・コードの公開を前提として改良が認められているため，無数の技術者が任意で改良を重ねた結果，市販の有力 OS に劣らない洗練された OS となって急速に普及を遂げている。インストールが容易な市販ヴァージョンの Linux でも，ウィンドウズ系と異なって 1 枚のディスクから複数のマシンに自由にインストールできることから，実際の使用台数の把握は困難である。まして，企業でプログラミングに精通している技術者がみずからネット上で Linux を入手し，システムを構築している場合を加えた実数は捕捉のしようがない。

Linux は従来のコンピューター技術の発展とは異なる方向への可能性を秘めて

おり，Linux が今後順調に普及率を伸ばしていった場合には，個人ユーザー向けも含めてパソコンはハード・ソフトの両面で，従来のような重装備・高価格である必要はなくなる。その分 LAN やインターネット上のサーヴァーが，ハード・ソフト面で強化されればよいのである。

　このトレンドに付随して，90 年代に声高に叫ばれた「ウィンテル」なる括り方も適切ではなくなりつつある。ほかならぬインテルが，ウェブ・サーヴァーに関して Linux と二股をかけ始めたのである。市販の Linux の過半を出荷する Linux OS 開発企業レッドハットにインテルは 98 年 9 月，ネットスケープとともに出資した。続く 99 年 3 月には，IBM・コンパック・オラクル等も同様に少数出資する（*http://www.redhat.com/*, 'About Red Hat', 'Corporate Information', 'Milestones'）。ハードウェア・メーカーに CPU を供給するインテルはパソコン・アセンブラーと同様，OS 販売の旨味とは無縁であって結果的に自社製品が売れればよいのであり，決してマイクロソフトと一蓮托生ではない。Linux という新たなビジネス・チャンスは，マイクロソフトと従来のパートナー企業との利害の相違を浮かび上がらせるものである。

17) Advanced Micro Devices.
18) その開発体制は，CPU を奇数世代と偶数世代に分けて別個のティームによって担当させるのみならず，各世代の CPU 本体と関連製品の開発を，これまた相異なるティームに担当させるというものである。ことに後者の方針は，新 CPU に通暁した開発の当事者を，あえてこれに対応する関連製品開発に従事させないというもので，開発上の効率とコストを犠牲にしてまで開発速度を上げていることになる。世代交代の時間管理を徹底して重視した経営戦略に立っていると言える。そしてインテルは新世代 CPU の投入とともに旧モデルの生産をうち切り，その市場をサイリクス（現台湾 VIA Techonlogies 傘下）や AMD が廉価な代替品によってさらうという構図となっていた。詳細は，夏目啓二・三島倫八編著『地球時代の経営戦略』（八千代出版 1997 年）夏目論文 48-53 ページ参照。

　99 年 1 月期の米国のパソコン販売台数シェアで，インテル製 CPU を搭載した製品が，初めて AMD 製に逆転された。パソコン出荷台数の 3 分の 2 を占めるに至った 1,000 ドル以下の低価格機向け製品での出遅れによるものである（同紙 1999 年 2 月 27 日づけ）。インテルはその後，互換 CPU メーカーに機種名を流用されることを避けるために数字による CPU のネーミングを止め，上級モデルをペンティアムと名付けるとともに，セレロンという普及モデルのラインナップを設けて AMD に対抗した。AMD もこれと同様のデュロン・シリーズを設けるのみならず，

上級のアスロン・シリーズで正面きってインテルに闘いを挑む。アスロンの投入された 99 年 6 月以降は，同等以上のスペックのモデルを，インテルよりも早く市場に投入するという善戦をみせた。

19) IBM 製パソコンとその互換機は長期に亙って世界市場における高いシェアを保ったから，インテルは 81 年以降，安定した売り上げを保証されながら CPU 開発のノウハウを蓄積していった。CPU がパソコン全体の付加価値に占める比重はきわめて高く，やがて 80 年代後半に IBM 機が互換機に対してシェアを落とす頃には，デ・ファクト・スタンダードを握り高収益のインテルの存在は IBM 自身にとっても脅威となっていた。言うなればインテルやマイクロソフトは，成長を遂げて自立するに至った小判鮫である。

20) 戦略的企業間関係とは，資本関係に多くを依存しない企業間の関係であり，本書中のたとえば第 1 章補論の注 45，46 のグローバル企業の提携関係に観るように，ひとまず相互に少数出資を行って提携の可能性を探り，2-3 年という短期のスパンで，打ち切りを含めて関係を見直すものである。

21) この議論の原理的な詳細については，本書第 6 章注 13 参照。

補論ⅱ）「収穫逓増」論をめぐって

　本章においては平均費用曲線を基礎に競争と産業の段階の問題を論じた。第Ⅱ節末尾の「ポスト一国寡占と戦略提携」は，近年とり沙汰されている「収穫逓増」論と同一の問題を，産業のリアルな進展との関わりにおいて分析したものにほかならない。学会の内外において，ひとしきり「複雑系」との関わりで「収穫逓増」をめぐる論議がかまびすしかったが，著者がサンタ・フェ研究所や塩沢由典大阪市立大学教授とはまったく独立に，本章の原論文である「資本制の『現』段階規定に関する一考察」[1]を『経済論叢』誌（京都大学）に投稿したのは，「複雑系」や「収穫逓増」論がとり沙汰される以前[2]のことであった。

　また補論ⅰ）に論じた「事実上の標準」の問題は，しばしばこの「収穫逓増」論との関わりにおいて論じられるところである。ここでは多少まとまった形で，本章第Ⅱ節ならびに補論ⅰ）における議論を補足しておく。

収穫逓減・逓増と産業

　経済学が永らく，収穫逓減を前提としてきたことは言うまでもない。ところがここへきて主張されている見解の一つは，「収穫逓減」は供給関数を構成するために，ひいては需給バランスから生産量を決定するために導入された前提であり，生産関数は往々にして自然独占の場合以外にも「収穫逓増」となるとする議論である[3]。以下ではこの見解について検討する。本書の主旨の一つとの関わりで言えば経済学の理論は多分に，そのときどきの主導的な産業や財の

在りようを反映しているのだが，経済学者は一般に，そのことに対して無自覚的である。逆説的な「収穫逓増」論が今日，説得力をもつに至ったのは，補論ⅰ）に述べた1980年代以降のパーソナル・コンピューター産業を中心とする，デ・ファクト・スタンダード続出の結果であるといって過言ではないであろう。このことについて，今回もまた多くの論者が無自覚的であるにすぎないのではないのか。

　製鉄・非鉄金属・化学等の装置産業に関しては，特定のプラントにおける化学反応の規模にはおのずと限界が伴う。また単一の装置の大規模化には限度があり，際限もなく巨大なプラントを建設できるものでもない。したがって生産自体に関してはゆき着くところ，収穫逓減でしかありえない。装置産業に限らず，同一プラントによる生産自体は，論理的には産業を問わず必ず収穫逓減にゆき着くものである。寡占体制の下，一般に主要メーカーは個々の事業所に建設可能な最大級の単一プラントを築いた上で，事業所の数を増してゆく。こうしてプラントを各地に複数設ければ，先の生産部面の制約からは解放される反面，今度はそれに見合った需要の問題が生ずる。実現問題が生じ，過度の設備投資は構造的な生産過剰を招きかねない。個別プラントの生産部面の制約から解放され，しかも需要に裏づけられた規模の経済が全面的に貫徹するのは，販路が確立された代表的な製品に限っての話である。

　一方モデルを創り出す組み立て産業については，潜在的需要の問題以上に製品企画が重要となる。まったく売れる見込みのない商品を企画する企業はないが，売り上げを見込んだ新製品が当てが外れるリスクはたえず存在する。もっとも，この事態が相次げば企業は存続しえないので，その後は一時的に保守的な企画に転じ，リスクの発生は中長期的に一定の比率以下に抑え込まれているはずである。以下では，こうした製品企画の問題を捨象して論ずる。

　組み立て産業の代表的産業として，自動車産業を例にとろう。第1章に述べたように，最も高価な耐久消費財である自動車はまた，きわめて特殊な耐久消費財でもある。主要なメーカーとしての売り上げを保つために，生産部面に関しては，複数の価格帯のそれぞれに複数の車種のラインナップが必要であり，

流通部面においては，モデル・チェンジという形で世代交代する個々の車種のみならず，複数の価格帯を網羅する複数の販売チャネルそれ自体がブランドとなるという特徴をもつ。こうして確立されている販売方式は，その総体として継続的な買い替えを支え，前述の企画のリスクの問題を軽減させている。今日の世界的な業界再編の動きの中，世界的な主要メーカーが，国境を超え，複数の広域経済に跨がる企業合同にさいしてのメリットとして挙げるのは，環境・安全対応のための投資，ラインナップの相互補完と並んで，共同の調達とエンジンおよびプラットフォームの共通化によるコスト・ダウンである[4]。必要とされる生産台数は，具体的に単一のプラットフォーム当たり100万台，1メーカーの全車種を通じた数字としては，全世界で400万台とも500万台とも言われる。主要なパーツであるエンジンとプラットフォームは，言うまでもなくそれ自体が当該産業内部での相当のアセンブリーの産物である。ガラスやタイヤについては素材を成型するだけであるから当然，規模の経済は実現していようが，これらは大規模な装置産業の専業メーカーが納品する部品である。その他の，きわめて点数の多い部品の大多数とエンジン・プラットフォームに関しては，T型フォードの時代は別として，一般に依然として量産効果が十全に発揮される以前の状態に留まっている。このエンジン・プラットフォームについて共通化がとり沙汰されるということは，これらと同数が生産されている本体の最終組み立て工程についても，必ずしも量産効果が出ていないのであろう。世界で最も効率的な生産を実現しているとされる，フレキシブル生産体系を確立した日本の代表的自動車メーカーが行う，生産調整のための工場間の生産の集約は，しばしば報道されるところである。家電産業等のより小規模の組み立て産業に関しても，同様に規模の経済が果たされている一部の基幹部品と，そうでない部品に分かれるものと考えられる。普及品は前者の比率が高くなるように設計し，高性能や多機能が重視される高価格のモデルには，基幹部品に関しても特別仕様のパーツを多用するのであろう。

　いずれにしても，組み立て産業においては収穫逓増の初期局面にあるパーツも多く，収穫逓減の作用は限定的であって，売れ筋の製品であっても必ずしも

その生産の全工程に及ぶものではない。したがって，問題としてはより複雑である。

生産関数再考

本項は，生産関数をめぐる従来からの議論に，「複雑系」スクールによる問題提起を交えた概説である。

大量生産以降の工業生産を論ずるにさいして経済学が一般に想定してきた生産関数は，下図4-4のとおりであった。

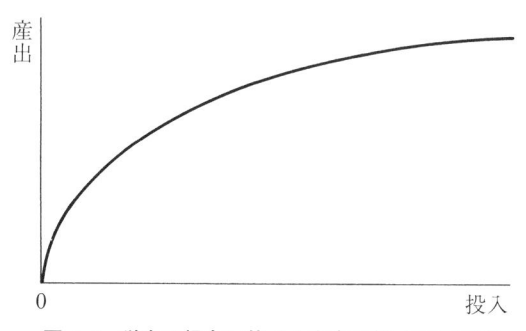

図4-4 従来の想定に基づく生産関数（収穫逓減）

これに対して，「複雑系」スクールが提唱する関数は次図4-5のようなものである。

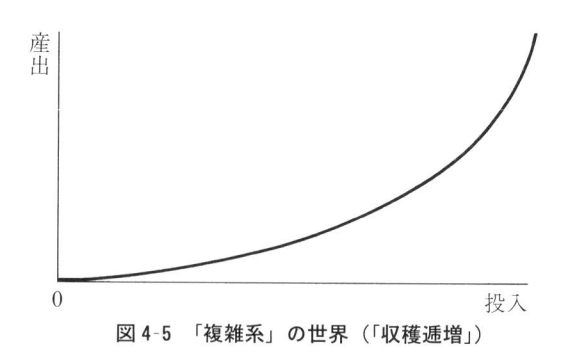

図4-5 「複雑系」の世界（「収穫逓増」）

第4章　産業と競争の段階の理論　165

だが言うまでもなく，この両者は異なる2つの生産関数なのではなく，実は一続きのカーヴであるにすぎない。換言すれば，同一の関数を投入量の異なる2つの場合について別個に拡大して見ているにすぎないのである。同一の関数とは，下記のとおりである。

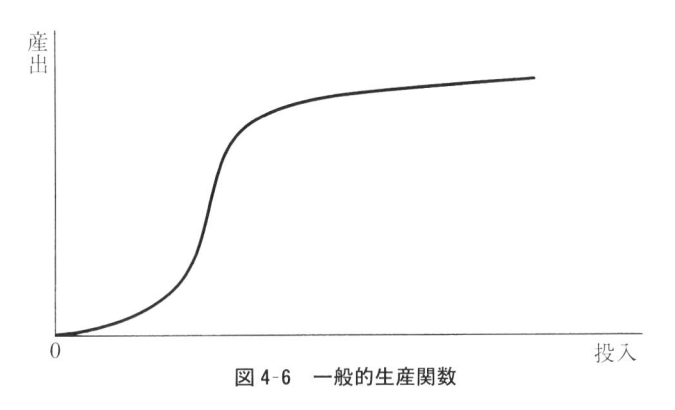

図4-6　一般的生産関数

ここまでの叙述により，あらためて多くの説明は要さないことと思う。各財の生産量は財の特性によって相違する。資本制の発展段階ごとに主導的となる産業が異なり，規定的となる財も相違する結果，生産関数自体は同一であっても特定の生産量の変域がクローズ・アップされることになる。次図4-7は図4-6の再掲である。上記の議論をより明瞭にするため，2階微分の正負が転ずる近傍を境として，図4-4・図4-5それぞれに該当する範囲を点線で囲んでい

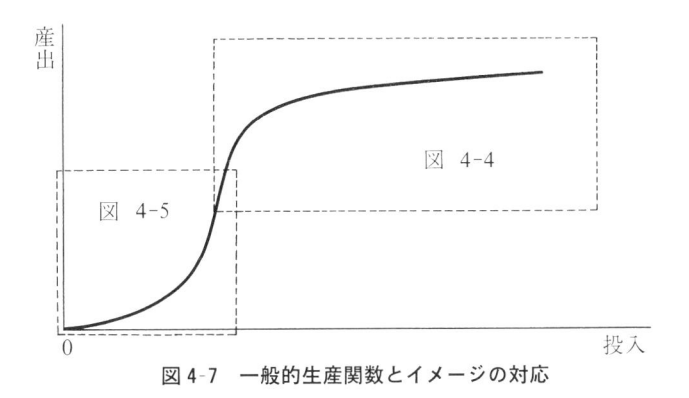

図4-7　一般的生産関数とイメージの対応

る。

産業の区分と生産関数

以下，本書の主旨に則って，より工業生産のリアリティーと斬り結びうる試論を展開してみよう。

けだし図4-4に表される，重化学工業を主体とする従来の単品種大量生産型の製造業に関する議論は，産業としての揺籃期における生産プラントの漸次大型化を通じた規模の経済の実現に至る試行の過程を捨象し，それ以後の，当初より大量生産を見こして建設されるに至ったプラントの稼動効率のみを問題にしているのである。したがってそこでは規模の経済は当然の前提として語られている。たしかに装置産業に関しては，実験室規模の反応装置であれば化学反応の程度は投入する原料の分量に応じ，0の近傍から連続可変的に設定することができる。工業用の製法は一般に実験室規模の製法とは原料も反応過程も異にしており，一定の生産規模を前提とするものであるが，装置を大型化してゆけば，やはり最適反応量とともに反応の上限が増してゆく。生産関数のカーヴは当初のものとほぼ相似形となるにせよ，変域の上限がそのつど異なる。下図4-8参照。

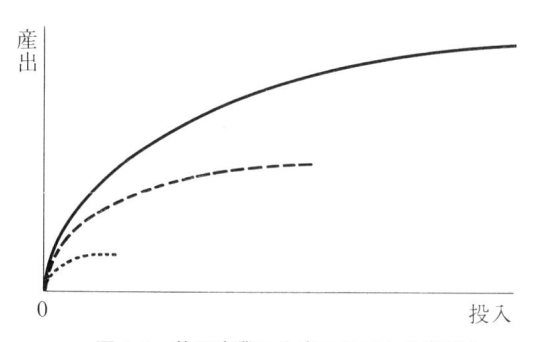

図4-8 装置産業の生産の発展と生産関数

これに対して組み立て産業においては，当初のプロト・タイプ1台を開発す

るための経費が巨額に上るのみならず，実際の生産・販売の過程に入った後も，いうなればフォード・システム以前と以降，すなわち手作業の工程を多く残した受注生産に留まるか，大量生産の工程を実現しうるかによって，規模の経済は大きく異なる。現実の平均費用曲線は，当初の完成したプロト・タイプ1単位のコストが大きく跳ねあがった後，断続した2種類のカーヴを描くはずである。下図4-9参照。

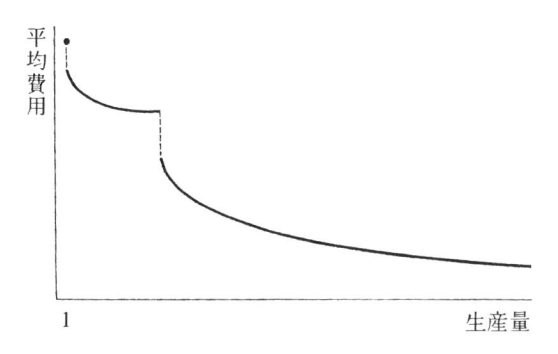

図4-9 組み立て産業の生産の発展と平均費用曲線

以上より，これまでの生産関数の支配的なイメージは装置産業に強く規定されたものであり，またそのモデルが，大量生産移行後の組み立て産業の主要な工程をも包含しうるものであることが示されたであろう。

一方図4-5に表わされている「複雑系」のモデルは，以上に述べた既存の製造業に比して，生産が全般に小規模の産業を対象としたものである。その場合に規模の経済を実現しうるか否かという問題は，まさに先に述べた大量生産以前の段階にある組み立て産業の孕んでいる問題と同一であり，これに対しては産業としての萌芽期・草創期にあるためとの説明も可能である。だがそれは，分析をいたずらに平板化させるのみであって，分析の進展には役だたない。「多品種少量（変量）生産」という言葉に表わされるように，産業がより高度に発展しているのであって，財が一般には大量生産されないということ自体が，新たな産業としての特性であると考えるべきである。本章補論ⅰ）にたびたび言及したマイクロソフト社のウィンドウズ95以降のパソコンOSと，これに

基づいたベスト・セラーのアプリケーション・ソフト群のように，デ・ファクト・スタンダードを確立することにより，突き抜けたように全世界的に売れる財は例外的に，図4-5の範囲に留まらず図4-7の全域に及ぶカーヴを描くことになる。それ以外の大半の財は図4-5の変域の前半に留まって，規模の経済を十全に実現するには至らないのである。組み立て産業の試作品の製作コストに相当するものは，ここでは当初の研究開発コストであり，組み立て産業のプロト・タイプの場合の木型・金型のコストや風洞実験の施設費，技術者の人件費等々に比して，その太宗は研究者の人件費である。この経費は，収穫逓増の急峻なカーヴにさしかかる直前までに回収され，それ以降の売り上げは純益の増加となるよう価格が設定されるものと考えられる。ソフトウェア・パッケージの場合に明らかなように，量産化技術はすでに確立されている場合が多く，それ自体はさしたる問題ではない。量産ベースに乗せることができるか否かこそが問題なのであり，そこにデ・ファクト・スタンダードが関わってくる。そして議論は補論i）に回帰しなければならない。

注

1) 『経済論叢』第158巻第3号，有斐閣，1995年9月受理，1996年9月刊。
2) 一般に，日本における「複雑系」の受容は，サンタ・フェ研究所を紹介したM. ワールドロップ『複雑系』（田中三彦・遠山峻征訳，新潮社，1996年6月，Waldrop, M. Mitchell. *Complexity: The Emerging Science at the Edge of Order and Chaos*, 1992）が異例の売れ行きを示し，これを承けた『週刊ダイヤモンド』誌（ダイヤモンド社）1996年11月2日号が，特集「複雑系の衝撃」を組んだことに始まるとされる。
3) 塩沢由典『複雑系経済学入門』生産性出版，1997年，319-48ページ。
4) たとえば『日本経済新聞』1998年5月8日づけ，ダイムラー・ベンツ社J. シュレンプ，クライスラー社R. イートン両社長による共同記者会見。

第Ⅲ部　世界体制の転換

第5章　ポスト冷戦と世界経済

はじめに

　冷戦終了の時点をめぐっては，諸説の在るところであろう。政治的な画期としては，旧ソ連邦の崩壊をもって冷戦の終了とすれば1991年12月，この年8月の未遂に終わった共産党保守派のクーデターの過程で事実上ロシア連邦が後継国家としての正統性を確立していたとみなせば，その大統領であったエリツィンが抗戦を呼びかけた時点ということになる。だがゴルバチョフが85年に共産党書記長に就任し，後にペレストロイカと総称されるに至る改革に着手した時点で，冷戦の一方の担い手であったソ連体制の幕引きは，理性的なソフト・ランディングの形で準備されていたと言うべきであろう。クラッシュが最後に到来することは避けられなかったが，それはあらかじめ最小限に抑え込まれており，世界は最悪のシナリオである，自暴自棄となったソ連邦の軍事的挑戦による最終戦争の恐怖に怯える必要もなかった。また彼の指導部が呼びかけた外交上の「新思考」は，戦略兵器体系とこれを支える下部構造としての経済体制の両面で西側に決定的に水を開けられたソ連邦による，単なるプロパガンダという以上の重みをもっていた。結果的にはソ連体制の幕引きとなった，このソ連側の主体的な改革努力の過程で，米ソの協調が進展し，そうして双方の臨戦体制が解除された或る時点をもって冷戦は終結したのであって，この時期をマルタ島における89年の米ソ首脳会談に求めることが一般的である。

本章は世界体制としての冷戦の問題について，経済学的に考察する。

I　分析の地理的レヴェル

　90年代初頭以降，広域的な経済統合の潮流が鮮明となっている。EUとNAFTAの市場・経済統合に代表される「リージョナリゼーション」（regionalization）は，一方の世界化と無縁の動きではない。グローバリゼーションと同時に語られる言葉に「グローカリゼーション」（'glocalization'）が在るが，中央政府より下位のレヴェルの地方自治体の世界化を表わすこの概念は，世界化が最少の行政単位から上の一般政府のあらゆるレヴェルとその管掌する領域に対して作用することを示すものである。本書第I部を通じて観てきたように，個別の資本も世界化する。そしてこの資本の活動の世界化が，地方から国家を経て，国家を包含する地域に至る，あらゆる地理的レヴェルの領域の相互一体化の結果としての世界化を媒介するのである。しばしば経済統合によって裏づけられている，西欧・北米等の地域的な単位経済を，ここでは「広域」（'macro-region'）[1]と規定しよう。世界経済の一体化の展開過程は，ヘーゲルの『大論理学』にあて嵌めて整理するならば，「個別」としての一国経済が，「特殊」としての「広域経済」を介して，さらに「普遍」としての世界経済の真の一体化へと至る過程である[2]。現実の過程としてみても，世界経済の一体化は国際的な資本の集積・集中に促されながらも，一足飛びには実現しない。当座は80年代半ばに姿を現すに至った世界経済の三極それぞれの内部とその周辺における，広域的な経済の統合化が先行し，その結果として徐々に世界経済自体の一体化が進行してゆくはずである。

　「広域経済」という概念は，先のヘーゲルのシェーマにおける媒介項に当たり，ここでは一国経済と究極的な世界経済の一体化をつなぐ存在として位置づけられる。この概念は，世界経済の三極とその周辺に限らず，それ以外の地域に関しても用いることができる。EUのように統合が市場統合を超えて徹底し

た場合には，財政を捨象した経済活動の場としては一体化しているので，これをさらに一つの単位としての「統合化経済」と再規定する必要もでてこよう。世界経済の一体化へ向けてのプロセスは，先述のように国民経済・広域経済・世界経済というレヴェルの異なる3層の段階を経た過程のみにおいて論じられるべきではない。国民経済を下位概念として含む「広域経済」は，その内部の国民経済ならびに地方経済との関係（intra-regional interactions）と並んで，地理的位置を異にする広域経済相互の関係（inter-regional interactions）において把握されねばならない。

これに関連して，第2章第Ⅲ節にふれた「準貿易ブロック」概念の提唱者であるサローは，次のように述べている。「こうしたシステムを『準貿易ブロック』と呼んでいるのは，1930年代の排他的なブロック経済と区別するためだ。1990年代の準貿易ブロックは貿易の管理化を進めるが，1930年代の貿易ブロックのように貿易を縮小したり排除したりするものではない」[3]。「実際，今後50年間の世界貿易の伸びは，過去50年間の（貿易の）成長を上回る速度で進む可能性が大きい。ブロック内の貿易自由化は，ブロック化による貿易の減少を帳消しにしてなお余りあるほどの成長をもたらすだろう」[4]。執筆時点での状況把握として卓抜であると考えるが，驚いたことに直接投資への言及が見当たらない。世界市場のレヴェルでは，各地域に形成された「広域経済圏」の内部において，確かにサローの言うように貿易がいっそう喚起され，市場を通じた経済関係が深化するであろう。一方広域経済圏相互の関係，世界経済のレヴェルでみた場合には，多国籍企業の直接投資が貿易を大幅に代替することによって，広域経済圏間で貿易額が減少したとしてもそれに見合う形で投資額が増大して，経済関係の後退には至らないのである。「国際組み立て産業資本」が，広域経済圏相互の関税ならびに現地部品調達率の障壁を資本移動によって自在に超えて全世界を一体のものとして行う活動，これが今後当面の世界経済のイメージであり，それはWTO体制の存続のいかんに左右されるものではない。

II　帝国主義論の脱構築

冷戦帝国主義論

「冷戦帝国主義」は，70年代に南克巳氏によって提起された議論である[5]。氏は先行する杉本昭七氏の問題提起[6]を肯定し，「…レーニン『帝国主義』の普遍妥当性の100パーセントの承認に立ちつつ，さらに一歩を進めて，それを「帝国主義戦争」（…レーニンの時代の『歴史＝具体的な』中心課題…）の体系として歴史的に限定し，それをほかならぬ「現代」の体系へと包摂してゆくうえでの，そのまさに新たな歴史＝段階的な立脚点…を，明示」[7]するという，基本的な立場を示す。そのうえで方法論的には，山田盛太郎氏の戦後の業績である『再生産過程表式分析序論』[8]において展開された，戦前日本経済における軍需生産部門の分析手法を現代アメリカの政府統計に適用し，合衆国の再生産構造において「…新たな科学＝技術上の達成（核とエレクトロニクスを太宗とし，それに新鋭化学＝素材部門を併せた原子＝電子＝宇宙産業の体系）を在来＝重化学工業の系統から区別し，それをマルクス再生産論の基礎範疇Ⅰ・Ⅱに準拠しつつ，あえてIB部門＝体系として分離＝抽出」[9]した。これを基礎に，このIB部門のアメリカによる独占が，「在来の『資本主義的独占』とは次元を異にする，いわば『体制的な独占』の形成」[10]を果たしており，「レーニンの段階とは区別される戦後段階」[11]を画していることから，戦後期を「冷戦帝国主義」と規定するとするのである。

　南氏の所説に関しては，現代における経済の軍事化の実態を実証したIB部門検出の意義は高く評価されるべきであるし，レーニンの言説から歴史的な前提抜きで演繹・上向することを旨としていた当時の圧倒的多数の現代帝国主義論とは一線を画する水準の研究であるといえる。その反面私には，氏の言う意味での「冷戦帝国主義」が，はたして氏が主張するようにレーニン帝国主義論の当時における具体化といえるか否か，疑問に思われる。「帝国主義」とはそもそも列強間の対立抗争を指す概念であり，この点をレーニンがホブスンなり，

執筆当時の一般的用法から継承していることは疑い無い。なるほどアメリカは旧西側において体制的なドミナントを敷いていたが，それはこれに基づいて旧ソ連邦と対峙するためにほかならなかった。社会主義世界を捨象して西側におけるアメリカのドミナントのみを問題にするかぎりでは，確かに氏の言うように「帝国主義の帝国主義」[12]となるが，旧帝国主義世界の外側に在る米ソ正面の帝国主義的対立という矛盾こそが冷「戦」なのであって，「冷戦帝国主義」と称するからには，この米ソの冷戦を捉えることができなければならないのではないか。熱戦に発展することのないまま，平時において大軍拡競争をくり拡げ，当事者を極限まで財政的に疲弊させた「冷戦」とは，いうまでもなく米ソ両国間で「闘われた」のである。氏の所説は，あくまでも「冷戦下の西側における帝国主義的支配構造」を指すものであり，「冷戦期の帝国主義論」たりえていない。それは一面の真実であるにしても，当時の世界における矛盾の総体を捉えてはいない。

　レーニン説の核心にほかならない，いわゆる「古典的帝国主義」の五標識を導入した場合には，南氏の議論がレーニン帝国主義論の公理的適用としては的外れなものであることが，いっそう明らかとなる。とりわけ問題になるのが第5標識である。冷戦体制の下で，東西両体制の盟主である米ソが，それぞれの勢力圏の内部でいったん確定した領土を，みずからに都合の好いように再配分するなどということは有りえない。敗戦国日本の領土回復を例にとれば，西側の内部で行われた沖縄返還を，東側との争点であり，今日に至るも返還に至っていない北方領土問題との対比の下に想起すれば充分である。冷戦期の領土的角逐は，もっぱら第三世界における資本主義とソ連型社会主義によるイデオロギー地図の塗り替えをめぐって争われた。むろん相互の究極的な目標は体制間競争による相手方の体制の打倒であったが，仮にそうなった場合にも，米ソいずれかの勝者が相手方陣営を「解放」することになるにすぎない。旧西側内部に領土的角逐は存在しなかったのである。著者はこの「冷戦帝国主義」という議論自体は，いわゆる「古典的帝国主義」の延長上に成立しうると考えるが，それは南氏の言うような一面的な適用であってはならない。次に別解を示そう。

レーニン帝国主義標識と生産様式

　かつてレーニン帝国主義論の戦後への適用にさいして，その基本的五標識に着眼して帝国主義論成立の前提条件を問題としたのは，杉本昭七氏であった[13]。氏は述べた。「現代においても，独占，金融資本が世界経済の支配主体であるという意味では両者は同一である。しかしながら，相違は，金融資本が運動する場としての世界経済にある。そこでは，社会主義体制が存在し，また帝国主義国および植民地＝従属国における階級闘争・民族解放闘争はきわめて激化している。このような条件の下では，金融資本は相互の戦争に導くような方法によってその矛盾を解決することはできない。ここにレーニン『帝国主義論』の段階の全矛盾の相互関係，したがってまたその解決の方向と，現代のそれとの質的な差が存在している。このように支配主体の同一性と運動する場としての歴史的諸条件における質的相違，現代帝国主義分析に際してはこの点の認識が必要である」[14]。そしてこのことは「…最終範疇の相違（この違いは当然のことながら世界的な変革の条件と矛盾の集中点の相違をもたらす），それとの関連で展開される範疇の中に一定の制約が存在すること…」[15]によって明確となるとする。当然，今日の見地からはここでの金融資本を多国籍企業に読み替えねばならず，また当時のように社会主義陣営に有利な客観情勢も存在しない。だがその叙述の基本線は，歴史の審判に耐えるものであった。

　この問題提起は，レーニンの古典に安直に寄りかかった「現代帝国主義論」全盛の当時の風潮の中，正当に受け止められたとは言えなかった。生産様式の問題を乗り越えたならば，当時の杉本氏の提起を基に，冷戦期の世界経済の軍事化の問題を総体として捉えることも可能であったろう。第4章第Ⅰ節に述べたように，旧ソ連邦は生産力の圧倒的不足の下で社会主義生産様式に移行しようとしたので，政権は革命の後になって国家の手になる本源的蓄積の強行という一種の「国家資本主義」的手法でみずから生産力を追加しなければならなかった[16]。そしてこれはレーニン・スターリン時代に留まらず，量的指標の追求という形で，ソ連型社会主義の構造的特徴として残った。ソ連型社会主義は生産関係の点で確かに社会主義的であったが，その経済発展の手法には資本制的

な色彩がつきまとった。一国社会主義の結果としての巨額の国防支出に，いわば「擬制資本家」としての党官僚の奢侈が加わり，国家という非人格的資本家による搾取は消えることがなかった。「プロレタリア」国家という外観が，それを隠蔽していたのである。したがって旧ソ連邦における生産関係の社会主義的性格を捨象して，レーニンの「古典的帝国主義」を米ソ双方に公理的に適用することが可能である。

世界経済の基本標識

レーニンの「古典的帝国主義」の五標識は，以下のように「世界経済の基本標識」として一般化できよう。特定の段階における，(1)寡占体への資本と生産の集積・集中の水準。(2)過剰資本の回路としての銀行資本の役割，産業資本と銀行資本相互の関係。(3)経済の相互関係に占める，商品輸出と資本輸出の位置。(4)提携・合同等の，寡占体の国際的企業間関係。(5)世界市場・世界経済分割の様相。そしてこうして歴史的具体的条件から切り離し，一般化を施してみたとき，レーニンの挙げた標識の総体が，「一国寡占段階」到達以降今日に至る，世界資本制の歴史的過程の各局面を把握するに当たってのポイントを網羅していることに，驚きを禁じえないのである。彼の政治的実践と理論的貢献に対する評価は，分けて考えねばならない。

以上を基に，レーニンによる本来的な国家独占資本主義の規定[17]をも踏まえ，冷戦下の米ソ両国を「冷戦期帝国主義」と規定する。標識を列挙しよう。①「一国寡占段階」の重化学工業における，生産と資本の集積・集中に基づく西側寡占体の発展と，その多国籍企業化。旧ソ連邦における国営重工業部門の持続的規模拡大。②戦略核兵力の保持の下での，西側軍事大国（米・英・仏）における，国家財政と軍需関連産業資本寡占体との結合。同じく，旧ソ連邦における国営大工業に対するゴスバンク（государственныйбанк；中央銀行）からの無制限のファイナンス。③西側一般において間接投資に代わり，直接投資による資本輸出が支配的となる。産業ごとに特化したCOMECON諸国においては，域内の1国に対する特定産業・製品市場の相互譲渡が，各国において放

棄された産業から放棄されなかった産業への投資の集中をもたらし，これが域内相互直接投資の代替として機能する[18]。④西側一般における多国籍企業の相互進出と，その下での一定の「国際企業合同」・「国際企業グループ」化の進行。COMECON 内部での生産の国際的協業・分業の進展に伴う特定産業の相互放棄は，擬似的な「国際企業合同」に相当。⑤米ソによる東西両陣営内部における個別の覇権，ならびにシステムとしての世界的な共同覇権の下での，「第三世界」のかなりの部分を含む諸国の，東西いずれかの陣営への帰属の確定。以上である[19]。

　最後に，ポスト冷戦期以降の世界経済の趨勢変化について，今回の一連の検討作業の結果を踏まえ，上記の「世界経済の基本標識」との対応の下に展望を示す。ここに至って，単に活動領域という点に留まらず国家を超えつつある巨大寡占体の相貌が顕わとなる。
　①装置産業および組み立て産業において「世界寡占」に達した多国籍企業ならびに，IT 産業においてデ・ファクト・スタンダードを確立した多国籍企業への，いっそうの生産と資本の集積・集中。②「世界寡占」下の「国際産業資本」としての大規模多国籍企業の直接金融による世界的資金調達と，母国銀行資本からの相対的自立の進行。③直接投資に基づく域内現地生産の深化による，商品輸出のいっそうの代替。④基調としての，多国籍企業相互の関係の戦略提携化。経済統合に伴う，当初における広域経済圏内部での国境を越えた企業合同の活発化と，その後の「広域経済」間の企業合同の進行。⑤広域的経済統合のいっそうの進行。その結果としての，一定の現地部品調達率の下での現地生産の深化に伴う，世界経済の三極への緩やかな分割。

III　冷戦の位置づけと冷戦後の世界

現代帝国主義論の位置の確定

　1980年代央以降，我が国の国際政治学ならびに国際経済学においては，さかんに国際政治経済学の紹介が行われてきた。そこには冷戦の終了が影を落としているが，経済学の領域において，それ以前に支配的であった議論が現代帝国主義論であったことに疑問の余地は無い。合衆国の覇権を告発してきた現代帝国主義論は冷戦の終結に伴って社会主義圏拡大の展望を失い，急速に顧みられなくなったのであるが，国際政治経済学（IPE）との関わりでかつての現代帝国主義論を正当に歴史的に位置づける作業は未だ為されていない。ここでは現代帝国主義論を再検証することを通じて，世界経済の段階を論ずる上での緊要の課題である冷戦期の位置の確定を行う。

　次表は，国際政治経済学なかんずく覇権理論に関する著者の理解を踏まえ，数極モデル（寡頭制）としての帝国主義体制に，2極モデルとしての冷戦体制を対置したものである。

表5-1　世界体制の移行

時　期	国際体系	支配的原理	上位主体（覇権構造）	下位主体
1890s-1945	帝国主義体制	植民地領有	列強　　（数極モデル）	植民地
1947-1991	冷戦体制	国民国家形成	米ソ超大国（双極モデル）	その他国民国家
1980s-	経済の世界化	経済統合	広域経済圏（無極モデル）	国民・地域経済

　前節に述べたように，現代帝国主義論は社会主義世界体制への全世界的移行の楽観の下に，現実に存在した旧ソ連邦の覇権をあえて捨象し，双極モデルの一方を成したアメリカならびにその同盟国の西側主要国のみを対象として，戦後西側世界における帝国主義的状況を論じた一面的な議論であった。冷戦体制には帝国主義的側面が有ったことは明らかであり[20]，その点への着眼は的確で

あったものの，こうしてIPEを摂り込んだ枠組みの中に位置づけてみれば，その一面性は免れないと言えよう。なお，ここではあえて帝国主義期の時期区分を，西洋史の通説である1870年代以降としていない。それはいわゆる「古典的帝国主義」と冷戦体制とを帝国主義一般の立場から把握するうえで，レーニンの述べた帝国主義の第5標識，すなわち世界における領土分割の完了を重視し，単なる英仏の植民地拡大政策の再開としての1870-80年代，換言すれば領土分割の遂行過程自体は問題としていないからである。またポスト冷戦期の時期区分が，それ以前と重複しているが，冷戦の終結は「一国寡占段階」の重化学工業の時代の軍事的原理に代えて，経済的原理を前面に押し出したとの理解から，帝国主義一般の時期とは一定の読み替えが必要であると考えるためである。

冷戦とは何であったか

次いで冷戦自体について掘り下げよう。18世紀には盛んに大国間戦争（wars between the great powers）が闘われたのに対し，19世紀の大国間戦争は数少なく，期間も限定的であったとされる[21]。さらに20世紀に入ると2度の世界大戦を除いて大国間戦争は闘われなかったとするのが通説であるが，米ソ冷戦は単なる勢力圏分割・対峙状況を超えた現象であったと私は考える。冷戦とは「仮想大国間戦争」(the Virtual World War, the virtual war between the 'super powers') と規定できよう。戦略核兵器によって宙吊りにされていた冷戦期の米ソの対立は，直接的な交戦にこそ至らなかったものの，双方に備蓄された膨大な戦略核兵力，それを維持し世代交代させることで国防費が連邦財政支出に占め続けた比重[22]，指揮系統ならびに戦略ミサイル部門における恒常的な臨戦体制[23]といったいくつかの指標からみて，通常兵器に置き換えた事実上の大国間戦争の，40年前後に及ぶ継続として機能していたと考えられる。傍証を添えよう。旧ソ連邦は崩壊し，ソ連圏の瓦解した跡に目下NATOが東方へと拡大し続けている。こうした，敗れた側の大国が大きく領土を減らすなり崩壊するという展開自体が，大国間戦争の常である[24]。ロシア

連邦の成立という冷戦の帰結は，スラヴ系諸族を始めとする周辺の諸民族を併呑した大ロシア主義としての旧ソ連邦ないしは旧ソ連ブロックからの，小ロシア主義への回帰であった[25]。冷戦は世界体制としての帝国主義状況の最終的なヴァリアントであったと同時に，大国間戦争の機能上の代替物でもあったのである。

冷戦の終了に伴い，世界各地で頻発している民族紛争について一言すれば，冷戦体制は米ソ各陣営内の国家相互の戦闘を大義の下に封じ，別々の陣営に帰属する隣国間の紛争をイデオロギーをめぐる対立に限定した。さらに米ソが中央政府に肩入れすることで，各国内部にあって自前の国民国家を有するに至っていない言語・文化集団である「準民族」（'sub-nation'）[26] 間の矛盾をすでに超克された問題（東側で言うところの「民族矛盾」）として抑え込み，やはりその相互の戦闘を封じた。軍事的側面のみならず経済的側面に限っても，米ソ両国による援助はしばしば旧宗主国によるものを上回った。冷戦はネーション間のいわば「私闘」を封じていたのであり，米ソの覇権は戦後国民国家体系における最大の安定機構としての機能を果していたと言える。

国民国家の仮構と矛盾の噴出

さて近代以降の資本制経済は，その相当数が仮構にほかならなかった「国民国家」・「国民経済」を基礎として発展してきた。「ポスト冷戦」の今日における民族紛争の多発の状況は，この仮構の政治・経済原理が限界に達していることを示すものにほかならない[27]。戦後の国際体系のヴィジョンとは，史上初めて欧州の秩序形成に合衆国が関与した第1次世界大戦講和のさいの民族自決原理を，広くアジア・アフリカおよび各地の島嶼に適用するというものであった。これに基づく国家編成原理を「国家間システム」（inter-state system）と呼ぶのが適切であろう[28]。そこでは国際社会への新規参入者である新独立国に対して，旧宗主国のみならず国際連合が後見となり，IMFが通貨上の，IBRDが経済政策上の支援を与え，GATTが保障する無差別的国際通商体制を通じて経済発展を遂げるものとされた。この下で西欧主要国に端を発する国家規模，

すなわち数千万から少なくも数百万の人口を擁し,植民地時代を通じて交通的・経済的に一定の完結した構造を形成してきた地域的単位が,「国民国家」として次々に独立していたうちは,まだ良かった。だがソ連型社会主義というイデオロギーやそのカウンター・イデオロギーとしての「自由主義」というイデオロギーの対立を背景に,旧ソ連邦ないしはこれに対抗したアメリカの経済・軍事援助が支えてきたいくつもの仮構の「国民国家」[29],が,冷戦終了とともに動揺・解体することで,あるいは特定の民族・部族が支配層となって,冷戦状況の下に強引に形成していた「国民国家」[30]の周辺に綻びが生じることで,ポスト冷戦期を迎えてはたして「国民」と呼ぶに値するか否か疑わしい,膨大な数の「サブ・ネーション」ないしはエスニック・グループが吐き出されるに至った。現在国際社会が行っていることは,これらをすべて「民族」と認定し,固有の「国民国家」を形成することを奨励しないまでも容認することである。だが歴史的にみずからの固有の経済空間を形成してこれなかった「サブ・ネーション」に対して,西欧の近代国家を範とする戦後の国家編成原理を適用したところで,今日我々が報道で接するところの,地理的にまとまりのある国家領域を互いに確保するための際限のない地域紛争の泥仕合が待っているだけである。必要なことはこれら地域に国民国家原理を導入することではなく,後述するような或る種のゾーンを設定することであろう。

　内戦のいま一つの要因として,他ならぬ国際的な援助体制の孕む問題が挙げられる。たとえば1997年5月,ザイールが18年ぶりに「コンゴ民主共和国」という旧称に復し,冷戦終結後いく度めかの世界地図の書き替えの必要が生じたが,このことは「国民国家」としての新生コンゴの安定を決して意味しない[31]。鉱産資源に恵まれすぎたコンゴは極端なケースであるにしても,アフリカやアジアにおいてしばしばみられる内戦の結果としての政権交代は,「国民国家」という既存の器を舞台とする,政治的に支配的な地位をめぐる部族集団相互の抗争を意味するにすぎない。戦後の国家間システムの下で確立されたOECD諸国による多国間援助体制は,南北間の貿易の不均衡の見返りとしての,一定の国際的所得再配分を制度化した。いうなればこれが,戦後国際体系の分配面

である。未だ世界的な中央政府こそ存在しないが，この体制は複数の宗主国の領有する植民地網が世界的に錯綜していたかつての帝国主義体制に比すればはるかに，グローバルに一体の財政機構に近づいた。ただし，近年 ODA の不明朗な使途が問題となってきたことに示されるように，国際的な経済活動に基づいた収益に対する先進国における徴税という，所得移転のプロセスの上流部分については一国の財政に類似しているが，これが世界的な低所得層に配分されるまでの過程に発展途上の諸国家の行政府が介在している点で大きく異なる。この継続的な援助は途上国の側から見れば既得権であり，各途上国における中央政府の政権を掌握した勢力に，ODA を配分する利権をもたらした。めぼしい産業・輸出品目を有さない低開発諸国の場合，中央政府の財政の実体は，多分に ODA の分配機構と化している。旧宗主国の遺した人為的な国境線に基づく，諸部族の寄せ集めの連合体であるアフリカ地域の最貧国の場合，この性格はとりわけ顕著である。援助の直接的な対象，受け入れ窓口が，一般に国連加盟の独立国家となっていることが，この中央政府利権をめぐる内戦や，被支配民族・部族の自立のための解放闘争を招いている。つまり，問題の根源は，戦後の国際社会の基本原理そのものに内在するのである。

バルカンの火薬庫再び

　戦後の独立諸国家内部で途切れることなく繰り広げられる内戦・民族解放闘争やテロの根本的な原因は，国民国家体制そのものなのである[32]。近代以前には，各国にその時々の支配民族は存在したにしても，このように全世界的で絶えざる内戦や民族自立に向けた闘争は稀であった。

　旧ユーゴスラヴィア連邦を例にとろう。同国はきわめて人為的な国家であったことから，今日の問題の理解が著しく妨げられていると考えるからである。同国の殺戮の歴史は，そう古いものではない。連邦公用語であったセルビアとクロアティアの言語（Сербо-хорват）は，話し言葉としては同一であるが表記が異なる。後にセルビア人とクロアティア人に岐れることになる人々は6世紀から7世紀にかけてバルカン半島に入ったが，西半のクロアティア人はフラ

ンク王国に服属してビザンティン帝国（東ローマ）の支配を脱し，カトリックに改宗するとともに，ローマン・アルファベットを用いた。一方，東半のセルビア人はビザンティンの影響下に東方正教会に属して，キリル文字により表記を行う。小アジアに在ったトルコ人の王朝はオスマン朝に至り，コンスタンティノープル攻略に先だってバルカン半島にその版図を拡げ，15世紀後半にはセルビアを，16世紀前半には当時クロアティアを含んだハンガリーをも領土に収めた。今日ボスニア＝ヘルツェゴヴィナ共和国にセルビア人・クロアティア人と混住して残るムスリムは，オスマン帝国期には支配層であり，南スラヴ系諸族は農奴であった。オスマン朝がアルバニア地域のムスリムのセルビア地域南部への移住を進めたことが，今日のコソヴォ問題の伏線となる。やがて国家の構成原理的に近代国家に移行しえないオスマン朝の西欧諸国へのたち後れが顕在化すると，その広大な版図はヨーロッパ列強の好餌となった。帝政ロシアの後ろ楯を得たセルビアはオスマン朝の衰退に乗じて1878年，王国として独立を回復し，北方のオーストリア＝ハンガリーと競うようにトルコ領を蚕食してゆく。オーストリア＝ハンガリーもまた，ドイツ系支配層がモザイク状に分布するスラヴ系主体の諸民族を統治する複合民族国家で，民族自決の国民国家原理とは相容れない中世的な統治システムの帝国であったが，セルビアに対しては軍事的に優勢であって1908年，セルビア人も居住していたボスニア＝ヘルツェゴヴィナを併合した。これが第1次世界大戦の直接の弾き鉄となった，1914年のオーストリア皇太子夫妻の暗殺事件の遠因となったことは言うまでもない。このオーストリアは第1次世界大戦にトルコともども敗れて解体され，今日に至る小規模の国民国家となる。その南西部分の広大な領土を，戦勝国の一角を占めたスラヴ系のセルビアが代わって取得したのが旧ユーゴスラヴィア（Югославия；南スラヴ国）の起源である。1941年，バルカンに進駐したナチス・ドイツは親ファシズムのクロアティア愛国主義政党ウスターシャに対してクロアティアの独立を承認するとともに，秘密警察等の統治の機関にクロアティア人を重用し，セルビア人を主体とするパルチザンに対する残虐な摘発を行った。このナチスによる一種の分割統治が，民族間の怨恨の種の一つを播いた

ことは確かである。だがこのことは，冷戦後の民族紛争を経て新たに独立したボスニア＝ヘルツェゴヴィナ共和国内部におけるムスリムとセルビア系住民の対立や，新ユーゴスラヴィア連邦におけるセルビア人主導の政府とコソヴォ自治州の住民の対立を説明しえず，不自然な「国民国家」，新旧ユーゴをめぐる諸矛盾の一つであるにすぎない。さて戦後の旧ユーゴスラヴィア連邦は，米ソ対立の狭間に在って，欧州でフランスに次ぐ過大な陸軍兵力を温存することで外交上のフリー・ハンドを保ち，国内的には民族間の宥和に力を注いだ。一つには，内部での対立がただちに旧ソ連邦の干渉を招いて，連邦と独自の経済・社会システムの存続を危うくする恐れがあったからであろう。

　冷戦後の同国解体に伴う経緯については，報道が日々伝えるとおりである。ユーゴスラヴィアは，小民族の錯綜したバルカン半島にあって最も矛盾を抱え込んだ「国民国家」であったために，際限の無い民族紛争の発火点となってきたが，ルーマニア領内のハンガリー系住民の居住地であるトランシルヴァニアの帰属をめぐるハンガリーとの領土問題，ユーゴから分離したマケドニアと北部にマケドニア系住民を抱えるギリシアとの対立，現ユーゴ連邦からの離脱を求めるに至ったアルバニア系住民の自治州コソヴォが，さらにアルバニアとの合邦へと要求を拡大した場合[33]のセルビアとアルバニアの潜在的な対立の表面化の可能性等々，バルカン半島に限っても内戦・地域紛争の芽は数知れない。EUが対応を誤れば，ソ連体制の下での経済的疲弊からの復興につれてますます紛争が頻発する事態もありえないことではない。

国民の近代を超えて

　国民国家体制は普遍的原理であるために，近代資本制システムの周縁部においては，きわめて小規模の言語・文化集団に対しても適用可能であることが，逆に問題を招いている。今為されねばならないことは，地域紛争を繰り広げているこれら「サブ・ネーション」が民族と呼ぶには足らず，地理的に錯綜して分布しているそのすべてが固有の国家を獲得するまで武闘やテロルを続けていては国際社会自体がもたないという事実を認識し，これらを旧ユーゴスラヴィ

アや現在のボスニア＝ヘルツェゴヴィナのような適当なサイズの新たな人為的「国民国家」にまとめることを止めて，従来の国籍と言語集団としての単位，ならびに錯綜した地理的分布のまま，近隣の広域経済圏へと編入し，統合の度合いを強化することである。適当な広域経済圏が存在しない場合には，国際社会はその形成を促さねばならない。新旧ユーゴスラヴィアをめぐる民族紛争に対しては，セルビアの過度のナショナリズムを抑えた後はEUの準加盟機関としての「バルカン経済共同体」の結成を促し，係争地域への直接投資にはEUが優先的に融資の保証を与えてはどうか。軍事的な選択肢一辺倒に比して，コストもはるかに小さくて済むはずである。さらには国際連合直轄の「統治領」ないしは帰属保留の「係争地」として，特定の国籍を有さずとも国連が住民に直接旅券を発行して一定の保護を与え，また当該地域への旅行者には査証を不要とすることまで，検討されてしかるべきではないか。

　換言するならば，西洋近代を規範化するところに成立していた，戦後期の原理としての国民国家の神聖性を相対化すること，これが唯一の解決策である。国民国家が掌握していた権限を極力，上位の世界的・広域的な国際機関に委譲して，システムが「国民」の下位の「サブ・ネーション」のレヴェルに及ぶことを阻止することである。そのことによって，「国民国家」がその確立期に「民族」意識を高揚させて近隣と激しい総力戦・消耗戦を繰り返す，「近代」という過程の反復を周縁部においてはバイパスして，「民族」の未分化であった前近代と，「国民」の熔融しつつある現在の経済統合の時代とを直結させることが可能となる。そのためには国際社会のみならず，当事者たる集団の意識変革が必要であることは言うをまたない。

注
1) 「グローカリゼーション」という表現で言う「地域」に関する一体化を仮に「狭域化」(localization) と把握すれば，国家を超えた近隣領域における経済統合の進展，「リージョナリゼーション」を「広域化」と訳出することが可能である。なお

「広域経済」という用法は、「地域経済圏」と地理的には同義であるが、実態としての経済関係の緊密化が伴ってさえいれば、必ずしも「地域経済圏」のように市場統合協定等によって制度的に裏打ちされている必要はない。

英単語 'region' は地方行政区分から六大州に至る、いかなる地理的レヴェルをも表しうる語で、特定の面積によって裏づけられてはいない。'area' も地理的レヴェルが不定であることに関しては同様であるが、漠然とした「一帯」ではなく限定された範囲、「区域」という意味あいになる。一方ギリシア語に由来する 'zone' は、そこにさらに人為的な空間の使途等の意味が読み込まれて用いられている。つまり英米語にあっても「地域」の明快な使い分けは行われていないのであるが、'local' とその名詞形 'locality' に関してのみ、日本語の「地方」に通ずる、明らかな局地的限定の意味あいがある（「田舎」の意は日本での用法であって本来の語義にはない）。言うまでもなく、日本語では特定の「地方」を念頭に、その上位概念としても下位概念としても、「地域」を設定することができる。

さらには上記の region の含意は西欧と米国で異なり、region は西欧では nation の下位に位置する地理的範疇であるが、米国においては欧州自体が世界を構成する regions の一つにすぎない。この西欧における region の意味合いをさらに明晰にした術語である「下位地域」（sub-region）なる概念をよすがとすることで、日本語のテクストによる分析を一段と深めることができよう（この訳語を用いた本邦での紹介としては、百瀬宏編『下位地域協力と転換期国際関係』有信堂高文社、1996年が挙げられる）。アルザス＝ロレーヌに代表されるように、欧州には複数の国に跨がり、伝統的に密接な社会・経済的つながりをもち、言語的にも相互の意志疎通の容易な地域が、数多く存在する。欧州経済統合の進展と冷戦の終了は、こうした国境を越えた経済的交流をきわめて活発にした。地方自治体（community）のレヴェルでも、欧州全体でもない「地域化」を表わすには、煩雑となるが地理的にこのレヴェルまで設定しなければ厳密な分析は不可能であろう。ただトルコ・イラク・イランその他に跨がり、2,500万に達する人口を擁するクルディスタンの例を引き合いにだすまでもなく、経済社会的に「サブ・リージョン」と捉えられる領域は往々にして、ウェストファリア体制以来の国民国家の体系の中で固有の国家を樹立できなかった「準民族」（sub-nation、後出）の居住地にほかならない場合があり、注意を要する。

参考までに、冷戦終了後の欧州では国境を跨ぐ自治体間の協同として「ユーロリージョン」（または Euregio；オイレギオ）の存在が浮上している。大規模なものにトランシルヴァニア、カルパチア、ブルゲンラント等があるが、あくまでも環境

汚染や廃棄物処理といったレヴェルでの取り組みである。
2) 『大論理学』(1812年初版，武市健人訳 岩波書店，1977年，寺沢恒信訳 以文社，1978年) 第2書の「第2部　主観的論理学あるいは概念論」，「第1章　概念」においてヘーゲルは普遍・特殊・個別という順で論じている。なおこれを承けた『資本論』第1巻第1篇第3節の価値形態の項では，個別・特殊・一般(普遍)の順に論じられている。
3) 本書第2章注14参照。Thurow，前掲訳書，94ページ (一部改訳)。
4) 同上，117ページ。
5) 南克巳「アメリカ資本主義の歴史的段階——戦後＝「冷戦」体制の性格規定——」(『土地制度史学』第47号，1970年，1-30ページ)，同「戦後資本主義世界再編の基本的性格——アメリカの対西欧展開を中心として——」(法政大学『経済志林』第42巻第3号，1974年，41-113ページ。両論考は理論的内容に関しては重複しており，ここではいっそうの敷衍が為されている後者に依拠して引用する。
6) 杉本昭七『現代帝国主義の理論』青木書店，1968年，133-97ページ。
7) 南，前掲論文「戦後資本主義世界再編の基本的性格」45-46ページ。
8) 改造社刊，1948年。
9) 南，前掲論文，47ページ。
10) 同上，55ページ。
11) 同上，56ページ。
12) 同上，61ページ。
13) 杉本，前掲書，なかんずく158-97ページ「補論　マルクス経済学の体系に関する根本問題」。
14) 同上，193-94ページ。
15) 同上。
16) そもそも農業部門を社会主義化するという発想自体が，本来のボリシェヴィキには存在しなかったのである。レーニンは「理論的な見地からすれば，…わが国の革命がある程度ブルジョア革命であった」と，革命が農業部面では西欧の市民革命と同じ機能を果たしたにすぎなかったことを認めている (『レーニン全集』大月書店，第32巻，522ページ)。革命政権は国営化された既存の大工業 (「社会主義」経済形態) を引き続き掌握しつつ，優勢な農工商の「小商品生産」(小経営)・「私経営的資本主義」の両ウクラートに対抗するため，国家のイニシアティヴの下で一定の資本制的譲歩を行う「国家資本主義」を維持し，西欧なかんずくドイツにおける革命を待つというのが基本的戦略であった (『レーニン全集』第32巻，356-57, 372-76,

521-25 ページ参照）。農業集団化はスターリン的偏向であったが，これが前後して始まった五箇年計画体制の財政的基礎となってその原資をもたらし，工業化の奇跡を生んだこともまた事実である。その成功はスターリンに絶大な威信を与え，のちの独裁と個人崇拝の悲劇につながった。

17) 「ところで，国家とはなにか。それは，支配階級の組織であり…ドイツのプレハーノフら…が「戦時社会主義」と名づけているものは，実際には戦時国家独占資本主義であり，もっと簡単，明瞭にいえば，労働者にたいする軍事的苦役，資本家の利潤にたいする軍事的保護である」（『レーニン全集』第 25 巻，384-85 ページ）。

18) コメコン内部における加盟国の産業・製品レヴェルの特化の実態に関しては，杉本昭七「東欧コメコン諸国の国際分業構造について──ソ同盟との関係を中心に──」（京都大学経済研究所リサーチ・ペーパー，KIER7408，1974）22-43 ページ参照。

19) なお，レーニン帝国主義論の五標識を改替することにより現代世界経済を包括的に把握せんとする試みの先駆は，松村文武「戦後資本主義の段階措定と『多国籍企業』」（『大阪経大論集』第 114 号，1976 年）である。

20) 本章第Ⅱ節参照。第 6 章においても言及。

21) Levy, Jack S. 'Theories of General War', *World Politics,* Vol. 37, No. 2, 1985.

22) 90 年代初めまで対 GDP 比で 5％を超えていた米国防費は冷戦終了後に漸次低下してゆき，98 年以降は 3％前後で推移している（たとえば *http://www.jri.co.jp/*，「調査部」，「研究センター」の項「経済」，「海外経済展望」，「2002 年 3 月」PDF. 4 ページ）。

23) 94 年 1 月には米露間でお互いの ICBM の照準を解除することで合意している（米ロ首脳会談，モスクワ宣言）。日本に向けられていたロシアの戦略核ミサイルの照準を解除する決定が下されるまでには，97 年 6 月（デンヴァー・サミット）を待たなければならなかった。

24) かつての第 1 次世界大戦終結時のオーストリア・ハンガリー帝国やオスマン朝の解体と小規模の国民国家としての再生，さらにはほかならぬロシアにおける革命政権の東部戦線からの一方的撤退の決定（ブレスト・リトフスク講和条約，1918 年）を想起せよ。

25) 旧ソ連邦の人口は，帝政ロシアの遺産としての，いわば国内に抱えた地続きの植民地，国内における第三世界であった中央アジアにおける人口爆発の結果，3 億に迫りつつあった（90 年に 2 億 8,860 万，*Demographic Yearbook,* United Nations,

1992)が，91年のその崩壊に伴い後継国家となった現ロシア連邦の人口は半減し，1億5千万にも満たない（92年に1億4,831万，*Demographic Yearbook*, United Nations, 1998)。

26) 本書では固有の言語・文化をもち，単なるエスニック・グループではなく潜在的に国家を形成する可能性のある集団を「準民族」と定義する。なお「サブナショナル（亜民族的）」という表現は，遅くも山内昌之『新・ナショナリズムの世紀』（PHP研究所，1992年）には初出する（旧ソ連の中央アジア系住民のアイデンティティを論ずる文脈）。また旧ソ連では連邦構成共和国を構成する民族よりも下位の単位として，ナツィオナリノスチ（национальность）という概念が存在した。これに対応する英単語 nationality にも，1国内の部族を指す用法が存する。

27) 1998年は，ウェストファリア条約350周年であった。各国での宗教戦争の最後を飾り，初の欧州大陸規模の大国間戦争となった三十年戦争後の秩序を回復するに当たり，首長令やナントの勅令を経て「国民宗教」を確立していた英仏をモデルに，新旧いずれかのキリスト教によって塗り分けされる形で普遍的な主権国家の原理が確立された。神聖ローマ帝国は形骸化し，その諸領邦は宗教のモザイクとなる。この相互承認のシステムの中で，帝国の内外ですでに自立していたスイス，オランダ等の独立も確認された。20世紀の2度の世界大戦後に確立された世界秩序は，その都度ウェストファリア体制が外延的に拡大したものとして捉えることができる。

田中明彦『新しい中世』（日本経済新聞社，1996年）191-206 ページは，R. クーパー（Cooper, Robert. 'Is There a New World Order?', in Sato, Seizaburo. and Taylor, Trevor. eds., *Prospects for Global Order*, Royal Institute for International Affairs, 1993, pp. 8-24）に依拠して，現存する国民国家をプレ・モダン，モダン，ポスト・モダンに3分類する視点を紹介しているが（ただし同書においてはこの三者をそれぞれ「混沌圏」，「近代圏」，「新中世圏」の3つの圏域としている），国民国家という分析単位への拘泥のために，国家の概念によってすくいとれない今日の世界における諸問題に対する有効な包括的枠組みたりえていない。なお「新しい中世」（neo-medievalism）というメタファー自体が，Bull, Hedley. *The Anarchical Society: A Study of Order in World Politics*, Macmillan, 1977 によるもの。

28) 国民国家を相対化し，「国民国家システム」と捉えるオリジナルは村上泰亮『反古典の政治経済学』（中央公論社，1992年，上巻75-85ページ）。西川長夫「歴史的過程としてのヨーロッパ」（西川・宮島編著『ヨーロッパ統合と文化・民族問題』人文書院，1995年所収，22ページ）等にも見受けられるが，西川氏は国民主権を

国民国家の構成要件としており，このため国民国家はフランス革命以来たかだか200年の歴史しかもたないとする（同上）。しかし仮に起点を大革命に求めるにしても，権力は革命フランスの形成より後に急速に国王から国民へと移行したのであって（たとえば歴史学研究会編『国民国家を問う』青木書店，1994年5月所収西川論文「18世紀 フランス」36-38ページ），そもそもの「国民国家システム」の政治的要件は王制のはずである。同氏の主張は「国民主権国家システム」としての国民国家論であり，氏の一連の議論は，ほかならぬ戦後日本における啓蒙活動であった，新京都学派によるフランス革命研究の呪縛から抜け出ていない。

　ローマの教皇庁から一定の距離をもっていたパリとロンドンの中世以来の王権は，それぞれ14世紀の百年戦争と15世紀の薔薇戦争に伴う諸侯の没落を通じて強化され，フランスとイングランドは近代の初期から国民国家としてすでにそこに在った。

29) 一例として，冷戦終了と前後して90年5月に統一された旧南北イェメンが挙げられよう。紀元前に「シバの女王」の国として栄えたイェメンは1918年にオスマン朝から独立する（イェメン王国）。62年にアラブ連合に支援されたクーデターが起こり，共和制（イェメン・アラブ共和国）に移行するが，国王派との内戦が続いた。一方，1839年以来英領であった南部では民族解放戦線がゲリラ闘争を拡大し，67年に社会主義政権のイェメン人民共和国が独立する。89年，経済の荒廃に加えてソ連の後ろ盾を失った南は進んで北との統合の途を選び，現イェメン共和国となったのであった。

30) 例えば，セルビア共和国の政治的覇権の下に糾合されていた旧ユーゴスラヴィア連邦である。その政治システムは，ティトー時代の74年にはセルビア共和国の2つの地方（コソヴォ，ヴォイヴォジナ）を自治州に昇格させるとともに，80年の彼の死後には国家元首を6つの連邦構成共和国（スロヴェニア，クロアティア，セルビア，ボスニア＝ヘルツェゴヴィナ，モンテネグロ，マケドニア）と2つの自治州の輪番制とするなど，民主的な運営に配慮がなされていた。しかし89年のコソヴォでの炭坑夫のストライキを機に，共和国としての独立を宣言したコソヴォ議会を解散し，自治州の政治的地位を格下げするなど，徐々にセルビア中心主義が表面化してゆく。我が国においては，外交上のフリーハンドをもっていた同国に関してルーマニアともども冷戦期に美化して報道されることが多かったが，旧ソ連邦と同様，冷戦終結と同時に旧連邦から構成共和国の離脱が相次ぐことは避けられなかった。

31) 本章第Ⅰ・Ⅱ節は95年9月に投稿されたが（初出一覧参照），本節のテクストは97年5月に脱稿された付加部分である。その後カビラ政権を支えていた，ルワン

ダ・ウガンダを後ろ盾とする同国東部のツチ族勢力が離反したことにより，98年9月以降，政権は分裂した。翌年国連のPKOが派遣され，停戦合意の遵守を目指したが，2001年1月にはカビラ氏が暗殺されて子息が大統領に就任するなど，混迷は続いている。最新の動向については外務省公報参照（*http://www.mofa.go.jp/*，「日本語」，「外交政策」，「PKO」，「・国連コンゴ（民）ミッション（MONUC）」）。60年の独立直後のコンゴ動乱以来の事態であり，65年から長期独裁を続けて巨富を得たモブツ政権の崩壊以降，同国は統治不能に陥っている。ベルギーのアフリカ植民地が丸ごと独立したコンゴは，金やダイヤモンドを始めとする鉱産資源に恵まれすぎていることから，国家としてまともに治まらないでいるのだ。キンシャサの政府は同国の版図の半分に当たる西南部を実効支配するにすぎず，反政府軍を支援する東隣のウガンダは正規軍を送り込んでコンゴの金を略奪し，輸出することで巨額の外貨を稼いでいるとされる（『日本経済新聞』2001年1月27日づけ他）。

32) 以上の議論はホルスティが第三世界における紛争の原因を解明するために展開した，「国家の脆弱性」という議論（Holsti, Kalevi J. *The State, War, and the State of War*, Cambridge University Press, 1996）とまったく並行的に，ほぼ同時期に為されたものである。本章の原テクストの投稿は95年9月であり，ホルスティの著書の刊行は翌年10月のことであった。初出一覧参照。

33) 現プリシュティナ（今日の州都）に都していた中世のセルビア公国は1389年，ブルガリアと結んでオスマン朝を迎え撃つがコソヴォ平原での会戦で敗れる。この敗戦は，セルビアが以後500年以上に亙ってオスマン朝に支配されるきっかけとなった。セルビア人はトルコの過酷な支配に堪えかねて17世紀末以降コソヴォから流出し，そのあとへアルバニア系住民が移住して，イスラム化してゆく。時代は下り，アルバニアが1939年にイタリアの保護国となると，41-44年の間，コソヴォはアルバニアに併合されていた。

補論 i) 覇権周期論の展開

　世界体制の今後を展望する一助として，国際政治経済学の提起している問題について，覇権周期を軸に検証しておく。

長期波動論の起源
　アメリカでは1980年代に，長期波動論（long cycles）が隆盛となり，これが90年代にかけて翻訳されたことで，やや遅れて日本でも流行した。もっとも，広く流布したケネディの書[1]は，サイクル論の書物というより歴史書の域を出ぬものであったが。背景には，73年の第1次石油危機に始まる世界経済の成長率の低迷が在り，これが29年恐慌からほぼ50年を経たものであったことから，にわかに景気循環の長期波動，すなわちコンドラチェフの波への注目が集まったという事情が在った[2]。合衆国における流行は，ヴェトナムへの軍事介入からの，軍事的にも道義的にも無様な撤退に始まる自信喪失が，カーター政権を誕生させ，その下での2度目の石油危機，さらには旧ソ連のアフガニスタン軍事介入，イランにおけるイスラム原理主義革命等の対外的後退を経て，本格的な衰退の予感へと結びついていったからである。また大国の興亡過程の解明を踏まえ，合衆国の衰退論を棄却せんとする立場は，レーガン政権のイデオロギー的需要に応えるとともに，80年代に共和党支持に大きく傾いた国民感情に合致してもいた。一方，我が国における受容は，逆に自国の政治的地位の久々の興隆への期待としてであったろう。この種の議論の紹介が，プラザ合意の為された85年以降に集中していることが，それを物語る。

さて、そもそも長期波動論はコンドラチェフの提唱になるものであるが、第2次世界大戦以前にこの問題を戦争周期（war cycles）の観点から解明しうるとしたのは、スウェーデンのアケルマンであった。彼は金の産出高が物価変動の一義的な従属変数であることなどを理由に、コンドラチェフの推定した経済・社会の長期変動をめぐる包括的な時間関数に同意しなかった。商品価格の下落すなわち金価格の相対的上昇は、鉱山主に対する刺激となって金の産出を増加させるはずであるというこの議論は、今日の管理通貨制下の通貨供給量の変動にも通ずる問題であり、興味深い。アケルマンは代わりに主要な戦争の後の出生率の上昇にともなう人口増の波動によって、長期波動現象を説明した[3]。のちにライトは50年の戦争周期の存在と2周期毎の戦争周期の激化を指摘して[4]、事実上の世紀単位の周期の研究に先鞭をつけ、後世のコンドラチェフ波との結合へと途を拓くが、ゴールドスティーンによれば、50年周期説を学んだライトの高弟クリングバーグは師の口から同時代人であるアケルマンらの名を聞いたことがないという[5]。ライトの研究は彼が身を置いたシカゴ大学において、おりしも勃興したシカゴ学派の影響下に成された、独立の発見のようである。ライトの提起を承け、トインビーは大著『歴史の研究』第9巻において、この戦争周期を25年単位の明確な4局面に分かった[6]。彼は近代始まってこのかた、ほぼ1世紀毎に起こっている「一般戦争」（'general war'）に注目し、1世紀単位の大国間戦争の周期の存在を指摘した。彼によれば一般戦争から休息期、補足戦争さらには全般的平和を経て、再び一般戦争に到る戦争周期が存在する。そしてその要因として、彼は世代間の戦争記憶の継承に限度が有ることを挙げている。国際法の学徒であったライト同様、歴史家のトインビーもまた戦争周期を中核に据えることで歴史的事象の理論化を志したが、そこにさらにコンドラチェフ波を導入しようとはしなかった。ともあれ、細々と続いていたこの研究領域はライト=トインビー以降、継続的発展をみせるに至り、長期波動論を唱える論者は多くが1世紀単位の周期を踏襲するところとなった。

覇権周期論へ

　経済の長期変動の問題は，ライトの研究に至って戦争との関連で周期理論として整備され，発展の礎が築かれた。コンドラチェフがいわば解明されるべき時間関数の助変数として挙げていたものは，主要国の物価指数，確定利付有価証券の相場，賃金，外国貿易量，石炭生産高，銑鉄生産高，鉛生産高等であり，パラメーターとして戦争を摂り込んではいなかった。戦争は金産出高等と並んで，上記の経済的要因から内生的に説明されるべきものとされていた[7]。また以上の戦争周期の観点とは別個に，シュムペーターもこの長期波動の問題に関心を示して，数十年単位の景気変動の長期波動を「コンドラチェフ波」と命名し，これをキチン波・ジュグラー波と並置した。一種の産業段階論に基づいた数十年単位の経済発展過程の区分を提唱し，段階の移行をもたらす動因として，名高い「技術革新」概念を提示したのである[8]。シュムペーターは30年代にアメリカに身を寄せ，後進の指導にも熱心であったが，彼の学問のスタイルは到底，余人が模倣・追随できるものではなく，同国に根づきはしなかった。長期波動の領域に技術革新概念を導入し，戦争と結びつけて論じたのはフランスのイムベルであった[9]。ただし彼はサイクルの反復性は強調したものの，周期のタイム・スパンを明示してはいなかった。

　今日の長波理論のいま一つの特徴は，覇権交代を取り扱っていることである。その起源はドイツの歴史家デヒオに求められる。彼は第2次世界大戦の敗戦の衝撃も未だ冷めやらぬドイツで，近代ヨーロッパ史の筆をヴェネチアの地中海覇権から起こし，大陸制覇を目指す中原の大国が島嶼ないしは半島に位置する国家によって退けられることの繰り返しとして描いた。この意味でデヒオは海洋覇権を重視する立場にたつが，くわうるに彼の史観，最初の覇権交代説は敗者の側からのものであった。すなわちその叙述の終幕に，第三帝国の挑戦と敗退が位置していたのである[10]。この史観を逆転させたものが，ほかならぬ覇権周期論となる。覇権の問題を，従来の純粋な理論的議論から戦争周期へと適用したのはファラーである。彼はトインビーの戦争区分を踏襲し，そこでの「一般戦争」を「覇権戦争」('hegemonic war')とする決定的な読み替えを果たし

図 5-1　長期周期理論の系譜

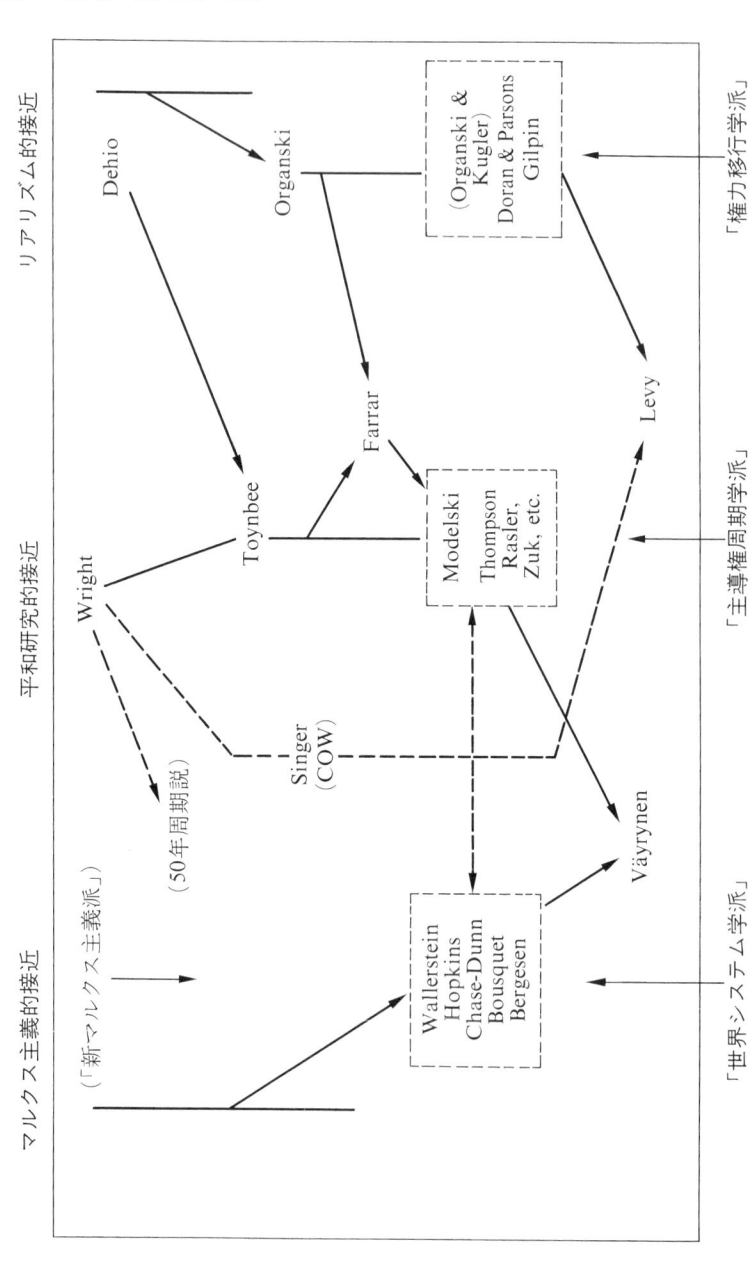

リアリズム的接近　　　　　　　　「権力移行学派」

平和研究的接近　　　　　　　　　「主導権周期学派」

マルクス主義的接近　　　　　　　「世界システム学派」

（「新マルクス主義派」）
（50年周期説）

Dehio
Organski
(Organski & Kugler)
Doran & Parsons
Gilpin
Toynbee
Farrar
Wright
Modelski
Thompson
Rasler,
Zuk, etc.
Singer (COW)
Levy
Väyrynen
Wallerstein
Hopkins
Chase-Dunn
Bousquet
Bergesen

(出所）Goldstein, J. S. *Long Cycles: Prosperity and War in the Modern Age*, Yale University Press, 1988, p. 124)

た[11]。

　近年に興隆した代表的な覇権周期理論としては，モデルスキーのその名も「長周期」理論を挙げるべきであろう。モデルスキーこそが戦前以来の戦争周期説の現代における継承者であり，ウォーラースティーンによる世界システム論にしたところでモデルスキーの長期に亘る研究の影響を抜きに語ることはできない（図5-1参照）。モデルスキーもまた海洋覇権に力点を置き，地球大の体制における秩序維持機能を独占する「世界権力」（'world power'）と，国際的な経済秩序を形成する「主導的経済」（'leading economy'）とが歴史的に表裏一体であるとする。欧州における18世紀の勢力均衡，19世紀の「ヨーロッパの協調」（the Concert of Europe after 1815），20世紀における国際機関の出現といった外交・国際政治上の「革新」と，経済における技術革新の双方において上記の「ワールド・パワー」が決定的な役割を果たすとしている[12]が，この後者の「ワールド・パワー」は「世界大国」と訳出すべきであろう。またモデルスキーは戦争周期をコンドラチェフ・ウェーヴの2波分に重ねあわせて把握しているが，そこで採られている周期は120年である。彼は2つのコンドラチェフの波を各30年に2分し，1つの周期当たり，経済の上昇局面と表裏一体の政治の下降期，ならびに経済の下降局面と一体の政治の上昇期が，交互に2回ずつ現れるとする。すなわちコンドラチェフの価格の上昇期がモデルスキーの政治的革新の時期に相当し，この政治的革新局面（経済的には成長局面）の2回に1回は，新たな世界大国の確立をもたらして，ひときわ高まるとされている。こうして1周期を，「地球規模戦争」（'global war'）・世界大国・非正統化・分散化の，つごう4局面に分かつのである。大国間戦争を通じて世界大国が抬頭し，全盛期を迎えるが，挑戦国の揺さぶりを受け，やがて没落の途をたどってゆく。トインビーとの図式の合致は明らかである。1周期を構成する各局面の期間は相違しているものの，いずれの論者も具体的な史実への適用を厳密に行っているわけではないので，先行研究との差異を際立たせるという事情が大であるように思われる。ゴールドスティーンの整理が示すように，モデルスキーの貢献は既存の関連する議論の綜合に存する。

戦争周期

　戦争周期が，価格変動その他の変数によって合理的に決定しうるか否かの論証は別の問題として，周期自体は数十年間隔で厳然として在る。とりわけ19世紀以降は大国間戦争が，欧州諸国間の取ったり取られたりという領土と権益をめぐる単なる勝ち負けの次元を超え，それぞれの性格がきわめて明確なものとなる。またおりしも市民革命期に当たるこの時期より義勇兵が現れ，戦争の実態も貴族と職業軍人による間欠的な戦闘から，皆兵の国民軍同士による間断のない戦闘へと変化してゆく。それぞれの大国間戦争の性格と時期を示せば，以下のとおりである。

　①大革命によって劇的に社会制度の近代化を遂げたフランスへの周辺諸国の干渉と，それに対抗する過程が逆に革命フランスの膨脹と大革命の成果の波及に転じた，フランス革命戦争・ナポレオン戦争（1792-1815年）。②資本制，より端的には機械制綿紡績・織物工業の波及のインパクト。すなわち綿工業の生産財の導入による生産上の結節の激増に端を発する，製品市場の囲い込み過程としての，19世紀半ば過ぎの後発国民国家の形成運動（1859-61年，工業国サルディニア王国によるイタリア半島諸国家の併合，統一。1860-65年，産業資本の発達した北部による農業地帯南部の包摂過程としての，アメリカ南北戦争。1863-68年，薩摩・長州両藩の，それぞれの領海における列強との交戦[13]に始まり，天皇を奉じた西南雄藩連合による江戸幕府打倒に至る，明治維新。1870-71年，工業地帯ラインラントを領有するプロイセン王が皇帝を兼ね，スラヴ圏を領有するオーストリアを除外した「小ドイツ」諸邦君主の上に立つ形での，ドイツ統一）[14]。以上の統一過程はすべて，事態の重要性を理解していた他の列強の干渉を伴っており，単なる内戦ではない。③急速に発展した重化学工業を擁し，植民地再分割を求めたドイツと，ドイツ同様にバルカン半島に権益を求め，ロシアを相手にバルカンの異民族支配をめぐって抗争していた複合民族国家，オーストリア・トルコ両国[15]が同盟して他国と闘った，第1次世界大戦（1914-18年）。④重化学工業の全般的発展の下で，世界恐慌後の帝国主義列強による自国植民地囲い込み強化の動き（ブロック経済化）に対して，

市場の限定された後発工業国ドイツ・イタリア・日本が再び植民地再分割を実行に移した第2次世界大戦（1939-45年）。

ただし明らかに②は前後の全面戦争に比べれば補足的で強度が低く，また①がフランスによる欧州の陸上覇権をめぐる戦争であったように，③・④は欧州戦線に限ればドイツの陸上覇権をめぐる戦争という共通点が有り，④は英仏が過大な賠償を科したことによってみずから招いた，③の復讐戦としても位置づけられる。期間も近接しており，トインビーが上記主著の1960年の改版にさいし行ったように，両者を一体のものとして扱うことも可能である。10年以上，4半世紀に及ぶ場合すらある大国間戦争の間隔がほぼ2世代に当たることからトインビーは，おそらく自身の第1次世界大戦の経験によるものであろう，これを世代間の戦争に関する記憶の継承の可能な期間によって説明したが，より簡明に，一つの社会があらためて戦争を行うことができるだけの生産力の回復と諸資源の蓄積に要する期間として，説明することもできる。

長期波動・恐慌と経済学

関連して，長期波動論をめぐる問題につき，いま少し論じておく。

コンドラチェフは長波の根拠を，大工場や基幹鉄道といった基礎的な資本財の磨損に伴う置換に求めたが，実証的には生産・投資に関して50年周期の循環は検出されず，価格指標に関してのみ妥当するとされる[16]。だが生産・投資に関しては，大国間戦争に向けた軍備競争期の純粋の政府の軍事支出，すなわち再生産外の消費によるものと，復興以降のインフラ整備・工場建設・資本財導入等に関する，再生産の範囲のものに資料を分類加工した上で周期を調べないかぎり不毛である。シュムペーターの論じた技術革新にしても，ゴールドスティーンが行ったように単なる各国の特許出願数でプロットしても[17]，趨勢変化としての技術の高度化に伴う特許数の時系列的増加に掻き消されてしまい，さして有意の結果は出ない。恣意的な要素が入る惧れがあるものの，やはり技術史上で一定の意義をもった発明の件数を，特許制度の整備や出願とは無関係に時間軸上にプロットすれば，きわめて素朴ながら，そのピークと疎密から一

定の時間関数が描けるはずである。ゴールドスティーンも試みてはいるが，依拠している技術史の論文の制約から不徹底な結果に終わっている[18]。

さてマルクス経済学には元来，全般的過剰生産に伴う周期的恐慌という視点が在り，それはマルクスの政治経済学体系に関する「プラン」の末尾に記されているほどである。ところが宇野弘蔵がその「三段階論」に明快に整理して示したように，1917年のロシア十月革命以降は，資本制の諸矛盾を一挙に解決する社会主義世界体制への全面的移行が視野に入ったと了解され，日本国内においては次なる世界恐慌をその契機として待望するかのような言説すら為される[19]など，恐慌それ自体をめぐる分析は逆に進展をみせなくなった。我が国で戦後，マルクス主義が再び解禁された後に行われてきた営みの多くは，マルクス経済学の原典に関する，翻訳作業を含む理解と注釈の努力であった。また宇野学派に限らず，いわゆる「現状分析」に該当する作業の相当部分は，紋切り型の結論が連呼されているにすぎないものが多く，当時は評価を得た作品であっても，本書においてもその一部を検討したように，ソ連型社会主義が崩壊した後から振り返れば，見当外れのものも数知れない。

一方近代経済学の側では，先の世界恐慌の渦中で構想されたケインズの理論がパラダイム転換をもたらして，近代経済学の主流を成して以来久しい。ケインズは自身の処方箋が，時間の相の中で普遍的なものたりえないことを自覚していたが[20]，ケインジアンたちはケインズの啓示の埒内に在って，彼の啓示を数学的に定式化し，展開することに勤しんできた。80年代のサッチャー，レーガン以降の英米の政権を例外として，ケインジアン主導の下で各国政府が戦後ほぼ一貫して，財政赤字の累積を代償に，本来であれば景気後退局面であるはずの時期にまで維持し続けてきた微温的な経済成長は，なるほど本格的な景気の冷え込みを先送りさせてきたであろう。80年代の英米の保守政権による政策転換は，おりしも到来したIT化の技術革新の大波に助けられて，90年代初頭の調整局面を除けば順調な景気拡大につながった。ミレニアムを見越してEUの通貨統合のプロセスがスケジュールに上ったことで，欧州諸国では財政規律が徹底され，また30年代から70年代にかけて国有化されていた基幹的な

企業の民営化に伴う株式売却は国庫収入を潤して，財政は均衡を回復することができた。先の大恐慌からすでに 70 年を経ているにも関わらず，恐慌という言葉は死語と化したまま，景気後退・不況という程度の形容で済んでいる。だが世界的にネットワーク関連企業とウェブ関連の様々なヴェンチャー企業に打撃を与えた「ネット・バブル」，西欧で政府が胴元となって競売に付された第 3 世代携帯電話の免許枠が高騰して旧国営電話各社に巨額の負債を残した「3G バブル」を経て，そもそも IT 好況自体が或る時点からバブルと化していたという認識が急速に広まった[21]。IT 好況の震源地であった合衆国において，税収の落ち込みから再び財政収支が 80 年代のベースへと回帰しつつある。93 年に景気が底を打った後，いったん上昇に向かいながら消費税率引き上げ後の 97 年以降再び下降に転じ[22]，80 年代後半の極端な資産バブル期の不良債権の処理も捗っていない日本と，通貨統合のための金融引き締めによってただでさえ失業率の高まっている EU を巻き込んで，相乗効果から世界恐慌が再来する可能性は否定できない。今後は近代派も，ケインズ経済学が本来的に不況脱出の経済学にほかならなかったこと，『一般理論』の公刊以後の歳月が根元的技術革新の狭間の束の間の凪にすぎなかったことを，直視せざるをえなくなるであろう[23]。

　こうした情況の下，主要先進国の中で財政再建にもっとも遅れをとっている日本の，中期的展望はきわめて暗い。ケインズ以後の長周期における大規模な景気後退局面は，先の世界恐慌までのように失業率が 25-30％ を記録するという事態には至らない代わりに，かつてない規模での財政赤字の拡大を招き，ダメージは何より各国の国債発行残高に現れるであろう。いわば「仮想的恐慌」（'virtual crisis'）である。現在の日本はすでに一国規模で，この「ヴァーチュアル・クライシス」に突入して久しいのではないか。長期（10 年以上）の債務残高は今日，一般政府部門で 740 兆円を超えている[24]。中央政府分のみの国債発行残高で 600 兆円に達し，国民一人当たり優に 460 万円に上る今日の途轍もない国債発行残高のほぼ 3 分の 2 が，90-91 年の「バブル」崩壊後に累積した財政赤字の顕現にほかならない。

マルクス経済学・近代経済学ともども，20世紀前半以降の学の状況自体が，恐慌の問題を直接に考えずに済む構造となっていたのであるが，それは先述のように現実の問題として，長期波動による大規模な恐慌が，戦後の数十年間は未だ到来するに至っていなかったという事情の反映であった。これが経済学者をして安穏とさせてきた。世界恐慌のメカニズムについては，ほとんど解明されていないに等しいのであるが[25]，1929年恐慌以前の大規模の恐慌は1873年世界恐慌であり，この間隔が56年間であったことに比すれば，今回は起点を日本の「バブル経済」崩壊に求めないかぎり，間が開きすぎていることになる。その理由は，上述のように恒常的なケインズ主義政策によって景気後退が先送りされてきたことに求められるべきであろう。

覇権周期論批判

戦争周期を始めとする，社会変動に関する一定の周期性を認める立場にたつならば，サイクル論者の試みは，既知のパラメーターを基に未知の関数を想定し，時間変数を入力することで戦争・技術革新等々に関する数十年から1世紀単位の周期的変動という結果が得られ，未来の展望も可能な一種の「社会物理学」を構想しているものと考えれば理解できる。トインビー自身はその種の企図を抱いてはいなかったであろうが，後世に研究の中心が米国に移って以降は，その思いを強くする。ゴールドスティーンの先述の研究は，統計学的な相関関係の立証にかなりの紙数を割いており，この方向を徹底させたものと言える。概念相互の内的連関の解明ではなく，ファンクショナルで実用的なスタイルを好む合衆国で，この種の学問が興隆するのはうなずけるところである。むろんこの企ては未完であり，成功の保証も無い。

こうした議論共通の制約は，アメリカの覇権が70年代にすでに終息の局面に入ったのか，はたまたそれは一時的な後退にすぎず，80年代のレーガン時代を機に，再び盛りかえしうるのかという当時のアメリカ固有の危機意識，同国行政府の政策的関心を強くにじませすぎており，他の諸国民にとってはそのまま用だてられるものではないことである。1世紀周期論の基礎はつまるとこ

ろ，19世紀初めの英国の最終的な覇権確立後の盛期が1世紀間であったことに在り，戦後の覇権国家であった米国において，レーガン政権登場の前夜となった1970年代末の国際政治・経済両面での同国の退潮の状況がこれに重ね合わされて理解されたことによって，英国の世紀に続く1世紀の覇権周期が想定されたものである。イギリスの世紀に先だつ時代区分が論者によって異なるのも，そもそもの着想が英国の世紀に在り，そこから遡って区分しようとする故にほかならない。英国の覇権からの遡及による数次に亙る世紀単位のサイクルの設定と，そこからの下降によって「英国の世紀」以後の歴史を法則的に断じようとするその言説戦略の妥当性については，次章第Ⅰ節において再説する。

　この1世紀周期説の当否はさておき，覇権周期論の最大の問題として，スペイン（もしくは海洋国家としてのポルトガル）・オランダ・イギリス・アメリカと続いた世界覇権の後を，米国以外の1国が襲う状況のみを想定して立論している点が挙げられる。ここからは英国の覇権が2世紀，4コンドラチェフ波に亙って続いたとするモデルスキー・サイクル[26]同様，冷戦後のパクス・アメリカーナの第Ⅱ周期が導出されるのみである。英・仏の角逐が激烈を極めた18世紀に，単極的覇権は存在しなかったことを認めている論者も多い[27]にも関わらず，なぜにアメリカの世界覇権の後をただちに統一欧州や日本が襲うだの，その資格を持ちあわせている大国が存在しないがために，アメリカの覇権が永続するだのといった立論になるのか。ナイ[28]は後者の典型であり，他国との比較において，軍事力や経済力にとどまらぬ文化的普遍性等の無形の力（'soft power'）の点で米国に及ぶ者が存在しない以上，アメリカの世界覇権が続くと結論づけている。

　彼らは冷戦の終焉によりいかなる大国とて，もはや1国で世界各地の地域紛争を鎮圧する必要が無く，軍事力の比重が低下していること，国際的相互依存の進展の結果としての相互の在外資産の飛躍的増大により，先進国間の戦争を起こしうる状況にはないことを理解していない。冷戦期のイデオロギーの絡んだ地域紛争にさいしては，拒否権の応酬により国際連合安全保障理事会はほとんど機能しなかったから，東西両陣営の盟主であった米ソはそれぞれが各地の

通常戦争に備える必要が有った。戦後の政治的植民地の解消と，現実としての国民経済の統合の進展の結果，西欧や北米大陸内部での戦争の可能性は無くなったと断言してよいであろう。したがって国際体系に動揺を与えることの少ない，発展途上国同士の小競り合いを捨象すれば[29]，かつて「帝国主義陣営」とされた旧西側内部において唯一想定される事態は，三極相互の抗争が武力行使に転ずる場合である。言うまでもなく，その蓋然性はきわめて低い。社会主義体制を脱したロシアと，社会主義的性格が国有（旧国営）重化学工業部門（その技術水準は1960年代以前に留まっている）に限定されるに至った中華人民共和国[30]については，今や主権国家の側面以上に，広大な経済圏としての側面を重視すべきであろう。つまり世界経済の三極に経済圏としての中露両地域を加えた五極，ないしはこれに中国に返還された香港を除くNIEsとASEANを加えた六極を主たる構成要素とする，現代世界経済の構造的把握である[31]。

いま仮に，直接投資による現地生産が全面化している状況の下での，以前であれば大国間戦争の遠因となったであろう，深刻で世界同時的な長期景気後退局面を想定しよう。ケインズによる発明このかた，先進諸国の財政が政策的経済成長の結果として傷んでいる場合もあるとはいえ，かつての大恐慌の諸症状は多分に政策的に吸収されるはずである。低成長ないしはマイナス成長の長期化の下で，国民国家の行政府にとっては，平素以上に雇用の確保が課題となる。以前であれば短絡的な国内市場防衛の意図で，関税戦争が勃発する局面である。この場合にも，やはり関税は一定程度引き上げられることであろう。だが現地部品調達率は，さして変動すまい。雇用維持の観点からは，調達率を引き上げすぎると，ただでさえ売り上げ不振に陥った多国籍企業は国際事業展開の再編のために撤収してしまう懼れが有り，逆に多国籍企業を引き留め，さらには積極的に誘致するために調達率を引き下げる場合すら考えられる。ゆえに，国際的経済活動の比重が製品交易から直接投資による現地生産に移行した段階にあっては，景気後退に伴って国際的緊張が高まることはないであろう。くわえて今日の生産力の下での各国の直接投資は，古典的帝国主義段階と異なって投資

対象地域の地理的な「棲み分け」がなされておらず，地球大の規模で重複していることから，今さら戦闘によって自国に隣接する固有の領域を囲い込むことのメリットは無い。すでに三極のうち複数の市場における寡占や，場合によっては世界市場における寡占段階，「世界寡占」[32]に達している巨人産業資本にとって，それは市場の限定ないしは縮小しか意味しないのである。またそうした多国籍企業は，みずからの本来の母国の政府との利害の一致も少ない。さらにとりわけIT産業の場合，世界的な標準を獲得することによって利潤の最大化が果たされることから市場分割のメリットはほとんどない。以上により，広域経済圏間の武闘の蓋然性の主張は棄却される。したがって過去の歴史から検出された覇権サイクルを，そのままの形で将来の指針とすることはできない。

世界システム論をめぐって

近年，政治＝経済覇権のリンケージ・モデルを提唱しているのは，国際関係論固有のディシプリンから出発した論者たちである。これに対し，より経済史に近い解釈を行っているのは，我が国でも広く紹介されているウォーラースティーンであるが，彼とて社会学の出身である。よく識られているように，ウォーラースティーンの所説は，伝統的学問体系の下での諸科学が前提としてきた，国民国家や国民経済といった微視的なレヴェルに代え，「近代世界システム」，すなわち近代資本制世界の空間的発展度合いの構造を，総体として把握する必要を説くものであり，魅惑的な学際的歴史分析の提唱となっている。

世界システム論もまた，モデルスキー他の所説を摂取することで一種の覇権周期論となっている。ウォーラースティーンはコンドラチェフの2波分を1周期と見なす点で，モデルスキーと同様であるが，1つの長波を50年としているので，トインビーと同じ1世紀サイクルとなる。覇権国の政治的興隆の局面を，経済的下降期に重ねておらず，モデルスキーとは逆に経済的上昇期に充てている。そして経済の長期波動をシステム論的に捉え，中核と周縁の盛衰の時間的遅延として把握するのである。具体的な時代区分としては，17世紀・19世紀・20世紀の半ばに，それぞれ蘭・英・米の最盛期を割り当て，1周期を覇

権国の勃興・勝利・成熟・衰退の，それぞれおよそ25年の4半期に分かつ。コンドラチェフ波の上昇期をA，下降期をBとして，まず，A1）生産効率を高める新たなレジームがもたらされ，激しい覇権継承の抗争の下で，原料需要からシステム周縁の経済成長率が相対的に高まる。B1）逆に周縁から成長が低下してゆく中，新興の覇権国が他を決定的に凌駕する。同時に激化する階級闘争に対して，中核では所得分配の調整が行われる。A2）この結果，今度は中核から需要が回復し，周縁へと波及する過程が，覇権国の極盛期である。この時期に自由貿易が実現する。B2）やがて供給過剰から大恐慌が起こり，覇権は動揺してゆく。この間には領土抗争が伴うとする。

また本論において叙述の軸としてきた戦争周期に関しては，政治学者と異なり，ウォーラースティーンがその理論体系にこの問題を積極的に取り込もうとしていない点が指摘されている[33]。前述のようにトインビーが「一般戦争」と命名し，ファラーが「覇権戦争」，モデルスキーが「地球規模戦争」と呼んできた周期の最初の局面（およそ25-30年間）は，ウォーラースティーンに至ってついに大国間戦争を意味する言葉で規定されなくなり，一般の覇権周期理論以上に戦争周期論との距離が生じたことは確かである。以上のウォーラースティーン理論は，構造主義的マルクス主義の色合いが濃いために，好みの分かれるところであろうが，モデルスキー説以上に国際覇権変動の陰影を描き出している点で，見事なものである。少なくとも英米両国に関しては，その盛衰の過程を捉えきっている。「近代世界システム」という把握はブローデルの歴史学における具象的な「地中海」という地理的システム[34]からのアナロジーであって，これを空間的な自由度をもつ「世界資本制」へと抽象化したものであろう[35]。従属理論や単なる大国興亡論と異なり，視座が元来一国主義分析から解放されているため，今後国民国家・国民経済の実体がますます失われていっても，分析の有効性は保持される。氏の問題提起については，その分析手法があまりに静態的にすぎること，換言するならば，資本制の発展を貫いて局面から局面へと歴史を駆動する力に関する分析が欠如していることが惜しまれるが，それは無いものねだりというものであろう[36]。

ただ今日の世界経済において国家と並ぶ主体として比重を増している多国籍企業の重要性に鑑みれば，ウォーラースティーン理論も現状分析としては限定的なものとならざるをえず，少なくとも新たな理論による補完が必要である。さらに言うならば，NIEs から ASEAN に始まり，中国沿海部・ヴェトナムの非国営の工業部門，はてはインドの中産階級へと飛び火した近年のアジア地域の工業化プロセスの加速化は，周縁から半周縁へ，そして半周縁から中心へというウォーラースティーンのまだるこしいシェーマによっては説明しえない。要素賦存の動態化という見地が必要である。供給過剰の問題にしても，IT 産業における製品の陳腐化の早さ，「製品周期」（PLC）の著しい短さは，関連生産企業に在庫を躊躇させ，過剰供給の影響を低減させることになる。戦後に関し，少なくともグローバリゼーション期に関して，根本的な別建ての議論が必要である。その研究の端緒であり雛型であった，16 世紀の未だ地中海を空間的に離れざる「システム」，すなわち地中海という地理的システムと世界資本制という経済的・一般的システムが未分化で重複していた状態から，順次現代の現象の解明へと時代を下りながら叙述を展開してきたさいに，ウォーラースティーンが戦後期における半周縁として想定したのは，当時の第三世界のリーダー的な親ソ連邦の諸国であり，脱近代の「社会主義世界システム」への移行が楽観視されていた。その後のソ連型社会主義の大幅な後退を経て，そもそもこのアプローチの適用をどの時点まで行うのか，換言するならばそもそも世界システム論という議論自体が近代以降の全歴史時間を通鑑して成立するのかという，根本的な問いに対するウォーラースティーン自身の応えが求められていよう。

注

1) Kennedy, Paul. *The Rise and Fall of the Great Powers ; Economic Change and Military Conflict from 1500 to 2000*, Random House, 1987（鈴木主税訳『大国の興亡——1500 年から 2000 年までの経済の変遷と軍事闘争——』草思社，

1988年）

2) 篠原三代平はこれに関連して,「ケインズ経済学が流行した三分の一世紀の間,経済学の教科書で立ち入った説明がギブ・アップされてきたものに「長期波動」がある。もちろん,当時は適切なマクロ的な総需要管理の下では古典的な「景気循環」を排除することが可能であるという確信が,学者の間でも政策担当者の間でも一般化していたのであるから,景気循環の中でも最長期の長期波動はむしろ「幻想」に近いとされたのは当然かもしれない」と述べている（篠原著『世界経済の長期ダイナミクス』TBSブリタニカ,1991年,3ページ）。

3) Akerman, Johan. *Economic Progress and Economic Crisis,* Macmillan, 1932 ; reprint ed., Porcupine Press, 1979.

4) Wright, Quincy. *A Study of War,* 1942 ; reprint ed., University of Chicago Press, 1965.

5) Goldstein, Joshua S. *Long Cycles : Prosperity and War in the Modern Age,* Yale University Press, 1988, p. 101.

6) Toynbee, Arnold. J. *A Study of History,* 1954, Abridgement by Somervell, D. C. Oxford University Press, 1960, p. 255.（長谷川松治訳『歴史の研究（サマヴェル縮冊版）』社会思想社 1975年）

7) Kondratieff, N. D. *The Long Wave Cycle,* 1928 ; reprint ed., Richardson & Snyder, 1984（中村丈夫抄訳『コンドラチェフ景気波動論』亜紀書房,1978年）

8) Schumpeter, Joseph A. *Business Cycles,* McGraw-Hill, 1939.（金融経済研究所訳『景気循環論』有斐閣,1958-62年）

9) Imbert, Gaston. 'Des mouvements de longue duree Kondratieff.',Aix-en-Provence : Office universitaire de polycopie, 1956.

10) Dehio, Ludwig. *The Precarious Balance : Four Centuries of the European Power Struggle,* 1948 ; reprint ed., Vintage Books, 1962.

11) Farrar, L. L., Jr. 'Cycles of War : Historical Speculations on Future International Violence.' *International Interactions,* Vol. 3, No. 1, 1977.

12) Modelski, George. 'Long Cycles, Kondratieffs, Alternating Innovations and Their Implications for U. S. Foreign Policy', in Kegley, C. W., Jr. and McGowan, P. J. eds., *The Political Economy of Foreign Policy Behavior,* Sage Publications, 1981, pp. 63-83.

13) 1863年 薩英戦争,1864年 四国連合艦隊下関砲撃事件（下関戦争）。藩政改革を経た雄藩は絶対主義に向かいつつあったとする,国史学における学説（一例として

青木美智男・河内八郎編『講座日本近世史7 開国』有斐閣，1985年）も在り，幕府の外交に関する威令の低下していた当時，これらは単なる紛争ではなく主権国家相互の交戦に準ずるものと見なしうる．少なくとも幕藩体制自体は，同じ17世紀に成立したウェストファリア体制と同様に1つのシステムであり，世界もしくは文明の秩序であって，徳川期日本自体が主権国家であったわけではない．

　幕末に来訪した欧米諸国は当初幕府を統一的政権と見なしてこれと交渉し，通商条約を交わす．1864年，日仏修好通商条約に基づく第2代の公使として着任したロッシュは対日外交の巻き返しを図って幕府に軍事顧問団を派遣するなど肩入れするが，翌年着任した英国の第2代公使パークスはすでに幕府を見限っていたことは有名なエピソードである．67年10月には慶喜による大政奉還の申し出と薩長側が朝廷に働きかけていた倒幕の密勅が交錯し，明けて正月，戊辰戦争のさなかにロッシュは慶喜に軍事支援を申し出て挙兵を促すが拒否される．結局フランスを含めて，この戦闘を内戦と見なした英米仏蘭伊普の6箇国は局外中立を宣言するのだった．

14）　徴兵制は義勇兵を基礎に市民革命期に形成された．大革命への列国の干渉を迎え撃った当時の仏軍は指揮官に貴族階級が多く，連戦連敗という状況に陥る．これに対して民衆が各地で義勇兵として立ち上がり，職業軍人が傭兵を指揮する敵軍をうち破っていった．プロイセン軍を破ったヴァルミーの戦いの翌1793年，共和国は30万人に上る兵を徴集する．徴兵制はそもそも革命の防衛のために進んで集まる志願兵に基づいて，戦時に成立した逆説的な制度であった．平時の徴兵制の起源はプロイセンであり，ナポレオンが大陸を制覇していた1811-12年に導入されている．

15）　いうまでもなくロシア帝国もまた，その存在自体が国民国家原理とは相容れない，複合民族国家である．オーストリアとトルコは第1次世界大戦の結果崩壊し，版図の大半を失って国民国家として再出発したが，ソ連邦はフィンランド・バルト3国・ポーランド・ベッサラビア（現モルドヴァ）を放棄したものの，西部国境以外は手付かずで，その領土は依然として今日のロシア連邦よりはるかに広大であった．ソ連邦は総会に3議席（連邦・ウクライナ共和国・ベラルーシ共和国）を有した国連の場を除いて，対外的に単一の国民国家として振る舞ったが，'союз'という露語が，当初「連邦」ではなく「同盟」とも訳されたことからも察されるとおり，その存在は成立当時，世界における社会主義圏と同義であったため，民族自決原理の適用による制約から自由であった．

16）　たとえば，瀬尾芙巳子執筆「景気循環」（大阪市立大学経済研究所編『経済学辞典（第3版）』岩波書店，1992年）である．瀬尾氏は続けて，英米の価格指標に関する長期循環は，ナポレオン戦争・南北戦争・第1次大戦に伴うインフレーション

の衝撃が移動平均系列に現れているにすぎないとしているが，そうなれば当然，戦争周期自体の解明を行わなければならないはずである。

17) Goldstein, *op. cit.,* pp. 395-96.
18) *ibid.*
19) 大内力著『国家独占資本主義』(東京大学出版会，1970年)を始めとする，大内氏の一連の著作が代表的である。
20) いわく「経済学者たちは4つ折り判の栄誉をひとりアダム・スミスだけに任かせなければならず，その日の出来事をつかみとり，パンフレットを風に吹きとばし，つねに時間の相の下にものを書いて，たとえ不朽の名声に達することがあるにしてもそれは偶然によるのでなければならない」(Keynes, John Maynard. *Essays in Biography,* new edition with three additional essays, edited by Keynes, Geoffrey. Rupert Hart-Davis, 1951, 熊谷尚夫・大野忠男訳『人物評伝』岩波書店，1959年，162ページ)。
21) 2001年12月のエネルギー大手エンロンと，2002年7月の通信大手ワールドコム(現MCI，ベライゾンによる買収で合意済み)の破綻が典型的である。これらの企業は株価の持続的高騰に資金調達を依拠する状況に陥っていた。破綻と前後して表面化した会計不祥事は，これに相当程度先だつ時点で，急成長を続けてきたIT関連企業の業績が株価に見合わなくなっていたことを示すものである。
22) この間の経済成長率の推移については，一例として*http://www.mof.go.jp/*,「政策」の項「財務総合政策研究所」の項「論考」,「2002年4月　日本の1990年代における財政政策の経験——バブル崩壊後の長引く経済低迷の中で——」(PDF)，26ページ参照。
23) 本項の叙述の基本線は，98年に執筆され99年8月に公刊された本書第1版以来，変更はない。
24) 90年代のデータとしては，*http://www.jcr.co.jp/*,「JAPANESE」,「格付一覧」,「1. 発行体名50音順」の項「に」,「日本国」の項「News Release」図1参照。中長期の推移については，前掲*http://www.mof.go.jp/*,「政策」の項「財務総合政策研究所」の項「論考」,「2002年4月　日本の1990年代における財政政策の経験——バブル崩壊後の長引く経済低迷の中で——」(PDF)，32ページ参照。

　2005年度末の国の債務残高は，751兆1,065億円に達している(*http://www.mof.go.jp/*,「統計」,「国債及び借入金並びに政府保証債務現在高」,「2004年」の項「12月末現在」)。OECDによれば同年末の一般政府債務残高の対GDP比率は170%に達し，イタリアの119.5%を上回り先進国中最下位(『日本経済新聞』2005

年3月15日づけ)。

25) たとえば19世紀には1825年, 57年, 73年等々, 近接して大規模の恐慌が起こっている。そもそも最初の「世界恐慌」が起こった年すら, 諸説がある状態である。コンドラチェフ自身は1790年からサイクルを説き起こしているが, これと西洋史・西洋経済史の知見との照合, 近代経済学で広く受け入れられている短期・中期の波との関連など, 解明されるべき課題は多い。渡辺健一「コンドラチェフ波動とインフラストラクチュアの進化」(『成蹊大学経済学部論集』第32巻第1号, 2001年所収)は交通インフラの統計データに依拠して, 18世紀後半以降今日に至るコンドラチェフ波の存在を独自に実証しようとした試論である。

26) Modelski, George. *Long Cycles in World Politics*, Macmillan Press, 1987, p. 86 (浦野起央・信夫隆司訳『世界システムの動態』晃洋書房, 1991年) には, 5つの長周期として①ポルトガル, ②オランダ, ③イギリスⅠ, ④イギリスⅡ, ⑤アメリカが挙げられている。この区分は, トインビーによる区分 (Toynbee, *op. cit.*) とほとんど対応するものであるが, 覇権国の選定は論者によってまちまちである。

27) たとえばウォーラースティーンは, 一般の論文では注26で①とした時期には覇権国をみとめておらず, ②の時期にオランダの海上覇権を充て, イギリスの覇権としては③のみを挙げて, 英仏が抗争した④の時期には覇権国は存在しなかったとしている。⑤は同様である。ウォーラースティーンはホプキンズとの共同論文 (Hopkins, T. K. and Wallerstein, I., et al. 'Patterns of Development of the Modern World-System', *Review*, Vol. 1, No. 2, 1977, 'Cyclical Rhythms and Secular Trends of the Capitalist World-Economy: Some Premises, Hypotheses, and Questions', *Review*, Vol. 2, No. 4, 1979) においてのみ, ①に統合ハプスブルクの陸上覇権をみとめている。

28) Nye, Joseph S., Jr. *Bound to Lead*, Basic Books, 1990, pp. 29-35. (久保伸太郎訳『不滅の大国アメリカ』読売新聞社, 1990年)

29) 2001年9月11日以降, 国際的安全保障における焦点は, 「テロとの戦い」ということになっている。アルカイーダに類する武装した地下組織・秘密結社および, これと同様にテロリズムを手段として放棄していない「悪の枢軸」とされる一部の周縁の社会主義政権が世界都市で引き起こすゲリラ的な武力行使が, 無視しえない災厄をもたらすことが現実に示された。テロルが社会的に意味をもつのは帝政ロシア末期や, 北アイルランド分離独立運動が盛んであった1970-80年代以来の事態である。しかも当時は一国レヴェルの問題であり, テロの範囲も今日のようにグローバル化してはいなかった。これを未然に封じ, またひとたび発生した場合には的確

に対処することが求められているが，これらの勢力は決して世界的な主流にはなりえない以上，ここでの覇権交代をめぐる文脈では検討する必要のない問題である。
30) 2002年11月の第16回党大会において，中国共産党が私営企業家らの入党を公認する「三つの代表」思想を指導思想として党規約へ盛り込むことを決定したことで，同党の掲げる「社会主義市場経済」はますます実態としての資本制に近づいた。私営企業の数は1993年から2003年までの10年間に33倍以上増加し，平均年間2887%の高い伸びを示していると云う（*http://www.jil.go.jp/*,「海外労働情報」（ページ下端），「2005年」の項「4月」，「2.中国私営企業発展報告…」）。

　「大躍進」に代表される政治の偏重は，中ソ対立以来の経済政策の混迷を招き，共産党はみずからが引き起こした社会的変動によって求心力は維持していたものの建国後30年近くもの間，その教義が標榜する経済建設の成果を出せずにいた。結局，文革で一度は「走資派」とされて失脚した鄧小平らが復権し，党はみずから市場経済化を追求することになる。その帰結として市井の資本家階層を取り込まないかぎり安定した代表構成を維持しえなくなったのだが，その一方相当比率の民衆が，党の教義が形骸化したまやかしにすぎないことを見抜いている。いっそうの経済発展を追求するだけであれば，政権党は共産党である必要はない（現状では複数政党制は，諮問機関の域を出ない政治協商会議の場において，建国時の翼賛勢力である一部の小政党が友党として存続しているにすぎない）。共産党の統治の正当性はもはや，伝統的な王朝の版図であった「中華」世界の統一の維持という一点に集約されつつあり，この論理を担保するうえでの最大の目標が台湾の回収である。第1次世界大戦までのイタリアが，かつてヴェネチアの一部であったトリエステ他の回収を悲願としたことと，何ら変わるところはなく，そこでは伝統的な文明世界の原理と特殊近代的な国民国家原理が混淆している。清朝が実効支配してはいなかった，尖閣諸島に対する領有権の主張も同様である。同島や台湾の回収を叫び続けるかぎり，大陸では共産党に一定の求心力が働き続けるが，実際に武力行使に乗り出せば，その時点でアメリカを始めとする先進国側が態度を硬化させ，天安門事件の二の舞となるであろう。そうなれば党が頼みとする開放経済のメリットは失われる。きわめて矛盾した目標の追求によって，共産党は権力にしがみつこうとしているのである。

　また私営企業は私的財産の保護を強く求めており，共産党もみずからのイデオロギーに反して，経済成長の維持の観点から所有権の確立のための法制の整備を保証せざるをえない。あたかもこのプロセスは，フランス革命を先駆けとする欧州における近代市民社会の成立期の過程をトレースする再版である。資本制に先行する権

力が王権であるか共産党支配であるかの相違であり，中国の共産党政権がプレ・モダンと資本制の狭間に成立した特異の権力であることを如実に示している。

31) イスラム圏の位置づけがいま一つの問題である。この点に関連して，冷戦終了に伴い激化した各地の地域紛争が，イスラム圏の縁（'fault line'；「断層線」）に集中しているとする，ハンティントンの指摘は卓抜である（Huntington, Samuel P. *The Clash of Civilizations and the Remaking of World Order*, Simon & Schuster, 1996．鈴木主税訳『文明の衝突』集英社，1998 年）が，それはキリスト教圏に生じ，キリスト教国が主体となって推進してきた「近代化」に関して，その営みが一巡するまでイスラム圏が受け身であったことの表れにほかならない。

近代以前のアラブ世界におけるイスラム諸帝国の極盛期には，政治・宗教両面の指導者としての地位を一身に兼ね備えたカリフによって，西アジアはもとより，北アフリカから小アジアないしはペルシア以東に至る，広大な領域が統治されていた。そこではアラブ世界と国家は同義であった。最後のイスラム帝国，オスマン朝トルコの崩壊した 1922 年以降は，アラブのイスラム圏自体が，近代的国家間システムによって分断されており，戦後のアラブ世界で一国に留まらない影響力を有した立役者を見ても，エジプト（アラブ連合）のナセルに代表される近代的国民国家の指導者であるか，親米の世俗国家パーレヴィ朝を打倒したホメイニ師のように世俗的指導者でなかった場合にも特定の国家の事実上の最高指導者となった人物であった。キリスト教世界からのエルサレム奪回という潜在的な願望は共通しているにしても，かつてのイラクやリビアのように社会主義に基づく超近代化を標榜しないかぎり，世俗的指導者の政権はサウディ・アラビアや UAE に見るように族長制の前近代的な基盤に立脚しており，石油利権と絡んだ合衆国の支持を必要としているのが実態である。ソ連圏の崩壊に伴って中央アジアに出現したトルコ系主体の諸国は，かつては連邦共産党の現地における指導者であった人物が，新たに成立した独立国の元首へ横滑りしただけの独裁政権である。これらトルキスタン諸国はタリバーン掃討の過程で空軍基地を提供したことを機に親米化を深めた。トルコが唯一，民主的な政権交代が可能な「まっとうな」近代的世俗国家たりえていたが，トルコはイスラム圏ではあっても元来がアラブ世界ではない。また民族の西遷の歴史的経緯から，宗教・言語の両面で中央アジアの新興トルキスタン諸国とのつながりが深いが，経済力が伴わないため，ソ連圏の崩壊後にトルキスタン諸国に接近したものの，さしたる影響力をもつには至らなかった。トルコでは 2002 年 11 月の総選挙の結果，史上初めてイスラム系政党が単独政権を樹立するのみならず憲法改正に必要な絶対多数をほぼ確保した。この政権は，意外や EU 加盟を切望している。

214　第III部　世界体制の転換

　　清代以来の旧新疆省で、トルコ系の故地でもある中国のウイグル自治区が、中国における何波目かの民主化運動の結果としての、将来的な人民共和国の崩壊後に仮に自立を遂げたとしても、中央アジアの国際体系の中では、トルキスタンの国家が1国増えることを意味するにすぎない。インドネシアは人口面で最大のイスラム国家であり、マレーシアは工業的にもっとも発達しているにしても、いかんせんイスラム世界の縁辺に所在しており、その影響力は限られる。両国はイスラム圏としてよりも、ASEAN として地理的に括ったほうが適切である。

　　民族紛争の多くが、イスラム世界の縁で生じていることは確かである。2001年9月以来相次ぐテロの意味するものも、基本的にはアメリカがイスラエルの後ろ盾として、イギリスから引き継ぐ形で取り仕切ってきたパレスチナの地位に関する問題に対するイスラム圏の民衆の積年の不満である。以前は中東戦争という形で間欠的に国民国家間の武闘に至っていたものが、旧ソ連の勢力の中東からの退潮につれ、アラブ諸国の政権が全般に親米化して穏健化し、民衆の原理的な不満の捌け口が失われてしまった。これにロシアのチェチェン政策にみられるような、キリスト教圏を主体とする既存の国民国家による内部のイスラム系「準民族」に対する個々の抑圧の政策が輻輳して、反作用を生ぜしめているのである。ロシアを始めとして、対米協調にもなる「テロとの戦い」を都合よく拡大解釈して国内の「準民族」を抑圧している例は枚挙に暇がない。

　　ただしこれらは能動的なムーヴメントと言えるものではなく、将来においても、イスラム圏ないしアラブ諸国の間に、一部が産油国として現に資源カルテルを結んでいるということ以上の共通の行動原理が現れるとは、私には思われない。ただしグローバリゼーションの下、近代国民国家体系の弱体化と、広域経済統合化の潮流の中での国際体系の変容は長期的に、イスラム世界において植民地時代の国境線に囚われない統合を促してはゆくであろう。さしあたり、現在の政治・文化面での自立の動きが一巡した後のトルキスタン諸国の経済関係の強化を通じた再編が、もっとも現実味を帯びている。

32)　第2章第I節参照。
33)　田中明彦『世界システム』（東京大学出版会、1989年）119ページ。田中氏は物価上昇と戦争の間に有意の関連が認められる以上、包括的サイクル論としては戦争周期を内生的に論ずるべきであるとする。
34)　Braudel, Fernand. "La Mediterranee et le monde mediterraneen a l'epoque de Philippe II", 1966（浜名優美訳『地中海 1-5』藤原書店、1991-95年）。
35)　ウォーラースティーンは「…ブローデルは…主として16世紀から18世紀まで、

場合によっては 14 世紀から 18 世紀までの時代を扱う歴史家として鍛えられてきたわけで，現代史の領域にある…1800 年以降に足を踏み入れるのをつねにためらっている…」と述べている（Dosse, Francois., Melehy, Hassan.（Translator）*Empire of Meaning: The Humanization of the Social Sciences*, University of Minnesota Press, 1998, 浜名優美訳『ブローデル帝国』藤原書店，2000 年，113-16 ページ）。ブローデルは独語の Weltwirtschaft（世界経済）概念を仏語に持ち込むにさいして，あえて économie mondial（「世界の経済」）とせずに économie-monde（「経済＝世界」）と訳した（同上 117 ページ）。ウォーラースティーンの world-economy（「世界＝経済」）はこれを継承したものであり，単なる world economy と区別しなければならない。先行するプレ・モダンの「帝国としての世界」，彼が展望するポスト・モダンの社会主義化した「政府としての世界」に対置された，一体的な資本制の「経済としての世界」として了解される。

　ウォーラースティーンの云う「帝国」・「経済」・「政府」の 3 題噺は，流通と分配のメカニズムのことを指している。前近代の単なる収奪・貢納から近代の市場経済の下での交換へ，さらに世界政府によるそのプロセスへの関与へというラディカルな発展の図式である。彼の物言いに倣って本書での理解を示せば，なるほど近代は総体としては市場に基づいた「経済としての世界」であったろうが，その間にサブ・カテゴリーとして「諸帝国としての世界」たる帝国主義時代と，「二大生産様式としての世界」たる冷戦期を挟まなければならないということである（第 6 章表 6-2 参照）。間にこの 2 つのヴァリアントを挟んで，フランドルや英国の産業競争力が圧倒的であった近代の初期と，国家に依拠した社会主義の生産様式が敗れ去った冷戦後の世界はいずれも，関税を始めとするもろもろの通商上の障害の少ない，一体的な「世界市場」が貫徹した時代である。この「一体的世界市場の貫徹」をグローバリゼーションと換言することもでき，その意味では今日の世界は近代における 2 度めの，久々のグローバリゼーションの時代である。

36)　90 年代にウォーラースティーンに師事した山下範久氏は，Wallerstein, Immanuel. *Geopolitics and Geoculture*, Cambridge University Press, 1991（丸山勝訳『ポスト・アメリカ：世界システムにおける地政学と地政文化』藤原書店，1991 年）の序文（p. 11, 邦訳 36 ページ）のみに現れる「ジオカルチャー」（地政文化）という概念が，ウォーラースティーンが到達した構造の再生産と再編成の過程に介在する政治性の場であり，差異を生み出す歴史の動因であるとする理解を示している（川北稔編『ウォーラースティーン』講談社，2001 年，55-61 ページ）。

補論ⅱ）ポスト冷戦期における「覇権」の問題

　補論ⅰ）では，欧米において生成・展開した国際政治経済学に関して，覇権周期理論としての観点からサーヴェイしつつ，その問題点と限界について述べてきた。この国の学問の常として，我が国の「国際政治経済学」は理論面では合衆国における議論の摂取とその紹介，部分的批判の域を出るものではない。非西洋人の眼から観た，この領域におけるオリジナルな視点を多少なりとも提示できればと考え，この小論を付加する次第である。以下，冷戦構造の歴史的経緯を素描した上で，近年の情勢をも踏まえて今日における覇権の問題について検証する。

「歴史の終わり」と覇権の帰趨
　第二次世界大戦の緒戦において，ナチス・ドイツは大陸の地続きの周辺国を次々と攻め落とし，ポーランド併合から1年7箇月後の1941年4月にはバルカン半島を制圧，ピレネー山脈よりソ連国境に至る欧州の中原に，広大な「広域経済圏」（Großraumwirtschaft）を形成した。その後ナポレオン以来のモスクワ遠征を企て，独ソ戦で消耗戦を強いられた挙げ句に敗退したことが，欧州戦線における転機となる。第三帝国の崩壊後，その西方・北方における征服地・同盟国は旧に復するが，東方に拡大した領域は旧ソ連邦の占領するところとなり，親ソ政権の下でドイツに対しては無論のこと，他の東欧諸国に対してもソ連邦に有利な形で戦後の国境が確定されてゆく[1]。ソ連邦もまた崩壊し，小ロシアに復した今日になって振り返ってみれば，ソ連邦はロシア帝国の版図

がほとんどそのまま移行した，単一の国民国家の体裁をとった社会主義ロシアの勢力圏であった。また旧東欧諸国は，ドイツの形成した「広域経済圏」の東方部分をソ連邦がそのまま継承した，拡大版のソ連邦であったと言える。68年の「プラハの春」鎮圧にさいして提示されたブレジネフ・ドクトリン，制限主権論は，「衛星諸国」と呼ばれた東欧諸国が外交・国防のみならず内政に関しても，十全な独立国家ではなかったことを物語るものである。早くも戦間期にソ連邦の勢力下に入っていた外モンゴルについても，同様のことが言えよう。社会主義世界体制の利害と，「国民国家」ソ連邦の国益とは一体化していて，不分明であった。

　ロシアは伝統的・地政学的に陸軍国である。第二次世界大戦直後，欧州大陸においてソ連邦は陸上兵力に関し優勢にあったが，49年に原子爆弾，53年に水素爆弾の開発に成功した後も，合衆国がトルコを始めとする周辺の同盟国に張り巡らせた長距離爆撃機の基地網に包囲されており，戦略的には脆弱であった。ソ連邦が核爆弾の運搬手段において攻撃と反撃の両面で合衆国と拮抗するに至ったのは，大陸間弾道弾（ICBM）の開発に成功し，その配備を進めた57年以降のことである。以後世界的な覇権構造は戦略ミサイルの保持を主体とするようになり，本章第Ⅲ節に先述のとおり大戦直後の合衆国の単極覇権から，60年代には米ソ双極覇権へと移行し，この間に冷戦は「鉄のカーテン」を挟んだ欧州の陸戦に関する局地的な対立から，いついかなる時でも全面核戦争による世界的な熱戦へと転化しうるものとして拡大・深化を遂げた。

　こうした米ソ冷戦が終わったとき，フランシス・フクヤマが表明した「歴史の終わり」なる感慨が，一躍人々の心を捉える[2]。とりわけギリシア以来の古典に親しんできた欧米の知識人にとり，遡っては古代ギリシア世界対アケメネス朝ペルシア帝国の抗争に始まり，中世の十字軍派遣にさいしての西欧王侯連合軍対イスラム諸王朝，近代に入っての西欧諸国対オスマン朝トルコ帝国と，意識の上ではあたかも連綿と続いてきた，西方の多元主義の世界に対する東方の一元主義の帝国による圧迫・抑圧に久方ぶりに終止符が打たれた感がしたであろうことは，想像にかたくない。近年ではファシズムのナチス・ドイツも，

西欧諸国にとっては脅威であったことであろうが，その背後にはこれに劣らぬ脅威としての，ボルシェヴィズムのソ連邦が存在した．1991年の共産党保守派のクーデターに対して，74年前とは逆の八月革命が起こり，一元主義の大国が最終的に打倒される形で冷戦が終わった時，彼らの多くは頭上の重石が取り払われたような解放感に，快哉を禁じえなかったはずである．クーデターの過程でロシア連邦のソ連邦に対する後継国家としての正統性が確立され，市場経済を信奉する若手をブレーンとしていた当時のエリツィン大統領は，潑溂とした民主制と市場経済の体現者として映じた．ロシアがついに西方の市場経済に歩み寄った当時，再市場経済化に基づく旧東側の発展は，大方の眼に疑いのないものに思われた．ソ連型社会主義の実験が歴史の迂回であることが明らかになった以上，当時の一切の事態の進展が，あるべき発展の軌道への回帰，西欧近代の市民革命の後進地域における時間的遅延を伴った再版であると了解されたからであろう．

さて，冷戦期に双極構造を形成していた一方の旗頭であったソ連邦は，80年代半ばより徐々に西側との対決姿勢を薄れさせてゆき，衛星国への締めつけを緩めていった結果，西側にとっての脅威ではなくなっていた．その勢力圏と版図を大幅に減らすのみならず，91年に至ってついには連邦国家として瓦解し，個々の構成共和国も体制転換することとなったが，当時は一方で極東の「特異な」市場経済の国家日本が，アメリカの経済面での好敵手としてソ連邦に代わる脅威ともなりうると目されていた[3]．その日本も80年代後半から90年代初めにかけて経済的ポジションを異常に高め，直接投資残高を始めとする対外的経済プレゼンスを極大化させた後に，急に失速する．戦後の経済成長を支えた，技術導入と資本集約型産業に依拠した経済発展構造からの転換に手間どり，長期的な低迷と北米・西欧に対する経済面での地位低下を余儀なくされている．

ポスト冷戦期における「覇権」

今日における覇権の問題を検証するに当たり，以下では国家ないしは国家を

含む地域の優位性について，覇権を構成する要素に階層分けして論ずる。

　①ポスト冷戦の世界にあって，ソ連邦の後継国家であるロシア連邦の財政は逼迫しており，軍の装備の更新はもとより将兵の待遇もままならず士気低下を招いているありさまである。同国は民生用の電子関連技術の面でアメリカとの較差が開きすぎ，またソ連邦が涵養していた軍事技術関連の技術者の待遇の相対的悪化に伴う流出も相次いでおり，今後経済と財政が好転した場合にも，もはや世界的な覇権を握ることは不可能である。経済統合を果たした EU も，独自の安保政策を模索しつつも軍事的には NATO の下での米軍の駐留を依然当てにしている。90 年代以来の経済成長を背景に，中国軍の装備近代化も持続しているが，依然として外洋に艦隊を展開する能力を有さず，グローバル・パワーたりえていない。軍事面ではアメリカが突出しており，この点では完全な単極構造である[4]。

　②このアメリカは教育に関しては東アジア諸国に比べ，とりわけ理数系の科目について，初等・中等段階での全般的な達成度で劣ることが，かねて指摘されている。その反面，開拓時代の気風の名残りも手伝って，初等教育段階から工夫と発見を重視した教育を行ってきており，研究機関としての大学・大学院の知的生産性には定評のあるところである。技術面でもアメリカは，知的資源を集約する今日の発展段階に適合していて有利である。この点では，教育を万事「習い事」・「稽古事」にしてしまい，キャッチ・アップ型に傾斜する東アジア諸国の不利は覆いがたい。このことは特定の時代における各国家の教育方針という問題とは別であり，古代を主体とする中国の古典を範とし，それに親しんで精神的糧とすることを永らく旨としてきた文化の型に起因するものであるため，そこからの転換は容易な業ではない。この文化類型は，日本でいえば明治以来の，基盤的な発明を導入し，生産現場で技術改良を積み重ねてゆく人材の養成には向いているが，基本特許の取れる発明をみずから生み出しうる人材は，例外的にしか育たない。

　③経済面では第 4 章第Ⅱ節に述べたとおり，日本次いで韓国が成功した経済

発展のモデルは金融システム面を含めて「一国寡占」段階の資本集約型産業に適合したものであったため，従来のいわゆる「ハイテク産業」の内で対応できるのは半導体メモリーの量産までである[5]。ただアメリカの91年以来の好況の持続は，長期波動はさておくとしても9-10年周期のジュグラー波の観点からそろそろ限界であろう。アメリカの景気が失速して初めて，今日アメリカ発の「世界標準」と言われている内のいくつかの真贋も明らかになり，またEUが広域的経済統合という制度的な手段でアメリカないし北米に抗しようとしている諸標準[6]の有効性も見えてこよう。

④最後に政治面であるが，この点は上記①-③の総合であることもあって，アメリカの優位は明らかである。ただ先進国間のパワー・バランスを見た場合に，日米共同覇権論[7]が主張したような日本によるアメリカの覇権維持に対する積極的な補弼行動に関しては，外交手腕を含む両国の総合的国力の較差に基づく単純な政治的力関係や，日本国内に米軍が大兵力を駐留させていることに伴う力関係，施設費等の一部の負担を差し引いても駐留経費[8]がアメリカ側の持ち出しであることに対する日本側の遠慮，等々の政治的な要因のみによって説明されるべきことがらではない。敗戦の教訓と憲法上の規定が，日本の対外的な軍事力の行使に制約を課しており，日米安全保障条約に基づく米軍の駐留がこれを補完していることは確かである。この両国の安全保障面でのバランスを，通商面におけるバランスが相殺する構造になっているならば，すなわちアメリカ側が駐留経費に見合う対日貿易黒字を計上しているのであれば，両国関係は安定的である。だが，いうまでもなく現実はまったく逆であって，日本側が例年数百億ドルに上る対米貿易収支の黒字を計上し，これはアメリカの貿易収支の赤字総額の50％前後で推移している[9]。貿易収支の不均衡は，絶対額において当該国のマクロ経済政策に帰着するものであるとしても，2国モデルではない現実の世界では，そのギャップをどの国が埋めるかという問題は依然として存在する。日米間の貿易バランスの議論に戻って，両国のこの状況下では，政治的に対等の国家間関係が実現することの方が不思議であるといえよう。日本は言わば，通商面でアメリカを得意先としながら国防上の庇護まで受けて

いるわけであり，この構造の下での日本政府の対米姿勢は必然的に，相手方を怒らせて通商上の制限措置を導入させないことを第一義とするものとならざるをえない。そればかりか，まま理不尽な構造調整政策を押しつけられて甘んずることにすらなってきた。

　戦後50年を経る中で冷戦も終わり，ようやく敗戦国の日本とドイツ連邦共和国がその経済的地位に相応した国連常任理事国の座を獲得しようとしているが，両国が独自の外交政策を積極的にうち出さず，相対的な政治小国に甘んじてきたのは，敗戦国としての立場と，これに伴う国連を中心とする戦後国際秩序における処遇ばかりに起因するものではないはずである。ドイツに関しては冷戦の終了に至るまで分断国家であったという固有の事情も与っているものの，西欧諸国の中では突出して対米貿易黒字を計上してきており[10]，日本ときわめて似かよった状況にあった。くわうるに，同国の周辺は日本と異なって一人当たり国民所得の較差の小さい先進国であり，当時のEC域内でドイツが突出した貿易黒字を計上し続けることと，同国がEC加盟国として外交・国防面ではフランスを立てる形で政治小国であり続けることとは，裏腹の関係にあった[11]。つまりドイツが対外的に貿易黒字を稼ぎだしながら，外交・国防面では主要貿易相手国に依存する構造は，EC域内と域外の二重の同心円構造となっていたのである。連邦共和国が旧ソ連邦への支援を代償に国土の東半を回収し，ポーランドとの間で東部国境を確定したコール政権の後半には，旧東独地域の再開発のため，統一ドイツの貿易収支は一時的に赤字に転落する。

　本章補論ⅰ）においては慣例に従い，「覇権」なる概念を自明のものとして用いてきた。覇権とは，一般に軍事的優位に裏うちされた政治的主導権のことであると規定できよう。上記の4つの指標を通じて，91年の景気後退を脱した後のアメリカは再び単極覇権を確固たるものとしていると言えるが，今後の動向については各指標ごとに注意深く見守る必要があるであろう。

注

1) たとえばポーランドの場合，大戦中の 1939 年にソ連邦に占領された東部地域は返還されることはなく，そのままソ連邦（現リトアニア・ベラルーシ・ウクライナ領）に編入された。代わりにポーランド回廊をドイツから回復し，オーデル川とナイセ川以東の旧ドイツ領とダンツィヒ自由市（現グダニスク市）を与えられる。このポーランド領の変動により，戦前と戦後でソ連邦の西部国境は面積にして優にポーランド 1 国分，西方へと移動した。

2) Fukuyama, Francis. *The End of History and The Last Man*, Avon, 1992（渡部昇一訳『歴史の終り』三笠書房 1992 年），初出は 'The End of History?' *The National Interest 16*（Summer, 1989）。

3) 当時の議論の代表例として，Fallows, James. 'Containing Japan', *Atrantic Monthly*, May 1989（大前正臣訳『日本封じ込め』TBS ブリタニカ，1989 年に収録）を見よ。

4) これは先行した双極構造が軍事面を焦点とするものであり，その相手方が崩壊したことの結果として，至極当然のことではある。

5) 各種メモリーと液晶パネルで世界最大手のサムスン電子を筆頭に，97 年の金融危機から立ち直った韓国経済は好調であるが，危機脱出のために米ドルにリンクしたまま切り下げた韓国ウォンは，危機以前の 1 円＝7 ウォンから 10 ウォンにまで下落した後，そのままになっている。中国の対米貿易黒字の拡大から人民元の固定相場制の見直しが懸案化しているが，韓国経済もサムスンもウォン安に助けられており，人民元問題の次にはより広いアジア通貨の改革の問題が議論の俎上に上るであろう。

　80 年代後半に世界を席巻した日本のメモリー産業の低迷は，主要国で 1 国 1 社の水準まで設備投資が巨額化していたにも関わらず，金融グループの数だけメーカーがひしめいて集約が進まなかったことによる。韓国も同様の金融＝産業コンプレックスの過当競争の状況にあったが，経済危機により財閥の破綻と再編が相次いだことが，結果として事業領域の選択と集中を強力に執行したのであった。

6) 例えば，本書終章に言及するメートル法であり，ISO 規格であり，1999 年 1 月に導入が開始された Euro である。

7) 'bigemony', (Bergsten, C. Fred. 'Economic Imbalances and World Politics' *Foreign Affairs*, Spring, 1987, p. 790)。

8) 1978 年度に始まった「思いやり予算」により，在日米軍の駐留経費の過半を日

本政府が負担している（参議院予算委員会政府参考人答弁，平成 16 年 10 月 20 日づけ議事録，*http://kokkai.ndl.go.jp/*，「簡単検索」より検索語「駐留経費」で検索可能）。この費目は施設費・労務費等に分散されており，政府統計では一括した金額や推移が出ないようになっている。

9) 対米貿易黒字の推移の簡便なグラフとして，*http://www.president.co.jp/*，「PRESIDENT」，「Back Number」の項「2003 年の一覧」，「2003 年 12.29 号」，「貿易統計の変化から読む「日米中関係」の行方」（伊丹敬之執筆）図 2 参照。

10) 第一次産品の輸入によって一定程度相殺されるが，工業製品に限ったドイツの対米貿易収支の黒字幅は 80 年代の年平均で 79 億ドルに達し，同国工業製品の対世界貿易収支の 1 割を超えた。対して英仏両国の工業製品の対米貿易収支は，一貫して赤字であった。詳細は奥村和久「英仏独の貿易構造比較——92 年 EC 市場統合への貿易面からのアプローチ——」（原データは OECD, *Foreign Trade by Commodities,* 1970-87，杉本昭七編著『現代世界経済の転換と融合』同文舘，1993 年，137-64 ページ所収）を見よ。ドイツの収支はとりわけ経常収支に関して日本よりはるかに均衡がとれているものの（英国も同様，*http://www.musashi.ac.jp/*，「図書館研究情報センター」，「大学発行の紀要類」，「武蔵大学論集目次一覧」の項「第 47 巻～（全文）」，「第 48 巻 3 号 発行年 2001（平成 13）」，「日米貿易関係の推移と現状」（PDF）第 3 表参照），周知のようにその輸出額自体はときにアメリカを凌駕し，人口・GDP に比して日本よりはなはだしく多い。

11) ドイツの工業製品の対仏貿易収支の黒字幅は，80 年代の年平均で 73 億ドルに上り，一次産品を含む全品目でも 61 億ドルを超える。これをフランス側から見れば，統計の取り方から大幅なずれが生じるものの，それぞれ 63 億ドル，46 億ドルを超える赤字となる。前者はフランスの工業製品の対 EC 赤字の 69.1% に達し，後者も全品目に関する対 EC 赤字の 61.2%，対世界赤字の 29.9% に及んだ（奥村同上論文より算出）。

第6章　現代世界経済分析の方法について

はじめに

　1970年代に端を発し，80年代に全面化した資本制ならびに世界経済の段階移行の問題をめぐって，5章に亙り解明を図ってきた。本章において，近代以来の歴史の展開に整合的な世界経済の段階論の全体像を提示するとともに，著者みずからの理論的提起の体系化を行うこととする。

I　段階論をめぐる提起の概括

　まず冒頭において，ここまでの問題提起を補足しつつ，概括を行う。

産業段階と生産編成
　マルクス派・近代派を問わず，古典的な分析トゥールの有効性が今日いちじるしく低下した最大の原因は，それらが重工業までの産業段階を念頭に構成されていたからである。とりわけマルクス派の場合，重工業の段階の生産力をもって資本制が社会主義へと移行するとの明確な展望に立っていただけに，方向転換は容易ではなかった。ソ連型社会主義政権の相次ぐ崩壊を目の当たりにして，ようやく前世紀における社会主義に距離をとった検討が始まったばかりで

ある[1]。社会主義生産様式への移行が，少なくとも当分のあいだ遠のいたことが歴史の展開によって明らかとなった今，当面の課題としての資本制の発展過程の把握は，生産様式の根本的移行を視野に収めずに為されるほかない。そのさいに焦点となるのは，重化学工業[2]と並んで「工場制機械工業」（いわゆる「機械制大工業」）[3]の位置づけである（下記表解参照）。

表 6-1 重化学工業の位相

生産編成形態		主導的産業		競争の様相
（問屋制）家内工業	（工場制）手工業	軽工業		（群小資本間）自由競争
1760s-1830s				
「（工場制）機械工業」		1890s 重化学工業（一国寡占水準）		「在来型寡占」（「独占」） ソ連型社会主義
		1980s		
「（工場制）機械工業」	「ネットワーク生産」	在来型重化学工業（世界寡占水準）	「情報化産業」	「競争的寡占」（戦略的企業間提携）

上表は，主要な産業段階を把握するとともに「工場制機械工業」の歴史的な位置を確定することを目的として描いたものである。メガ・コンペティションという言葉が頻繁に語られる現在，一国水準における独占の進行を過度に強調した停滞的な資本制理解が普遍的なヴィジョンではなかったことについて，多言は要すまい[4]。この「大競争」の一般化には，規制緩和や経済統合の進展という上部構造絡みの問題のみならず，生産力・生産関係の段階的な移行が与っている。産業段階の移行に伴う競争の変貌のメカニズムをめぐっては，一国寡占の段階における重化学工業の規模の経済の失効ならびに，「情報化産業」における製品の価値に占める工業的生産に基づく価値の比重の低下の問題を軸として，すでに論証したとおりである。またソ連型社会主義が，一国寡占段階の重化学工業の下での経済発展方式の特異なヴァリアントにほかならないことについても述べた[5]。ここではこの一国単位の寡占の確立期以後の停滞的な競争

第 6 章　現代世界経済分析の方法について　227

の在り方を,「在来型寡占」としている。

　さて永らく最終的な生産編成の形態と見なされてきた「工場制機械工業」であるが, この範疇の究極の形態であるオートメーションに関しては, 装置産業のみならず組み立て産業においても第 2 次世界大戦後に実現をみている。ディジタル化された通信網が ISDN として普及しつつあった 80 年代半ば以降, 工場や事務所に代表される生産現場への労働者の集合を前提としない勤務形態が技術的に可能となった[6]。これを従来の「集合的労働形態」に対して,「分散的労働形態」と規定しよう。またこの「分散的労働形態」に基づく, ヴァーチュアルな分業・協業の生産編成形態を,「ネットワーク（仮想編成制）生産」（'networking production'）と規定する。「分散的労働形態」の実現とともに, 付加価値の重心が製造業からいわば「高度サーヴィス業」へと移る傾向が先進諸国において顕著となり[7], ここに生産編成ならびに産業の両面における, 従来の段階からの脱却の余地が生じた。この次代の「情報化産業」においては生産の対象の粗方が無形であり, 生産手段の主たるものは, ほかならぬ「ネットワーク」となる。仮にこの移行が完遂された場合には, 主導的な産業自体の移行を伴うことから, 先述のように資本制の域を出るものでないとはいえ, あくまで製造業の内部で起こった, かつての小経営・問屋制家内工業の時代における工場制手工業の誕生以上の画期となろう。著者が ME 化を始めとする一連の技術革新を産業革命の一つと見なすゆえんである。18 世紀の後半に英国において展開した先の「産業革命」は, 工業生産に人工動力を導入し, 社会を「産業」化することを通じて一変させた。この過程に比するに,「ME 革命」という表現は, あながち誇張ではない。ただし当然のことながら, 産業段階の移行と生産編成の移行は同期するとは限らない。現在は上表に示したように, 産業段階の移行が進行していながら, 生産編成の移行は未だに全面化していないことから, ポスト機械工業の生産編成として想定した,「ネットワーク生産」の萌芽期に当たるものと考えられる。

　そして先に述べた一国的な「在来型寡占」は, 少なくとも「世界寡占」水準における寡占の安定化に至るまでの間, 世界的な「競争的寡占」に転化し, こ

の過程に「戦略的企業間提携」[8]が作用する。資本の集積・集中の段階は一国水準から世界水準へと上昇し，競争の「世界寡占」段階への移行が完了する。この過程を通じ，従来の各国におけるナショナル・チャンピオンズのうち下位のものは淘汰され，限られたグローバル・チャンピオンズが生き残るであろう。今日の自動車産業における世界的な再編過程は，これを雄弁に物語る。帰着すべき競争の姿は，競争的な「世界寡占」にほかならない。

世界経済の現段階把握

表 6-2　生産力発展と世界体制

主導的産業	支配的資本	競争の段階	世界経済の段階
軽工業	個別産業資本	（一国内）自由競争	自由貿易 (Pax Britanica)
1890s			
重化学工業	寡占資本（「独占資本」） 1910s	「一国寡占」（「独占資本主義」）	帝国主義 I 1910s 〔戦時国家独占資本主義 I〕 1918 帝国主義 II 1930s 〔戦時国家独占資本主義 II〕 1947-49
	金融資本 1960s	1960s 国際寡占間競争	「冷戦期帝国主義」(Pax Russo-Americana)
1980s 在来型重化学工業／「情報化産業」	「国際産業資本」（**多国籍企業**）	1980s 「世界寡占」	1989-91 グローバリゼーション

上記の表解について簡略に注釈して，第 1 章以来の議論の概括とする。第 1

の「主導的産業」の項目に関しては自明であろう。1980年代に展望されたいわゆる「ハイテク産業」は，新素材とバイオテクノロジーを含むものであったが，セラミクス・複合素材に代表される前者は補助的な存在であり，後者は今のところ全面的な展開をみせていない。世界寡占段階において「一国寡占段階」を超えた重化学工業と並立するに至っている，「IT産業」と総称される一群の新興の産業に関しては，製造業に基礎をおきながら製造業を超え，「高度サーヴィス業」を巻き込んで拡がりをみせる新たな主導的な産業ということで，穏当な表現に留めた。

また資本制自体の発展段階については，従来の「産業資本主義→独占資本主義→国家独占資本主義」という硬直したシェーマは，停滞的のみならず一国主義的であるので，これを排した。各国の寡占体の多国籍企業への発展を連続的に展望できるよう，「支配的資本」を第2の指標として産業資本の成長を追った。停滞的把握であるばかりか実態を反映していない「独占資本」に代えて「寡占資本」を用い，一国レヴェルで完結する金融資本によって分析を完了せずに，多国籍企業を資本範疇の観点から捉えた「国際産業資本」[9] へと連続させている。全体が産業資本による生産と資本の集積水準の一貫した上昇の過程として把握されており，一国規模段階で寡占的産業資本が銀行資本との融合的な資本へと転化した資本範疇である，金融資本の位置づけは相対化されている。なぜなら間接金融は基本的に現地においてなされるために，産業資本が国際化するようには商業銀行は国際化しえないからである。今日の大規模多国籍企業の年間売り上げ高すなわちその経済規模は，先進7箇国に次ぐ世界の主要な国々のGDPに匹敵する（次表参照）[10]。

産業資本は一国規模で生産の集積・集中を重ねるうち，やがてその輸出の増大が貿易相手国における雇用を脅かすに至り，また相手国の国際収支の悪化をも招いて，製品輸出の継続は遠からず政治問題化する。それゆえ，いっそうの蓄積のためには輸出相手国に進出して現地生産を行うほかなくなるのである。くわえて今日の世界的な経済統合の趨勢は，域内関税免除のメリットをもたらして，世界経済の各極における現地生産へと，なおのこと産業資本を仕向ける。

表 6-3-1　GNP と多国籍企業売上のランキング（1999 年）

(単位：億ドル)

順位	国名・企業名		順位	国名・企業名	
1	アメリカ	77,831	31	**フォード**（米）	1,626
2	日本	48,121	32	**ダイムラークライスラー**（米）	1,600
3	ドイツ	23,210	33	ノルウェー	1,590
4	フランス	15,416	34	サウディ・アラビア	1,434
5	イギリス	12,313	35	ポーランド	1,389
6	イタリア	11,604	36	南アフリカ	1,302
7	中華人民共和国	10,554	37	フィンランド	1,274
8	ブラジル	7,840	38	ギリシア	1,224
9	カナダ	5,950	39	**三井物産**（日）	1,186
10	スペイン	5,696	40	**三菱商事**（日）	1,178
11	大韓民国	4,852	41	**トヨタ自動車**（日）	1,157
12	オランダ	4,031	42	**GE**（米）	1,116
13	ロシア	3,949	43	ポルトガル	1,095
14	オーストラリア	3,827	44	**伊藤忠商事**（日）	1,091
15	インド	3,574	45	イラン	1,086
16	メキシコ	3,486	46	**ロイヤルダッチ・シェル**（英蘭）	1,054
17	アルゼンチン	3,193	47	シンガポール	1,018
18	スイス	3,052	48	マレーシア	982
19	台湾	2,908	49	**住友商事**（日）	957
20	ベルギー	2,724	50	イスラエル	944
21	スウェーデン	2,319	51	**NTT**（日）	936
22	オーストリア	2,254	52	**丸紅**（日）	918
23	インドネシア	2,215	53	フィリピン	884
24	トルコ	1,993	54	**AXA**（仏）	876
25	デンマーク	1,843	55	**IBM**（米）	875
26	**GM**（米）	1,766	56	コロンビア	871
27	**ウォルマート・ストアーズ**（米）	1,668	57	**BP アモコ**（英）	836
28	タイ	1,658	58	**シティーグループ**（米）	820
29	**エクソン・モービル**（米）	1,639	59	**フォルクスワーゲン**（独）	801
30	香港	1,638	60	ヴェネズエラ	793

注）台湾は 1998 年分，政府発表（*http://www.roc-taiwan.or.jp*）
出所：*Fortune*（*http://www.fortune.com/*），*The World Bank Atlas* 1999.

表 6-3-2　GDP と多国籍企業売上のランキング（2005 年）

(単位：億ドル)

順位	国名・企業名		順位	国名・企業名	
1	アメリカ	109485.5	31	インドネシア	2083.1
2	日本	43008.6	32	**GM**(米)	1934.5
3	ドイツ	24031.6	33	**ダイムラークライスラー**(米)	1927.5
4	イギリス	17948.8	34	ギリシア	1722.0
5	フランス	17576.1	35	**フォード**(米)	1708.4
6	イタリア	14683.1	36	**トヨタ自動車**(日)	1656.8
7	中華人民共和国	14170.0	37	フィンランド	1618.8
8	カナダ	8565.2	38	南アフリカ	1598.9
9	スペイン	8386.5	39	香港	1566.8
10	メキシコ	6260.8	40	アイルランド	1537.2
11	大韓民国	6053.3	41	**GE**(米)	1523.6
12	インド	6006.4	42	ポルトガル	1479.0
13	オーストラリア	5223.8	43	タイ	1429.5
14	オランダ	5115.0	44	**シェヴロンテキサコ**(米)	1429.0
15	ブラジル	4923.4	45	イラン	1371.4
16	ロシア	4328.6	46	**トタル**(仏)	1316.4
17	スイス	3201.2	47	アルゼンチン	1296.0
18	ベルギー	3019.0	48	**フォルクスワーゲン**(独)	1207.1
19	スウェーデン	3016.1	49	**コノコフィリップス**(米)	1187.2
20	**ウォルマート・ストアーズ**(米)	2852.2	50	**アリアンツ**(独)	1123.5
21	**BP**(英)	2850.6	51	イスラエル	1102.3
22	台湾	2959.0	52	**シティーグループ**(米)	1082.8
23	**ロイヤルダッチ・シェル**(英蘭)	2651.9	53	**NTT**(日)	1063.0
24	**エクソン・モービル**(米)	2639.9	54	マレーシア	1037.4
25	オーストリア	2531.3	55	**AXA**(仏)	979.2
26	トルコ	2403.8	56	**IBM**(米)	962.9
27	ノルウェー	2208.5	57	**AIG**(米)	950.4
28	サウディ・アラビア	2147.5	58	**シーメンス**(独)	934.9
29	デンマーク	2118.9	59	**ING グループ**(蘭)	920.1
30	ポーランド	2095.7	60	シンガポール	913.4

注）　各国の GDP は 2003 年分。台湾は 2003 年分の GNP，政府発表（*www.roc-taiwan.or.jp/*，「台湾週報」，「バックナンバー 1997 年…」，「2004 年」の項「2135 号・3 月 18 日」，「台湾の国民所得統計と国内経済展望」）。

出所：The Forbes Global 2000, Forbes.com Inc., March 31, 2005（*www.forbes.com/*, 'Lists', 'All Forbes Lists', 'The Forbes Global 2000'）; World Development Indicator Database, World Bank, April 2005（*www.worldbank.org/*, 'Data & Research', 'Data', 'Quick Reference Tables', 'Total GDP 2003'）

この結果，かつて単なる輸出企業であった多国籍企業は，日米欧の三極に東アジア・東南アジア，場合によっては中国・ロシアを加えた地域のうち，複数の地域に生産の足場を確保するよう，生産の世界的再配置を実施するに至る[11]が，商業銀行は初歩的なサーヴィスを提供する窓口の展開はともかく，母国の産業資本に付随して収益基盤を世界的に配置するインセンティヴはもたない。かつて提唱された「超金融資本」ないし「国際金融資本」という種の議論[12]は，合衆国の覇権の下で，しかも合衆国産業資本が圧倒的な技術的優位を保持するという前提に立っていた。近年，グローバリゼーションのみならず，国際的な金融規制緩和の追い風を受け，投資銀行業務を1つの中核として巨大総合金融機関化する方向での各種金融機関の再編が，三極間で進展している。この総合金融機関と製造業のそれぞれのグローバル・チャンピオンズの間で特定の結合関係が成立するか否かについては，今後を注視するほかなく，現時点で「金融資本」の国際化を云々することは論理の過剰である。

同様の見地から，「競争の段階」を第3の指標としている。表6-1の「競争の様相」の項目が，「寡占」を概念として包含する「競争」[13]の態様を，産業段階の移行との対応において捉えたものであるのに対して，本表での指標は「寡占」の作用する範囲，すなわち地理的な単位となる経済に力点が置かれている。

ここで一国規模の本来的な寡占の形成を規定し，歴史的にも寡占の成立に先だった国民国家の起源をめぐり，きわめて重要な一つの歴史的事実を指摘しておく。西欧諸国のうち，16世紀の宗教改革とこれに続く国内の新教勢力と旧教勢力の対立を経た後に，17世紀初頭の本国の版図を今日に至るまでひき続き保っているのは，オランダ・フランス・イギリスの3箇国のみである。資本制の起源を考えあわせれば，以上の国々がフランドル（Flandre）地方をとり囲んで立地しているのは単なる偶然ではない。この事実が物語るものは，近代の国民国家が，欧州の「中原」をめぐる角逐の結果として形成され，そのさいにフランドルを自国の勢力下におくか，「フランドル」を自国内に形成する，

換言すればフランドルの毛織物工業を自国に伝播させることが決定的に重要であったということである。世界的な近代国家のシステムとして見ても，この時期の版図を保全しているのは，これに再征服（Re-conquista）によって成立した，イベリア半島のポルトガルとイスパニアを加えた5箇国を数えるにすぎない。そして16世紀以降19世紀初頭に至るまで，欧州における繁栄と世界の海洋覇権は，20世紀末に流行した1世紀サイクル説に立たないかぎり，上記諸国それぞれの極盛期においてほぼ半世紀毎に受け継がれてきた（ポルトガル→スペイン→オランダ→イギリス）と見ることがきわめて自然であると，著者は考える[14]。付言するならば，ネーデルラント一帯は1477年よりハプスブルク領であり，フェリペ2世がイスパニアの王位に就き，ハプスブルク家がイスパニア王と神聖ローマ皇帝に岐れた1556年から「スペイン継承戦争」が講和する1714年に至る間，イスパニアの飛び地であって，イスパニアこそが領有という形で，長期に亙りフランドルへの排他的アクセスを得ていたのである。1815年以降のウィーン体制の下で，戦勝国の一角を占めたオランダがいったんフランドル全体を領有するが，ウィーン体制の揺らいだ1830年の7月革命の混乱のさなかに，旧教地域である今日のベルギーが自立し，翌年には周辺国より独立を承認されている。この頃までには綿工業における「産業革命」が各地に波及し，毛織物工業の重要性は低下していた。以後ベルギーの戦略的重要性は，世界大戦にさいしての東方からフランスへの侵入ルートとしての地政学的な役割に限られるが，近代の始期から「産業革命」に至る間のヨーロッパにおける大国間戦争は，多くがフランドルの奪取をめぐる抗争という性格を帯びていたという言い方が可能である。

　ところで，自由競争という概念は自由貿易と同様にきわめて観念的である。そもそも英国の機械制綿織物工業の圧倒的優位がなかったならば，「自由貿易」・「保護貿易」などと，ことさら論じなければならないほどの大規模な通商が近代において行われることはなかった。大規模な紡績工場は18世紀後半より，英国一国においてのみ成立をみていた。「自由貿易」なる言葉は，各国の綿織物市場が相当の長期に亙り，英国産の輸入綿布の流入に曝され，これに対抗し

うる国内の綿工業が容易に育ちえなかった事情を物語るものである。理念型である「自由貿易」の実態は，英国綿工業による世界的な市場独占，すなわち一国による主導的産業の独占であって，各国は相当の長期間に亙り，保護主義的貿易政策によって護るにたる綿工業をもつことすらできなかった。やがて綿紡績・織布に要する機械設備の，当時の中進国向けの輸出が解禁されるに及んで，今度は綿工業関連の生産財に関する「自由貿易」，英国からの一方的輸出が一しきり現出する。表解で単に「自由競争」・「自由貿易」としているものは，19世紀後半に仏・独・米等が軽工業に関して英国に追いつくに至るまで続いた，イギリスの技術的優位によって支えられていたこの構図であることは，一言しておかねばなるまい。その後の資本集積・集中の水準からすれば集中度が低く萌芽的であり，後の「独占資本」・「金融資本」へと資本として接続しなかったとはいえ，当時における唯一の大規模な工業であった軽工業に限定すれば，世界的な英国企業の寡占度はいちじるしく高かったはずである。工業製品の「自由貿易」は英国より一方向に行われており，中進国はその輸入代価としての英ポンドを賄うために一次産品を輸出するほかなかった。以上より，19世紀の大半の期間を通じて，各国内部においては自由競争が，国際的には自由貿易が保たれたと一般に語られるときの「自由競争」なり「自由貿易」とは，事がらの一面を捉えた理念型にすぎないことが判る。

　19世紀の後半に至りさらにいくつかの国家が，経済的に先行する英仏両国と同規模の国民国家・国民経済として形成ないし再編されてゆき，生産力の段階的移行と相まって主要国において寡占が現象するに及ぶ。従来「独占」とされてきた，「一国寡占」である。ただしこのさいの編成単位は，多分に仮構としての「国民」であった。第2次世界大戦後の多国籍企業の出現が，次なる転機となる。当初の多国籍企業は，一国の寡占体が母国における生産を踏まえて他国へと進出したものにすぎず，過渡的に米欧間の「国際寡占間競争」[15]の様相を呈した。その後の多国籍企業の相互進出の本格化，1980年代半ば以降の日本次いで韓国の寡占体の本格的な多国籍企業化は，この構図を交錯したものへと変えてゆく。販売拠点に留まらない，調達・生産・研究開発拠点の世界的

配置を通じて経済のグローバリゼーションが実現され，多国籍企業による競争は「世界寡占」段階へと突入した。一方で冷戦の終了とともに火を噴いた，自前の国家樹立を目指す各地のエスニック・グループないし「サブ・ネーション」による果てしない紛争は，「国民」という近代のフィクションがもはや限界に達していることを示すものである。なお，「国際寡占間競争」と「世界寡占」は「ポスト一国寡占」として総称できるが，ここでは表解の煩を避けた。

　最後に「世界経済の段階」であるが，労農派に発する宇野理論は，この問題を植民地制度に立脚した国民国家の対外政策としての『経済政策論』の対象としたため[16]，国民国家の体系の上に立つ上位の国民国家としての「超大国」，米ソによる特異な覇権の時代としての冷戦期を的確に把握することがかなわなかった。一方講座派の流れを汲む南克巳氏は，再生産表式に基づく米国経済の分析に基づき，アメリカの西側における覇権を「冷戦帝国主義」と規定して，冷戦期の世界経済の構造を立体的に摘出することに成功した[17]が，惜しむらくはその分析があくまで西側に留まって世界経済の総体に及んでいなかったことである。そのさいの桎梏は社会主義世界体制の存在であった。著者は国際政治経済学の提起を踏まえて，この冷戦期を米ソによる共同覇権として捉え，これを「冷戦期帝国主義」と規定した[18]。上表ではいわゆる古典的帝国主義段階を2分し，さらに世界大戦の期間のそれぞれに「国家独占資本主義」規定を準用している。なおここでの「国家独占資本主義」の用法は，レーニンの没後一般に為されてきた第1次世界大戦期以降すべてを指すものではなく，レーニン本来の戦時体制下の経済を指す限定的な呼称である。冷戦下の米ソ関係は，戦略的には恒常的な臨戦体制であったことから，同様に上記「冷戦期帝国主義」を「冷戦期国家独占資本主義」と読み替えることも可能である。冷戦の終了をもって帝国主義の最終的なヴァリアントの時代も閉幕し，世界市場・世界経済場裡からは前世紀の自由貿易主義時代以来久々に，政治的・軍事的要素が後退をみせ，戦後の世界経済一体化の趨勢が前面に出てきていると言える。

　今次の段階移行の把握を妨げてきた要因として，先の段階移行がここに挙げ

た4つの指標を通じてせいぜい10年程度時間的に相前後したにすぎず，ほぼ同時に起こったのに対して，今次は企業レヴェルにおける合衆国産業資本の多国籍企業化が先行し[19]，段階の全面的な展開を用意すべき経済外的な環境変化が，冷戦の終結を要したために大きく後れたことを指摘しておく。そしてそのことが，この表解最大の眼目でもある。

世界寡占をめぐって

「世界寡占」概念については，これまでの行論の随所で言及してきたところである。本書の論証の相当部分は，かつてさかんに主張され，一部には今だ根強い「独占」・「金融資本」・「国家独占資本主義」という一連の概念を排除ないしは相対化し，冷戦期以降の資本制のありさまに関して，「国独資」あるいは「現代帝国主義」なる曖昧な議論を振りかざして事足れりとする立場に対し，歴史の再解釈と理論の再検証を通じて批判することに充てられた。ヒルファーディング以降の株式会社は擬制資本であるからすべて「金融資本」であり，ロシア10月革命以降の先進資本制国家は「国家独占資本主義」に基づく「帝国主義」勢力であるとする教義は，ステレオタイプの結論に導く無数のいわゆる「現状分析」作業を生んできた。これはレーニンによる分析を戦後に自動延長した教条であって，その本来の到達点たるべき「ソ連型社会主義」が欧州においてすべて崩壊し，現実的な展望が拓けなくなった時点で論理展開を遡及し，根本的に再検討するのが誠実な学問的態度というものであろう。「独占」は用語として告発調に過ぎて概念としての厳密さを欠き，実態を反映するものでなかった。「金融資本」は，産業資本と銀行資本との歴史的な相互関係の相の下に捉えられるべきであって，資本集約型の特定の産業段階に適合的な手法にすぎない。今日的には，企業グループの内部に商業銀行・投資銀行資本を擁することに伴うメリットとデメリットという観点から論じられるべき事がらである。「国家独占資本主義」はレーニンの用法から独り歩きして，ケインズ主義に基づいて運営される主要先進国の経済を指してきた。つまりは近代経済学におけるケインズ派の制覇の陰画である。また「現代帝国主義」論は昔も今も[20]，い

わゆる「古典的帝国主義」との原理論的な異同の解明を怠ったまま，告発調の「現状分析」が先走るという共通の欠陥をもっている。そこで採用される「帝国主義」が，煎じつめれば強国による支配というイメージにすぎず，十全に理論化できるものではないため，深入りすれば立論自体が成り立たなくなるという事情が，無意識に理論面の整備を後回しにさせていると言ってもよいであろう。いずれにせよ構築しうるか否かすら定かでない「理論」に基づいて，パッションの対象としての手っ取り早い「現状分析」ばかりが先行するという実態は，科学の名の下に行われる営みとしていかがなものであろうか。

　さて，以上の議論に対するオールターナティヴとして提示された「国際産業資本」による「世界寡占」という議論であるが，単に一国単位のケインズ主義政策が機能障害を起こした後のグローバリゼーションの時代における，多国籍企業相互の大合併と国際戦略提携を解明しうるに留まるものでない。一国単位の寡占が基本であった時代を段階論的に相対化して把握しうるという利点をも併せもっており，少なくとも現時点における，現実ならびに通時的現実としての歴史の展開への，高い理論的適合性が確保されている。第4章に分析したように，この「世界寡占」の対象となる産業に関しては，装置産業と（加工）組み立て産業から成る既存の重化学工業における，生産と資本の集積・集中の水準の単純な上昇として捉えずに，同章補論ⅰ）に詳述したIT産業の特殊性に即した分析を添えて，最終的な「世界寡占」に至るプロセスの相違を示し，現実へのいっそうの適合を期した。このため段階論としては「競争の段階」を主軸とした議論となり，産業段階論としては明快な段階論となっていないが，これは現在が過渡期に当たる公算が大きいことを分析に織り込んだことの結果である。

Ⅱ　方法上の問題

生産様式と生産諸関係の相互関連

　先に，宇野『経済政策論』が国民国家の対外政策を内容としたために，冷戦

期の理論的把握にみずから限界を設けてしまった事情について述べた。宇野学派はその後も戦間期以降を一括して「現状分析」の対象とし続けたため、ほかならぬ現状と分析との乖離は拡大するばかりであった。ひるがえって、そもそも宇野自身の問題意識として、マルクスによって形造られた原論のレヴェルと、レーニンの提起になる帝国主義状況の分析、同じくレーニンの実践としての社会主義国家の建設に始まる社会主義圏の拡大の現実という三者を、いかにして統一的なパースペクティヴの下に扱うかという課題が在り、三段階論の構成はこの問いに対する宇野自身の回答であったはずである。だが近年の歴史の展開は、レーニンの政治的実践の帰結の意味を問いかけるものであり、宇野学派がみずからその分析枠組みの再検討に乗り出したのも無理からぬことである[21]。

「20世紀社会主義」[22]の実験を経て旧段階論の限界が明らかとなった今、当面の社会主義生産様式への移行を展望しない、新たな資本制の段階論が必要である。本書では表6-1に示したように、近代ブルジョワ的生産様式の下での生産諸関係のスモール・ステップを生産編成形態とし、順に問屋制家内工業／工場制手工業 →「工場制機械工業」（機械制大工業）→「工場制機械工業」/「ネットワーク生産」を配している。以上の整理をレーニンの所説や宇野理論に代表される旧段階論と対比すれば、旧段階論が機械制大工業における重化学工業の産業段階の内に近代ブルジョワ的生産様式は了わると展望していたのに対し、近代ブルジョワ的生産様式はそれでは了わず、また機械制大工業は次なる段階を招来し、その中で今から止揚される可能性のあることを示すものである。

生産編成諸形態の移行

以上により、新たな段階論における生産様式と生産編成諸形態の相互関係が確定された。次に各生産編成の移行について弁証法的に検証する。

古典古代以来、古代都市の没落から中世都市の成立にかけての貨幣経済が停止していた期間を除いて、時代ごとの支配的な生産様式の外部に小経営的生産様式が存在した。製造業において工場制手工業をもたらした担い手に関しては、

独立自営農の二極分解,商人資本による生産の組織化[23]等々,焦点の当て方の岐れるところである。いずれにしても封建制の下では封建的生産様式の農業の傍らに在った手工業の発展の結果,ついに製造業は小経営的生産様式の殻をうち破り,史上初めて農業に代わって支配的な産業の座に就く。工場制手工業ならびに近代ブルジョワ的生産様式の成立である。工場制手工業の生産力は,その直前の小経営の手工業と変わるところがなかったものの,生産関係の点でまさに革命的であった。前述の,工場制手工業の担い手に関する論争にしても,つまるところこの生産関係の起源をめぐるものにほかならない。工場制手工業の生産力は今日的にははなはだ原初的であったとはいえ,その成立は製造業において資本制の確立をもたらしたに留まらず,これによる製造業の飛躍的発展を通じて産業全体に亙り資本制の地位を支配的なものとし,近代ブルジョワ的生産様式への移行を果たしたという点で,決定的に重要であった。以上の過程が少なくとも生産部面においてイギリス1国の内部で展開したことが,貿易政策や産業育成政策をめぐり,後発のドイツやアメリカで活発な議論を惹起したこともまた周知のとおりである[24]。

　すでに工場制機械工業に先だつ工場制手工業の段階で,まさに工場制が実現され,生産現場における労働者の集合に基づく協業・分業という生産関係への移行が果たされていた。この従来の生産の前提については,前節において「集合的労働形態」と規定したところである。この「集合的労働形態」は,無産的労働者の存在と並ぶ資本制の必須の前提でありながら,無産的労働者の問題とは異なって従来あまりにも自明とされてきたように思う。それは情報・通信関連技術の未発達から,これまでは出勤という日々の空間的移動による労働者の集合に基づかない協業・分業が,とりわけ生産部面において不可能であったからである。今日,工場制手工業以来のこの集合的労働という生産関係からの脱却が,部分的にせよ進行しつつある。「分散的労働形態」の出現である。具体的には管理職や営業職による遠隔地を結んだ「テレビ会議」の日常的開催,研究開発・経理部門に代表される専門職の在宅勤務や,営業職の仕事先への直行・直帰として拡がりをみせている[25]。労働者の慣れと,現実に顔を突き合わせな

いことによる緊張感の欠如の問題を別にすれば，管理部門はすでに今日の技術水準によっても全面的に「分散的労働形態」に移行することが可能である。これを可能にしたのが産業段階における移行すなわち生産力発展であり，著者の規定するところの「ポスト一国寡占段階」[26]の一面を示す。この過程を弁証法的に把握するならば，高度情報化をもたらした情報処理・伝達両面の生産力上昇にとっての桎梏と化していた旧い「集合的労働形態」の生産関係が止揚されて，勤務形態が理論的には距離から解放され，空間的な自由度がいちじるしく増大したということである。むろん通信コストの制約は残っており，また管理事務労働はともかく，すべての工場労働が産業用ロボットに置き換えられたり，遠隔操作によって遂行されるわけではないのであるが，労働者の集合に基づかない，ネットワークを介した協業・分業という生産関係への移行が，少なくとも一部では確実に進行しているのである。今後も中長期的に情報処理能力と伝送容量は上昇の一途をたどり，ディスプレイの大型化・高精細化・立体表示化を通じて，遠隔勤務にさいしての臨場感も対面に迫り続けることは疑いない[27]。

　この事態に伴い，生産手段を所有しない「労働者」という概念も動揺し始めている。以下，若干の検討を付す。「高度サーヴィス業」に従事する小経営（小商品生産）たる専門的な自営業者は，相互の専門性を活かし，個々の案件毎にネットワークを介して短期的に結合しては協業・分業を行う。それに対して企業に所属する在宅勤務の専門職は，インターネットと社内のLANを介して相互に協業・分業し，また管理を受けるが，これと専門的自営業者との境界はきわめて不分明なのである。サーヴィス産業および，デ・ファクト・スタンダードがらみの技術開発が核心となる「情報化産業」においては，第Ⅰ節で論じたように生産の対象の相当部分が無形であり，また通信網自体は企業が自社で構築しないかぎりは公共的な財であることから，資本家が所有する生産手段は双方の端末としてのコンピューターが主体となる。その場合，従来労働者であった者が独立して端末の一方を自己所有に替えて企業と契約を更改した途端，その労働自体は以前とまったく同一であっても，もはや「労働者」ではなくなり，当該企業を顧客とする自営業者すなわち小経営となる。その後，彼もしく

は彼女が当該企業の専属に留まらねばならない理由は無い。

　実際のところ現行の事業所の業務のどの程度が,「分散的労働形態」に移行したところで均衡安定し,単純労働を主体とする旧来の「集合的労働形態」の労働者が全就業者に占める比重がどの程度まで低下するのかは定かでないが,仮に将来的にこの移行過程が全面化し,「分散的労働形態」が支配的となった場合には,これに伴う労働と社会の変容は,「集合的労働形態」を前提してきた資本制の成立に匹敵する画期となることが見込まれる。前節注6に述べたように,すでに装置産業の生産部面においてもヴァーチュアル・ファクトリーが試みられていることから,その公算は大きいように思われる。大量生産の実現,大規模の資本と生産の集積・集中等々,資本制の歴史を通観すれば装置産業に生じた変化がやがて他産業に波及することが常であった[28]からである。生産編成上の基軸もまた,もはや工場・事務所に据えつけられた機械ではなく仮想的なネットワークへと移るであろう。表6-1においては,これを「ネットワーク生産」と規定している。

ネットワークと生産様式──資本制の揚棄の今日的可能性──

　「ネットワーク生産」へと移行した生産編成の下でも,賃労働に基づく資本制の生産様式は当然成立する。だが,先に述べた小商品生産相互のネットワーク上での自在の組み替えという仮想的な編成に基づく生産の形態に関しては,資本制の成立以来初めて,生産関係が生産力の裏づけを伴って根本的に変容することから,もはや「近代ブルジョワ的生産様式」とは呼びがたい。生産編成形態に留まらず,新たに生産様式自体を設定する必要が生じよう。ネットワークで結ばれた無数の小商品生産が,場合によっては会ったこともない顔ぶれとプロジェクトごとに離合集散的に連携しては業務を遂行する,この次なる生産様式を「ネットワーク生産様式」('net working mode of production')と規定する。

　この「ネットワーク生産様式」が支配的生産様式となって「工場制機械工業」に全面的にとって代わることは,少なくとも当面はないであろう。これまで小

経営的生産様式が，ほぼ一貫して時代ごとの支配的な生産様式の傍らに在ったように，あるいは問屋制が工場制によって駆逐されることなく，これと併存したように，工場制機械工業の時代はまだまだ続くものと考えられる。情報化のいっそうの進展の結果[29]，空間的移動を伴ってじかに対面する場合に迫る臨場感をもって有線・無線の通信が可能となった時には，本章を通じて検討してきたように，生産力の決定的な上昇は生産関係に影響を与えざるをえないであろう。ただしネットワークで結ばれた対等の個人が，搾取を受けて疎外される労働から解放される形で生産様式の全面的移行が果たされ，資本制自体が揚棄されて終焉することにはさして期待できないと言えよう。これこそが今日において唯一展望される，マルクスの予言した共産主義社会到来の技術的可能性なのであるが。第4章第Ⅱ節の注24で検討しておいたように，「知的資源集約型」産業の発展に伴い，永らく熟練度のみを念頭において分析されてきた労働力の階層化の問題が生じているからである。「ネットワーク生産様式」が最終的に近代ブルジョワ的生産様式にとって代わるか否かはともかく，生産編成形態としての「ネットワーク生産」は，近代ブルジョワ的生産様式と「ネットワーク生産様式」の2つの生産様式に跨がる存在である。全面的な生産様式の移行が果たされず，資本制が「ネットワーク生産」という生産編成においても依然として支配的であり続ける場合には，「ネットワーク生産様式」はあたかもこれまでの小経営的生産様式のごとく近代ブルジョワ的生産様式を補完して，これと併存するであろう[30]。以上が，情報化の進展という生産関係絡みの生産力の上昇が，史的弁証法の想定してきた理論枠組みに与えるインパクトに関する，理論的な可能性の検討である。あとは今後の歴史の展開が決定する事がらであって，今日においてこれ以上を詮索することは論理の過剰，尚早である。

世界経済の段階移行の論理

いわゆる「古典的帝国主義」期，帝国主義の戦後版ヴァリアントとしての冷戦期，さらにポスト冷戦期のそれぞれにおいて，世界体制の前提は相違する。レーニンの帝国主義の5標識中，唯一経済外的な構造を扱っている第5標識を

手がかりとすれば，こうした相違はより明確となる[31]。表 6-2 に示した「世界経済の段階」の移行は，同じく「競争の段階」の移行と不可分である。なぜなら一国単位から世界規模への寡占水準の段階的移行が，第 5 標識に相当する勢力圏分割の様相に制約されながら展開する過程であるからである。無論，この「競争の段階」の移行は直接には生産力によって規定されるものであり，同表ではそれを「主導的産業」の移行として表している。

　機械工業における大量生産の本格化は後れたため，成立期の重化学工業はもっぱら化学反応に依る金属・化学産業におけるものであった。工業的な化学反応は，一定規模までは規模に応じて反応効率が増してゆく。プラントは生産法を模索しながら大型化してゆき，人口数千万から 1 億超の主要な国民国家において各産業が数社による寡占体制に達する[32]。これには資金の貸し手である銀行資本の成長も伴っていた。この段階においても 19 世紀の大半の時期や戦間期のように開放的な貿易体制の下では，相互の工業製品輸出による市場拡大も可能である。だが現地生産が一般化しておらず国益と自国内における工業生産とが同一視され，実際に高い相関にあった当時，産業育成の誘惑は各国政府に常時作用しており，周期的な恐慌の到来はそれを表面化させるに充分であった。飽和した国内市場の下で一たび関税戦争に突入すると，各国産業資本は当該本国ならびにその植民地にしか輸出できないため，それ以上生産の規模と資本の総量は増大しない。せいぜい同じ資本系列の金融資本の内部で資金を融通し，緊張激化につれて潤う軍需産業への傾斜を強めるのが関の山となる。

　次表は，過剰資本の観点から「古典的帝国主義」期とポスト冷戦期とを対比的に整理したものである。ここでは戦後期の国際的資本移動の特徴を示すため，間接投資と直接投資の対比を強調しているが，1990 年代に表面化した国際的な過剰資本のいちじるしい増大に伴い，商品・不動産・債券・株式等の伝統的な投資対象に加えて，外国為替自体やデリバティブ等の生産とは関わらない対象への投機についても，当然考慮する必要がある。

表 6-4　過剰資本の経路

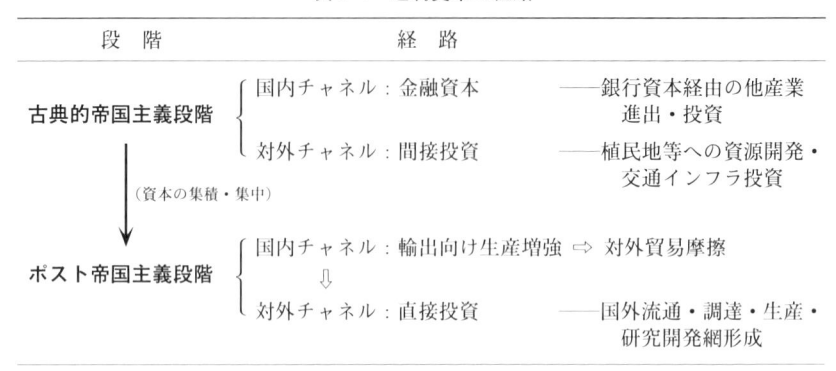

段　階	経　路	
古典的帝国主義段階	国内チャネル：金融資本	——銀行資本経由の他産業進出・投資
	対外チャネル：間接投資	——植民地等への資源開発・交通インフラ投資
（資本の集積・集中）↓		
ポスト帝国主義段階	国内チャネル：輸出向け生産増強　⇒　対外貿易摩擦　⇓	
	対外チャネル：直接投資	——国外流通・調達・生産・研究開発網形成

　以上が，これまで一般に「独占」とされてきた「一国寡占」現象である。この段階での任意の寡占体にとってのいっそうの生産と資本の集積・集中に対する障害は，他国による植民地領有であり，ここに列強の政府なかんずく軍部と，当該国寡占体との利害の一致が生じた。そしてレーニンが指摘したとおり，このさいの矛盾の現象形態は帝国主義戦争にほかならず，現実に二次に亙る世界大戦が闘われたのであった。

　主要国に成立した寡占体の生産と資本のいっそうの集積・集中を阻んでいた植民地体制は，第2次世界大戦の結果としての自由貿易体制の成立ならびに植民地の順次独立によって基本的に止揚されたと言えよう。旧列強各国の寡占体による他国の旧植民地へのアクセスを，原則として保証する環境が整備されたのである。だが一気に「世界寡占」には至らなかった。冷戦期を帝国主義時代からの移行上の過渡期として規定することの証である。表6-2に詳細を示したように，主要な産業において「一国寡占」は戦後の冷戦期にかけて存続した。そのさいの次なる桎梏は，東西冷戦体制という形での，米ソによる新たな勢力圏分割であった。この矛盾は現象しなかった，なぜなら相互確証破壊を担保する戦略核兵器によって抑止されていたから。冷戦体制の下で資本制の生産様式に留まった西側においては，1960年代の合衆国寡占体の対西欧進出の再開を嚆矢として対外直接投資が本格化し，産業資本の相互乗り入れにより国際的生

産の相互浸透が始まる。多国籍企業現象である。やがて一部の産業において淘汰が進行し，西側全体で数社という寡占状態に向かう。同時に70年代の石油危機に触発されて技術革新が活発化し，これによる生産力の一段の上昇はついに一国規模の重化学工業の段階を了わらせた。「一国寡占」はポスト冷戦期の到来に先がけて，「世界寡占」（ポスト一国寡占）へと差しかかる。技術革新に対するインセンティヴが弱く，なまじ石油資源も豊富であった社会主義圏はこの段階移行に追随できず，較差が決定的になったことから旧ソ連邦の唱導により体制の箍を緩めた途端，あえなく瓦解した。冷戦はいうなれば2度の世界大戦に続く前世紀における「四十年戦争」，大国間戦争の仮想的な代替物であって，米ソ双方を財政的に疲弊させた後に，体制間競争の勝者を確定して敗者の勢力圏を解放せしめた。資本制の次に来るべきものと目されていた社会主義の生産様式であったが，両者の相違は「一国寡占段階」の重化学工業における発展手法の相違にすぎず，社会主義生産様式は大局的には時期尚早であった[33]。欧州における旧社会主義圏は消滅し，残された社会主義国においても事実上の資本制の民間部門の拡大という形で，為し崩し的な体制転換を余儀なくされ，世界の全面的資本制化という止揚がもたらされた。この間に胚胎された多国籍企業による競争の全面化を通じ，「世界寡占」という事態が現実のものとなりつつあるのである。

む　す　び

　要約しよう。一国寡占を凌駕しようとしていた寡占資本という第1標識と植民地体制という第5標識との矛盾は，2度に及んだ世界大戦として発現し，戦後の自由貿易体制の成立ならびに国民国家体系の全世界的貫徹として揚棄された。同様に，世界寡占へと向かっていた多国籍企業と双つの生産様式の並存との矛盾は，40年に及んだ冷戦として発現し，弁証法的発展としてグローバリゼーション，資本制の全世界的貫徹という止揚を招く。その結果，唯物史観に反して，歴史の小間を逆戻りさせるかのごとき社会主義圏の崩壊がもたらされ

た。時代後れとなった世界分割体制の廃止は，かように2段階に互って果たされたのである。後者の止揚が望ましい展開であるか否かはまったくの別問題であり，またかつて展望されたものと正反対の結果となったことは歴史の皮肉と言うほかない。

注

1) 工藤章編『20世紀資本主義Ⅱ 覇権の変容と福祉国家』(東京大学出版会，1995年) 所収，馬場宏二論文「世界体制論と段階論」(31ページ)，前掲拙稿「資本制発展の『現』段階規定に関する一考察」(京都大学『経済論叢』第158巻第3号，1996年，99ページ，本書第4章所収)，大谷・大西・山口共編『ソ連の「社会主義」とは何だったのか』(大月書店，1996年) 所収，大西広論文「開発独裁の必要と史的唯物論」(226-29ページ) は，いずれもソヴィエト・モデルと，NIEsに代表される「開発独裁」型発展モデルとの類似性を指摘している。

2) 「工場制機械工業」との関わりで，重化学工業の区分について略述しておく。製鉄業・化学工業において今日的規模のプラントが成立したのは19世紀末から前世紀初めのことであり，大量生産はまず装置産業において成立した。一方，組み立て産業は1920年代のH.フォードによるコンベア・システムの導入を待って，初めて本格的な大量生産の時代に入った。一概に大量生産と言うが，装置産業と組み立て産業では成立時期に30年前後の隔たりがある。化学反応に依拠する装置産業は当然，反応上の最適規模が存在するにしても，生産規模は可変的である。これに対し組み立て産業は，一定の生産規模を伴わなければ，そもそも単品生産からの移行自体が困難なのである。産業段階の重化学工業段階への移行にしても，もっぱら装置産業に主導されて果たされたものであった。本書第1章第Ⅰ節参照。

3) machineryの訳語として一般には「機械制大工業」という用語が定着しているが，「工場制手工業」と「機械制大工業」とを対比する慣用には論理的な問題が伏在しているため，ここではあえてその使用を避けた。なんとなれば，論理的な範疇としての「機械制」は「工場制」の一部を成すものであり，「工場制」の内部における発展として「機械制」が現れたのであって，両者は段階的に排列できる概念ではないからである。対比されるべきはあくまで，生産力の水準としての「手工業」と「機械工業」である。それゆえ生産現場における編成の軸が「機械制」となっていることよりも，生産編成形態として見た場合にこれが「工場制手工業」と同様に

第 6 章　現代世界経済分析の方法について　247

　　「工場制」の延長に在ることを明示した。労働が集合によらない「ネットワーク制」を理論的に設定し，対比的に検討することによって，このことは初めて明らかとなる。
 4) 本書第 1 章第Ⅱ・Ⅲ節，第 2 章は国境を超えた寡占体の企業形態のレヴェルで，また第 4 章第Ⅱ節は産業の段階の移行との関連で，それぞれこの問題を論じている。
 5) 本書第 4 章第Ⅰ節参照。
 6) 国内では花王が，1995 年 5 月より同社和歌山工場を起点として九州工場を運営することを手始めに，遠隔操作により国内 9 つのプラントをヴァーチュアルな単一の工場として運用する試みに着手している（『日本経済新聞』1995 年 11 月 21 日づけ，*http://www.juas.or.jp/usc/*，「NEXT」，「研究室」，「95 年度」，「関東地区」の項「報告書：好業績を続ける企業の情報化：CIO に聞く情報化の実際」，「2.1 花王㈱の情報化投資について」において，一定の資料が得られる）。また SOHO（small office, home office）という言葉に表わされるように，自営の専門職に限らない，給与所得者による部分的な在宅勤務も，専門性の高い職種ですでに浸透してきている。本章注 25 参照。
 7) 本書第 4 章注 8 参照。現行の経済学の理論体系によっては，労働対象が存在しない無形の商品を，工業製品と同列に取り扱うことができない。したがってより大きな理論的課題としては，製造業主体に構成されてきた経済学の体系を，「高度サーヴィス業」を包含しうるものへと造り変える必要が生じている。
 8) 本書第 4 章補論ⅰ）参照。
 9) 本書第 2 章第Ⅳ節参照。
10) 表 6-3-1 のサイトはいずれも 1999 年 12 月時点の掲載内容に依る。その後『フォーチュン』誌のサイトが有料化されたことから，6-3-2 は『フォーブズ』誌のサイトに基づいて作製した。なお 6-3-1 中の企業数は 19 社，6-3-2 では 21 社（全体の 3 分の 1 以上）に上るが，フォーブズは総合商社を除外しているため，6-3-1 から日本の 5 大商社を除けば 14 社（全体の 4 分の 1 以下）であり，この間の大合併を挟んで多国籍企業の比重が大幅に増していることが判る。
　　この例示として杉本前掲書『現代世界経済の転換と融合』9 ページも参照。GDP と企業の売り上げには重複もあり，完全に同列には対照できないが，年間の付加価値と捉えれば経済規模の一定の比較は可能である。
11) 詳細は，本書第 2 章第Ⅳ節参照。
12) 当時の議論の一例として，松村前掲論文「戦後資本主義の段階指定と『多国籍企業』」20-22 ページ参照。

13) いわゆる「独占の法則」は，論理的には資本制の遠い将来に結果として貫徹するであろうが，段階論的な処理を要するものと著者は考える。停滞的な従来の「独占」理解は「一国寡占段階」の重化学工業の産業段階に基づいたものであるからである。

以下，論理的な問題点を提起する。いま，特定産業における究極の「独占」，完全な競争停止状況を仮定しよう。この「完全独占」は「完全自由競争」に対立する概念である。ここで「競争」はモメントであるが，「独占」はそれと二項対立的に対立する純粋なモメントではない。一般に或る存在をBとしたとき，これがモメントであるためには，独立の契機であるAによって集合論的に$B \subseteqq \bar{A}$と記述されねばならない。関数関係により$B = f(A)$と記述されるBは，モメントたりえないのである。焦点の問題に戻れば，「競争」こそが一般であって，「完全独占」と「完全自由競争」は相互に対極に位置する特殊としての理念型である。「完全独占」は「競争」というモメントによって「競争」が0の状況として規定される，せいぜいがサブ・モメントにすぎない。上野俊樹「競争と独占——現代資本主義の基礎法則——」（上野俊樹編著『現代資本主義をみる目』文理閣，1993，1-37ページ）に代表される，「独占」をモメントとして「競争」に対置させる議論は，理論的な誤謬であるか，さにあらずんば「独占」を「完全独占」として，「競争」を「完全自由競争」として定立していながら，そのことについての自覚がないかのいずれかである。後者の場合にせよ，真のモメントに関する認識を欠いたまま「競争」と「完全自由競争」を混同して議論を展開しており，問題があることに変わりはない。

そしてこの「独占」が「競争」と並ぶ独立のモメントであるかのごとく了解された時代こそが，重化学工業に主導されたほかならぬ「一国寡占段階」であった。この段階にあっては，政府が関与せずに放置すれば，特定産業における一国単位の「競争」は容易に0に近づき，またその状態は長期に亙り安定する。だがそれは一国単位の寡占に達した生産規模が規定的となる段階にあればこそであり，再び競争が前面に踊り出た「ポスト一国寡占段階」においては成り立たない議論である。それゆえ本研究では「競争」を捨象した「独占」概念に代え，「寡占」を用いている。ここで言う「寡占」とは，「完全自由競争」ならびに「完全独占」の両者が理念型にすぎないことを前提とし，前者よりはるかに後者寄りに位置しながら，「競争」の要素を排除しない状態を指す。

産業と競争の段階の詳細については本書第4章を，「独占の法則」をめぐっては榎本里司「独占資本主義の一般的性格と独占の法則について（Ⅲ）」（『季刊経済研究』（大阪市立大学経済研究所）第15巻第4号，1993）を参照。本項の理論的な分析は，榎本氏の一連の研究に多くを負うものである。

14) さもなければ，英国の覇権以外については陸上覇権と海上覇権を分離する等の苦しい処理が必要となることは避けられない。フランスの覇権はその地政学的な位置と一時的な陸上兵力の優越に支えられ，常に海外植民地における後退を代償として実現される，欧州における陸上覇権に限定される。しかもそれは短期的であって，世界秩序としての構造的安定性を示さない。ルイ14世は親政に限っても半世紀余に及んだ治世（1661-1715）を通じ，対外干渉を繰り返したが，効を奏したのは最晩年のスペイン継承戦争（1701-13）のみである。また革命フランスの対外膨張は，第Ⅰ共和制から第Ⅰ帝政への政体の変化を捨象し，ナポレオンという将軍によって軍事的に指導された1国の極盛期として一体のものと捉えても，せいぜいが1796年の第1次イタリア遠征に始まる20年間にすぎない。

いわば近代におけるポエニ戦争と言うべき，17世紀後半に3次に及んだ英蘭戦争の終結から合衆国海軍が抬頭するまでの2世紀間，世界の海洋覇権は一貫してイギリスに掌握されていた。その下で大陸国家フランスないしはドイツの短期的な拡張に伴う，欧州における陸上覇権が時に成立したということにすぎない。これをナポレオン戦争を含めた広義の「フランス革命戦争」によって中断された「英国の世紀Ⅰ・Ⅱ」と見なすことは可能であるが，ここで得られた百年単位の周期を過去に遡及して，先に導出したポルトガルからオランダに至る「極盛期の半世紀」に適用することには無理がある。

1世紀周期説の提唱者は，英国の覇権の末期に成人した英人トインビー（1889-1975）であったし，そもそも戦争周期説であったこの経験則がコンドラチェフ・サイクルと結びつけられて覇権周期論として蘇ったのは，前章補論 i ）に述べたように米国の覇権の衰退期においてであった。その政策的需要は，世界秩序の執行者としての1980年代当時の米国政府に歴史観を与えることにあった。
15) 本書第2章注5参照。
16) 宇野弘蔵『経済政策論 改訂版』弘文堂，1971年（初版1936年）。
17) 南前掲論文「アメリカ資本主義の歴史的段階——戦後＝「冷戦」体制の性格規定——」（1-30ページ），「戦後資本主義世界再編の基本的性格——アメリカの対西欧展開を中心として——」（41-113ページ）。
18) 本書第5章第Ⅱ節参照。
19) この点に着眼し，レーニン『帝国主義』の5標識を改替して現代化することにより冷戦期の段階としての把握を試みた先駆的業績として，松村前掲論文が在る。なお表6-2との関連では，同論文は戦後資本主義の段階を画する「資本形態」として，金融資本に次ぐ資本範疇に相当する「多国籍資本」を定立している。

20) 冷戦期をめぐる議論については，本書第5章第Ⅱ節参照。近年の作業としては，渡辺治編著『講座現代日本1-4　現代日本の帝国主義化——形成と構造——』（大月書店，1996-97年）が代表的である。渡辺氏らの議論は，さすがに金融資本で一切を断ずることはなく，多国籍企業をもってこれに替えているが，言うところの「帝国主義」の経済学的な理論化がいっこうに進まないうちに，政治・社会面のいわゆる「現状分析」ばかりが展開されるという点では，まったく同様である。この議論は，同書の内容を簡略化した『岩波ブックレット』版で実際氏個人が行っているように（『日本の大国化は何をめざすか』岩波書店，1997年），現代日本の「大国化」ないし「大国主義政策」と形容すれば充分な内容であって，理論的にはあえて「帝国主義」と冠する必要のないものである。

21) 工藤編前掲書。なお同書は，東京大学社会科学研究所の企画による共同研究の成果を2分冊の著作の形で公刊したものであり，第1分冊 橋本寿朗編『20世紀資本主義Ⅰ　技術革新と生産システム』は，日本的生産システムの検討を主体としている。

22) 真木實彦「"20世紀社会主義"の世界史的位相」（『土地制度史学』第147号，1995年）。

23) それぞれ大塚史学，宇野学派の見解である。大塚久雄『近代欧洲経済史序説』（岩波書店 1981）他・宇野前掲書参照。

24) List, Friedrich. *Das nationale System der politischen Ökonomie*, 1841, Gustav Fischer, 1922（正木一夫訳『政治経済学の国民的体系』上下巻　勁草書房，1965年，他諸訳在り），Hamilton, Alexander. *The Federalist or, the New Constitution,* edited by Wright, Benjamin. F. Harvard University Press, 1961（斎藤眞・武則忠見訳『ザ・フェデラリスト』福村出版，1991年）。

25) 在宅労働については，日本テレワーク協会が調査を行っており，毎年「テレワーク白書」が刊行されている。同協会は1991年に任意団体「日本サテライトオフィス協会」として発足し，93年から主務官庁が旧国土庁・建設省・通産省・郵政省に跨る社団法人となり，2000年からさらに労働省が加わって現在の名称に改称した。*http://www.japan-telework.or.jp/*，「情報公開」の項で各種資料が得られる。

26) 詳細については，本書第4章第Ⅱ節参照。

27) 一例としてKDDIと東京医科歯科大学医学部付属病院は2002年7月，高速で大容量の光ファイバー通信網を利用した遠隔医療の実験に成功している。病院間で瞬時に伝送した内視鏡検査の動画像をパソコン上に表示し，同付属病院の専門医師らが診断した。従来はコンピューター断層撮影装置（CT）やレントゲン撮影の静止

画像をやり取りしていた。1-2年後の実用化を目指すとしている（『日本経済新聞』2002年7月29日づけ）。
28) 本書第1章第I節ならびに本章注2参照。
29) 情報化の進展が産業に及ぼす影響については，双つに大別して考察する必要がある。当初問題とされたME化とは，あくまで製造業の生産現場において，ME素子を組み込まれた産業用ロボットが熟練工の労働を忠実に模倣でき，さらには同一工程に留まらないフレキシブルな作業を可能にするということであった。この情報化機械（メカトロニクス）工業が日本の製造業の強みとなるとともに，雇用への影響が懸念されたのである。ここでの作業手順の再現とは，種々のセンサーを介したフィードバックによる制御過程を捨象すれば電子的メモリーの為せる業であり，電子的ディヴァイスによる労働情報の記録，すなわち<u>時間差を伴った情報伝達（情報保存）</u>ならびに複写と規定できるであろう。

次いでネットワークの問題である。NTTは銅線ケーブルのISDN（Integrated Services Digital Network，統合デジタル通信網）化を進めたのちに，これをさらにグラス・ファイバーに置き換える光通信化によって伝送容量を飛躍的に増大させる構想を進めていた。単にケーブルを張り替えるのみならず，端末の処理能力を高めて伝送方式をディジタル化することでノイズの混入する余地を原理的に断ち，波形の再現性を極限まで高めることができる。ME技術はここでも必須の前提であるが，伝送経路の一部たる端末機器に適用される。さて時間差を伴った労働情報の伝達ならびに複写という，先のME技術の生産現場への適用に関する規定に対して，このネットワークは時間差を伴わない情報の伝達と規定でき，両者は<u>「情報伝達」</u>として概念的に統一しうる。後者とてむろん完全なリアル・タイムではありえないが，ここでは伝送速度の制約に伴う伝播の遅延の問題は捨象する。なお周知のとおり遠距離のリアル・タイムの情報伝達自体は，早くも19世紀後半において電話・電信として始まっていたが，永らくアナログ方式に留まっており，情報量と再現性の両面での制約を残していた。

この情報伝達は，コンピューティングという形で先行していた，演算に基づく情報の加工である<u>「情報処理」</u>とは区別されるべき概念である。

我が国の経済学の領域においては雇用への関心および製造業への過度の拘泥により，情報化すなわちME化であるかのごとき了解が80年代以来一般的であったが，以上にみるようにME化は光通信・ディジタル処理技術と並ぶ，技術的な1構成要素にすぎない。そして上記の情報処理と，2種類の情報伝達という3つの産業を支える基礎が，半導体製造業・ハードウェア製造業ならびにソフトウェア産業にほ

かならない．より具体的な区分としては，本書第4章第Ⅰ節の「情報化産業」の区分に関する議論も参照．
30) 以上の議論に対しては，生産編成はネットワーク化するにしても，そのネットワーク上で小商品生産が機能するようになったというだけの話であって，小経営相互の関係は単なる取り引き関係にすぎず，あえて新たな生産様式を架する必要はない，今後とも伝統的な資本制と小経営の2つでこと足りるとの批判が当然ありうるであろう．

　しかし問題は新たに付加価値を生み出す生産の場のありようであって，情報化技術の進展に伴いそこでの生産関係は確実に変化しており，下請け関係にみられる一方的な発注や，個々の小商品生産相互の職務の単純な割当に基づく分担ではない，融合した協業・分業関係において製品が生み出される場合が増えている．「コラボレーション」という言葉は，この側面を捉えたものである．しかも商品が本書に述べた「高度サーヴィス業」の範疇の場合，その製品なり作品の生成過程自体がインターネットを介して進行することも増えている．
31) この着眼からの分析に関しては，本書第5章第Ⅱ節参照．
32) 詳細は，本書第1章第Ⅰ節参照．
33) 「一国寡占段階」の重化学工業に基づいた発展形態のヴァリアントとしての「ソ連型社会主義」という見地については，本書第4章第Ⅰ節を見よ．

終　章　グローバリゼーションとは何か

今日の「世界経済」

　本書での検討を踏まえて,「世界市場」から「世界経済」へという政治経済学の枠組みでの伝統的な議論に,今日の時点で一つの結論をくだすならば,以下のように言える。19世紀の「自由貿易主義」期に,諸国民市場は特定の財に関して,世界的な製品輸出空間すなわち「世界市場」として一体化し,やがて「古典的帝国主義」期にこの「世界市場」は資本輸出空間としてもつながった,「世界経済」へと移行した。さらに今日では単なる資本輸出空間としての「世界経済」を超えて,間接投資活動や流通部面に限らず,生産部面や研究開発に及ぶ,真に一体の経済活動の場としての一個の世界経済が形成されつつあるのである。

　以上の議論は,経済と企業活動の国際化の高度化の問題に関わるものである。この問題は今日のグローバリゼーションに連なってゆくのであるが,今日的にはこの種の把握はやや抽象度が高すぎる。一般にグローバリゼーションは経済活動の諸領域で一気に達成されるものではなく,地理的な視点を交えて捉える必要がある。本書第5章においても一定の検討を加えたところであるが[1],日本語で言う「地域」を,「ローカル」(地域的)と「リージョナル」(広域的)の2層に区分する。ここで言う「リージョナル」とはEUやNAFTA, ASEANといったレヴェルであるので,「ローカル」も一般に日本語で言う範囲より広く,欧州の1国程度を指す[2]。そして「ローカル」・「リージョナル」・「グローバル」(世界的)という3層で企業・経済活動の国際化の進展を捉える

のであるが，ここに1つの問題が生じてくる。欧州の大国にして2-3箇国分の経済規模のある日本経済という単位が，ローカルには広くリージョナルというには狭いのである[3]。

　この日本経済の規模の問題は，日本の高度経済成長達成後から1980年代にかけてのナショナル・ベースで競争が行われていた時代には，日本企業の大きな強みとなっていた。一方，西欧の企業にとっては脅威であった。日本企業に対抗しうるだけの足下の「国内市場」を形成するためには旧ECの統合を推進するほかないのである。また米国企業にとっても，自国市場の半分にも達する国内市場を排他的に押さえたうえでさらに他国に進出してくる相手に対して，規模の経済の面で対抗するのは困難であり，有望な製品カテゴリーで勝敗がついてしまう前に，政府を後ろ盾に日本市場をこじあける必要があった。しかし90年代初めにNAFTAとEUが相次いで形成されると，立場は逆転する。欧米企業が人口3億前後の地元市場へのアクセスを確保できたのに対して，東アジア地域での経済統合は遅々として進まない。これまで以上に，域内で現地生産を加速するための投資負担を迫られるようになった。米国にとってのメキシコ，EUにとっての東欧に当たる人件費の格段に安い隣国として中国があるが，FTAを欠くため，WTOに加盟した同国との間ではセーフガードをめぐる紛争が増えている。

産業規格とグローバリゼーション

　ここで，グローバリゼーションが我々の日常生活に突きつけている，きわめて興味深い問題について検討しておこう。デ・ファクト・スタンダードの問題は「情報化産業」における「製品レヴェルの標準」[4]，換言すれば記録方式と信号処理過程に関する技術が決定的に重要であって，しかもそれが日進月歩の技術進歩の結果陳腐化する，情報関連の製造業における財の標準に関してきわめて重要になる。本項では経済統合の問題との関連で，より広義の「標準」の問題を論ずる。

欧米における経済統合の進展の結果浮上したいまひとつの重要な観点は，経済活動の単位の拡大に伴う生産上の度量衡，なかんずく「度」の統一の問題，すなわち欧州大陸を基礎とするメートル法と，北米におけるヤード＝ポンド＝ガロン法との制度上の相克の問題である。この単位の統一過程は，かつて我が国中世の戦国時代に諸侯の領内で進行し，最後に豊臣秀吉による「太閤桝」導入に基づく全国的な検地で完成されたように，近代の初期に領邦国家から今日の国民国家が形成されたさいのプロセスの反復，その大規模な再版にほかならない。そしてこの問題の発生は，かつて19世紀後半に有効な経済単位として後発の諸国民経済が形成されたように，今やその国民経済が相互に融合し，揚棄されつつあることの傍証である。

　この計測単位の相違は，今日ではミクロン・オーダーでの微細加工にさいしての各種工作機械の「事実上の標準」の基準に帰着する。センチとインチをそれぞれ等分していった加工幅には公倍数が存在せず，別個の計測単位に基づいた微細加工機相互には互換性がないのである。この種の，グローバリゼーションに伴う既存の規格の相克は，標準の確立に敗れた側の生産財・中間財製造業の甚大な市場喪失につながるのみならず，万一自国の計測単位自体の変更に至れば莫大な国民経済的コスト増をもたらす。したがって国家は政策的に自国の既存の度量衡標準を後押しし，また他国の度量衡に対しておいそれと退けるものではない。この度量衡こそが，究極のスタンダードである。従来は各国の国民市場ごとに確立していた工業製品規格の統一・摺り合わせの問題が，西欧と北米における市場・経済統合の深化の結果として表面化してきている。英国はついに1995年10月1日をもって，700年以上の永きに亙って続いたヤード＝ポンド＝ガロン法を放棄し，メートル法へと移行した。ヤード＝ポンド＝ガロンは同国に発祥する単位であり，大陸における市民革命に由来してたかだか200余年の歴史をもつにすぎないメートル法よりもはるかに長い伝統を有し，英国の植民地から自立した北米では今も広く用いられている。この措置はEUのメートル法標準化令を承けたものであった。今後は世界経済の三極の内，EUと日本が採用しているメートル法とNAFTAのヤード＝ポンド＝ガロン法との間

で，世界標準をめぐるせめぎあいが表面化するであろう。この相克は「法的な標準」（デ・ジューレ・スタンダード）の「広域化（リージョナリゼーション）」の結果，生じている問題である。すなわち「広域的法的規格」が世界経済の一体化の下でさらに「世界化」せんとするにさいして，「広域化」の段階まではかろうじて存在した，地理的範囲に対応する行政府もしくは協議機関が存在しないことに伴って，事態が生じてくるのである。

　一方，工業のみならず建築業・サーヴィス産業をも含む作業手順に関しては，国際標準化機構（ISO)[5]により，近年改善のためのマニュアルの共通化が進められてきた。製造業に関しては，ISO規格は先述の「製品レヴェルの標準」に対して「部品レヴェルの標準」と言える。これまたグローバリゼーションの進展を示す標識の一つと言えようが，環境ISOとされるISO 14000シリーズは，発展途上国における環境基準の緩さを利用した廉価での輸出攻勢，いわば「環境ダンピング」輸出を封ずることが，その主要な動機と目される。安全ISOとされるISO 16000シリーズにも同様の先進国サイドの意図が込められていて，その思惑は複雑である。ところがISOについては度量衡の問題と異なって，今のところ政治的摩擦は深刻化していない。一つには，もの造りに秀で，80年代までに一国レヴェルで国際的に評価の高いTQCを確立し終えた日本の製造業企業が，将来の製品輸出や国際的な調達にさいしての障害となることを見越して，西欧主導のこの国際的な「法的な標準」を進んで国内規格としても受け容れようとしているからであろう。

　本項に述べてきたことは，第4章補論ⅰ）での中心的な主題であった製造業における「製品レヴェルの標準」の問題に対して，工業規格さらには食品加工（農業規格），建築，サーヴィス関連等の規格を包含する，広義の「産業規格に関する標準」の問題である。三極それぞれの広域的産業規格はこれまで「法的な標準」たりえてきた。だが「産業規格」に関する世界標準の形成に関しては，欧州委員会等の超国家機関が介在する広域的産業規格制定の場合と異なって，国家に対する上位機関が各国の担当部局や業界の代表による合議制の委員会の

域を出ずに弱体であり，裁定権をもつ国際的な調整機関も未整備であることから，調整はケース・バイ・ケースとならざるをえない[6]。国際的な標準の調整を，当面は市場に任せざるをえない領域も多い。

「天下」論

　グローバリゼーションとは弁証法論理的には定立（「正」）としての国民国家・国民経済を揚棄すべく作用している力（反定立，「反」）であり，また考えようによってはその揚棄の先の「総合（合）」，今日の変化のゴールの姿自身のことでもある。後者のようにグローバリゼーションが結果や目的であると捉えるのであれば，企業の直接投資，国際的過剰資本といった現象は「グローバリゼーション」の要因となる。また前者のようにグローバリゼーションが今日の変化をもたらしている作用であると考えるならば，それらの直接的要因は「グローバリゼーション」を構成する要素となるであろう。

　いずれにせよ，本書第5章で検討した国家の問題について考察することなくしてグローバリゼーションを論ずることはできない。しかし西欧語の概念を翻訳するために明治期に造られた漢語（「近代漢語」）を分析用具として用いて，欧米を中心とする世界史を顧みたところで，近代西欧の巨人たちが立ち去ったあとで今さら得られるものは少ない。「国家」は古い漢語であるが，元来中華思想と不可分であった用語に，近代に入って「国民国家」の意味合いをもたせて用いられてきた。我が国では古代中国から伝来した概念である「国家」と，近代の概念である「国民国家」との間に永い「天下」の時代が横たわっている。しかるに近代以降の日本のマクロの社会観は，「天下」を排除したところに「国家」を論じてきた。日本語の言語空間で国家の問題を扱うに当たっては，翻訳が不可能で近代漢語で解明することにも限界のあることを承知のうえで，まず「天下」の問題を論じないかぎり空疎である。

　近代以前，少なくとも日本の一般民衆が西洋の列強を意識するようになった黒船の来航までは，日本の民衆にとって国家という枠組みは実感の伴うものではなかったはずである。「阿蘭陀(オランダ)さん」は「天下」の外からの来訪者としての

「異人」であり，江戸期には人々は何よりも藩ないし公儀（幕府）への帰属意識を懐いていた[7]。本来の漢語の「天下」は漢族の王朝の文化の及ぶ範囲のことであり，国家論的には秦帝国による統一の達成以降は，易姓革命思想に立脚する王朝の版図の及ぶ範囲のことであったろう。冊封体制の周縁に位置して，中華帝国に朝貢することすらほとんどなかった我が国では，当然この語は本来の意味を離れて用いられた。中世に確立した説話的世界観の下では，天竺（インド）・震旦（中国）・本朝（日本）から成る「三国」，今日で言う東・南アジアが世界のすべてであった。これらは本朝から仏教の発祥地を見渡したときの仏教世界のほぼ全域であり，「天下」は「日の本」としての本朝や，震旦を意味した。その「日の本」は，中華の天子すなわち皇帝が治める世界とは別の天子，すなわち「みかど」を頂く邦であった。つまりは頂く「天」自体が異なっており，易姓革命とは異なる論理で動く世界であった。古代にあっては特別な親政期を除いては蘇我・藤原に代表される門閥貴族が世襲によって実質的に政権を担当し，さらに中世以降は武家の棟梁の世襲による政権担当が明確に制度化した。将軍＝幕府制度である。これを易姓革命風に解釈すれば，天命は天子の血族に直接下るのではなく，天子を介して時の「一の人」，のちの「天下人」に下るのであった。乱世ともなれば，有力武家は誰しも勅命を得て開幕する夢を見ることができた。そして最後の幕府が倒れるときにも，西国雄藩はみずからの武力だけではこれを打倒することはかなわなかった。天命がもはや徳川氏の側にないことを，みかどに正当化してもらう必要があったのだ。システムは近代の直前まで機能しており，近世の幕を引いたのだった。

　以上にみたように，「天下」概念は漢語圏でも国によって異なる使い方がされており，普遍化には限界があるものの近代以前の日本についてはもっともリアルに説明できる言葉・概念である[8]。翻訳が不能であるということは，それを手がかりにする以外に分析を進められない対象が存在するということで，ここではそれを「原概念」と呼ぼう。
　では近代に入り，「天下」はどのように変容したのか。幕藩体制に組み込ま

れておらず，異なる神と神話の体系をもった蝦夷地（松前藩を除く北海道以北）と琉球（沖縄）諸島は，江戸期までは「天下」の外にあった[9]。維新によって成立した明治政府は1875年の千島樺太交換条約，および同年に領有の意志を示した小笠原諸島に関して，列国が異を唱えなかった[10] ことによって南北の国境を確定したのち，たび重なる対外戦争で一貫して領土を広げてきた[11]。その版図は大東亜戦争の前半期に極大化するが，敗戦によって一転し，近代ではもっとも縮小した領域で半世紀以上が経過して今日に至る。したがって「天下」もまた途中までは地理的に拡大の一途をたどったばかりか，大日本帝国の臣民として各地の住民が編入されていったことから，その下にある人口も自然増以外にも増えていった。もっとも，地理的に拡張していた間にも，臣民となることを強要された異民族がどこまで実感として日本的な世界観を受け止めていたかは疑わしく，また徐々に本土に住む本来の日本人の間でも，学校教育の高度化につれて肌の色の異なる様々な人種，地球上の万国から成る世界という今日我々が懐くのと同様のイメージが形成されていったであろう。そしてその結果として，「天下」意識は希薄化していった。

「文明」と「天下」と衝突と

さて，ハンティントン教授が提示した「文明の衝突」という議論は，それ自体が拡がりをもっていたのみならず，その後の米同時多発テロを予見していたと思わせる節[12] もあり，周知のように我が国の論壇でも広汎な議論を喚起した。同時に氏の「文明」の定義をめぐっても様々な批判が行われている。ここでは氏の原概念としての「文明」論を，上述の日本社会に根差した著者独自の原概念による「天下」論と突き合わせることで検証してみよう。単なる訳語ではない双つの概念を照応させることで，問題の所在が浮かび上がりやすくなるはずである。

ハンティントンによれば，世界には主要な「文明」（civilization）として，西洋（Western）[13]・儒教（Confucian）・日本・イスラム・インド（Hindu）・スラヴ正教（Slavic-Orthodox）・ラテンアメリカの7つ，場合によってはア

フリカを加えた8つを想定することができ，将来の世界はこれら文明間の相互作用によって形造られるという[14]。日本との関連では，日本は固有の「文明」であるとともに1つの「社会」(society)であるとの興味深い指摘を行っており，そのことに伴う文化的な(cultural)相違が，日本がEUやNAFTAのような東アジアにおける経済的な統合を追求する上での桎梏となっていると述べている[15]。西欧や北米はその全体が共通の「文明」の裏づけをもっているために，現在は個々の国民国家が固有の「文化」(culture)をもっているものの収斂は進みやすく，やがては一つの「社会」として融合しうるというイメージである。

ハンティントンの議論は，相当深い日本文化に対する理解に裏打ちされていると思われる。それは前節に述べた日中の伝統的な世界観の中での「天下」の相違を反映しており，彼の言う「文明」は，前項に展開した「天下」に置き換えても矛盾はない。日本には儒教は道徳として簡略化されて入ってきており，大陸で永く続いた纏足に代表されるような，生活全般を律する宗教としての側面が削ぎ落とされている。彼があえて「東アジア」といった地域的な範疇で括らず，「儒教」という部立てを行ったのは，そうした事情に通じたうえのことであろう。

　氏の分類は明らかに宗教をベースとしたものである。各文明の呼称にしても，日本とラテンアメリカ（およびアフリカ）だけが例外的に地域的な括りとなっている。日本は基本的に無宗教の社会で，中南米はカトリック世界であるということが言いたいのであろう。欧州でも南欧はカトリック世界であるが，経済的にもプロテスタント国主導で域内の統合が推進されている。

　欧米に比しての日本の限界，手詰まりぶりを，広域統合を推進する基盤を欠いている点に見出していることも，同氏の「文明」論をありきたりの文明論に終わらせないうえで大きく貢献している。「天下」を日本から離れてあまり一般化するのは好ましくないので，そのヴァリアントとして，近代以前に地域的なまとまりをもっていた「世界」という概念を使うならば，これを氏の言う

「文明」と置き換えても違和感がない。その際に各世界を統合していたのは，宗教であり，文字（共通の書き言葉）であり，世界秩序の物語であり，その総体としての文明である。

英語で分析を行う場合，地球社会全体を「世界」としてしまえば，個々の地域的なまとまりは「文明」とでも呼ぶ以外になかったのであろう。漢語を用いれば，彼の分類はもう少し腑分けできる。先の地域的な「世界」なる概念を用いれば，「スラブ正教」・「イスラム」・「インド」・「儒教」・「日本」，そして「西洋」のうちで西欧は，それぞれ域内の大半が近代以前に一国によって統一されていた時期があり，その意味で一つの「世界」としての「文化」の親和性があった。一方ラテンアメリカと「西洋」のうちの北米は新大陸であり，植民地時代にそれぞれスペイン（およびその形成過程で岐れたポルトガル）とイギリスの統治下にあった特殊な社会で，やはり文化的には親和性をもつ。またハンティントンも指摘しているように，イスラム世界は分布が東西に広すぎることもあって，全体をまとめることができる国家が存在しない。第1次世界大戦にオスマン朝が敗れた時，列強の主導権の下に国民国家化を図って解体する形で独立させたことの影響が大きい。亜大陸といわれるインドも第2次大戦後に，英国が宗教をベースとして小分けして独立させたため，かえって地域における憎悪が高まってしまっている面がある。

東アジアにおける国際関係の悪化

いささか時論めくが，ここで冷戦後の東アジアの国際関係について小論を試みる。

冷戦が了わって早，十数年。この間にオウム真理教，アルカーイダといった宗教的結社による無差別テロの問題が浮上した。統制のとれた宗教結社は地下組織も含めて或る種のNGO・NPOであり，ひそかに武装したこれらの組織の暗躍は，これら結社を含めたオーガニゼーション一般の中での国民国家のポジションの低下を如実に示すものである。また近隣の中韓両国との間で領土問題が緊迫化することが増えている。日本と東アジア諸国との2国間関係は明らか

に後退している。対日戦勝60周年に当たる2005年4月，五四運動の記念日を控えた中国主要都市で，かつての日貨排斥運動の再版のような大規模な反日デモが巻き起こり，多くの日本人に衝撃を与えたことは記憶に新しい。1国の国連常任理事国入りに対して，近隣の有力国が対抗上反対するという展開自体は，ドイツに対してイタリア，ブラジルに対しアルゼンチン・メキシコ，インドに対してもパキスタンが同様に明白に反対しており，別段珍しいことではない。明治期に日本の近隣諸国は近代化の着手に遅れをとっており，先行して近代化を遂げた日本の帝国的な拡張からの自立ということから建国運動の端緒が始まっている。彼らの共和国は根底に抗日があって成り立っているのであり，教育もことさら意識せずとも日本への対抗を意識したものとなりがちで，きっかけが有らば国民感情として抗日の動きが噴き出してくることは或る程度仕方がない。韓国と北朝鮮の場合，中期的には韓国が北を併合する形で半島の統一が果たされると観るのが自然であるが，その場合には建国の物語の新たな出発点として統一が据えられることになり，日本との関係も変わってこよう。

　以下個別に見れば，日本では華やかな韓流ブームの蔭でこれまで見えてこなかったが，すでに2004年中に日韓の政治的関係は極度に冷却していた。韓国では総選挙で大敗した野党ハンナラ党（慶尚道を地盤としていた独裁時代からの旧与党）が人気回復の切り札として，今も国民的人気の高い故朴正熙元大統領の娘を党首に担ぎ出したのだが，元大統領がかつて陸軍士官学校卒の旧満洲国軍人であったことが，与党による格好の攻撃材料となり，与野党が互いに政界からかつての日本統治協力者の子女をパージする魔女狩りのごとき悪循環の混迷に陥っている。背景には同国の大統領制の宿痾というべき側近の一族郎党の汚職に伴う，指導力低下が在る。盧武鉉（ノ・ムヒョン）大統領も前任の金大中（キム・デジュン）大統領が進めた日本文化の開放によって始まった前向きな日韓関係を推し進めたいのはやまやまであるが，与党（全羅道を地盤としていた旧民主党）の手前，歩調を合わせて強硬姿勢に転じている。これに安保理常任理事国問題と，竹島帰属100周年を機に05年3月に決議された，地元島根県議会による「竹島の日」条例が火に油を注ぐ形となった[16]）。

北朝鮮は同国への武力行使をオプションとして排除しないとする強硬派のブッシュ米大統領が再選されないことを期待していた節があり，ブッシュ政権1期めの末期には様子見のために6箇国協議には消極的となった。結局民主党の新政権は誕生せず，北朝鮮は強硬な言辞を弄んだまま，交渉の場に復帰していない。2000年6月の南北首脳会談を承けて，2002年9月に小泉首相が平壌を訪問することで史上初めて好転した北朝鮮との関係は，そこで約された拉致被害者の調査が，被害者の多くの死亡の告知という結末を招いて暗転する。北朝鮮にしてみれば，いつかは明らかにせざるをえない問題を率直に示しただけでも大きな決断だったにも関わらず，日本の反応を読み誤り，当惑しているのが実相であろう。その後は周知のように，返還された遺骨の真偽をめぐって膠着状態に陥っている。日本の与論は経済制裁に傾いているが，近隣諸国は北朝鮮を核管理の交渉のテーブルに連れ戻すことを望んでおり，ここでも亀裂は深まっている。

　中国では放送はおろか，日常的にウェブ上で大規模な検閲を行っており，当局に都合の悪いサイトは強制的に削除されている。その手口はきわめて巧妙で，インターネット利用者は何が知らされていないのかが判らない状態であると云う[17]。全体主義政権の情報統制の今日的形態である。その下で国民は知識の全体像に至ることなく，当局に都合の好い情報に漬けられている。当然日本側の主張が客観的に伝えられることはない。反日デモの呼びかけにしても，当局に黙認されていたわけであり，街頭では警察も協力的で破壊行為を制止しなかったと云う[18]。官制デモに準ずる代物で，人民が怒っているという民意を政権は対外的に自在に演出できるのである。他に中国に関しては，72年の国交回復のさいに日本側が謝罪にまつわる表現を曖昧にし，非公式には中国側もそれに同意していたにも関わらず後から蒸し返し続けていること[19]，日本政府が北京五輪開催を機にODA打ち切りを決めたことへの反発，中国経済が成長を続け，軍備を継続的に増強して自信をつけている事情が挙げられる。

ナショナリズム再び ―グローバリゼーションの逆説―

　各国共通して，これに靖国神社参拝問題[20]，教科書検定に関する問題が加わるのだが，これらの問題は国外から見れば日本による一方的な過去の清算であり，政治大国化の妄動，先の大戦以来の地域覇権の追求の再開として捉えられ，「右傾化」・「軍国主義化」等の掣肘を受ける。経済至上主義で戦後一貫して実利を追求してきた日本が，経済成長の鈍化とともに憲法の見直し等，これまで先送りしてきた政治的課題に取り組み始めたことが，近隣の過剰反応という反作用を招いている面がある。グローバリゼーションの下で，国民国家の管掌しうる領域が狭まり，ナショナリズムは行き場を見失いつつある。一方で冷戦の終了から日が経ち，人々は馴れ親しんだイデオロギーに代わる寄り所を求めている。このため従来自明や不問であったことまで，政治的に明確化する必要が生じてきた。韓国の政争についても，同様の文脈で捉えられよう。国政が二大政党化している場合に，従来は大きな政府であるか否か，政策が社会主義的色彩を帯びているか否かが大きな対立軸であった。韓国ではこれに地域対立が，台湾では台湾の地位をめぐる問題が加わっていた。今日では米国と協調してグローバル化を推進するか否かが，もっとも明白な対立軸である。イラク戦争への派兵は，この世界的な踏み絵となった。イタリアのベルルスコーニ前政権，スペインのアスナール前政権等がその推進派の類型である。

　もっとも各国政府は米政府の出先ではないのであるから，そこに国家の主体性・アイデンティティの問題が加味されなければ総選挙を勝ち抜くことはできない（形式的な選挙しか行われていない中国は重大な例外である）。地域・少数民族政党や反グローバリズムの民族派，ならびに東西冷戦の遺物である日本共産党のようなナショナリスティックな左派，社民党のような国際連帯派の左派[21]は，多様な主張を吸収するだけの泡沫政党に留まらざるをえない。一般には小泉政権やベルルスコーニ伊政権に代表される，伝統的な価値に一定の重きを置きながら痛みを伴うグローバル化を推進する勢力が政権を掌握しやすい[22]。民主党は一定のグローバル化推進に付加的に加味するカラーを出しかねて，政権交代を目前にしながら党首が次々と替わっている。

かくして，各国政権は選挙民が慣れ親しんだナショナリズムを充足させる象徴的な争点を必要としている。そのために冷戦下では棚上げされていた些細な領土問題等が，ナショナリズムに燃えさかる場所を与えているのである。隣国と，実は合理的でない理由による係争地の争い等に血道を上げることで，ナショナリズムには存在の余地が与えられる。そのことによって，グローバリズムによりアイデンティティの動揺している人々，なかんずくグローバルに二極化する世界で「負け組」とされる人々に，心の平静を保たせる作用は果たしているのである。

む　す　び

　以上，本章では世界経済の深化や，度量衡体系の動揺，また世界観や宗教，ナショナリズムの問題等をモチーフとしてグローバリゼーションについて多角的に解明を図った。

　西欧近代の所産であった国民国家と，それと表裏一体の国民経済は，冷戦期に変質しつつ生き延びてきたが，経済統合の時代を迎えてまた一段とその性格を変えつつある。ソ連体制に引導を渡した技術革新が，標準を握る企業に圧倒的な収益をもたらすタイプのものであったことから，冷戦末期に覇権国家の座を降りる可能性さえ取り沙汰されていたアメリカが，冷戦終結後の10年余に亙り，かえってその国際的地位を強化するという，逆説的な展開がみとめられた。軍事面での唯一のライヴァルであった旧ソ連邦が一方的に解体し，後継国家のロシア連邦も武装解除を進めていたこともあって，米国は経済・技術・軍事の面での圧倒的な優位を背景に単極覇権を確実にしたかに見えた。

　そこへ冷や水を浴びせたのが 2001 年 9 月の米同時多発テロだった。実はテロのしばらく前から各種の経済指標は変調をきたし始めており，テロがなかったとしてもアメリカ経済は久々の調整局面に入っていた公算が大きい[23]。共和党のブッシュ政権は金利を引き下げるとともに「愛国キャンペーン」を張り，懇意の自動車業界首脳にゼロ金利ローンを働きかけ，財政の懐を痛めずに景気

を下支えしようとした。これによって今，1台につき数千ドルのインセンティヴ（販売奨励金）を出さなければ車が売れない事態を招き，米自動車大手の深刻な経営不振をもたらしている。

　国民国家は西欧近代の発明であったが，戦後の国際体系はこれを世界的に貫徹させたところに成立していた。今日，経済と企業活動の国際化のいっそうの進展は，一部の原理主義イスラム教徒のアンティ・グローバリゼーションの直接行動以上に，これまでの国民国家・国民経済システムの土台を掘り崩している。この事態に対して表明されてきた，グローバリゼーションとはアメリカニゼーション（アメリカ化）にほかならないという左派の信念は一面的である。これまでのアメリカ一人勝ちのIT好況局面では，この側面が強く現れていたが，そうした特定の国家の利害を超えた市場と経済の世界的一体化という大きな流れの一部であることを観なければならない。

注

1) 本書第5章注1参照。
2) 欧州では regional の EU に対して，local という言葉で国民経済のレヴェルを指して用いる用法よりも，EU の内部に複数の region を設定する用法が一般的である。
3) 後述するハンティントンの「文明」に関する議論はもっぱら文化面を取り上げているのだが，日本経済のサイズを扱いかねてそうしているという側面も否定できない。
4) 本書第4章 補論ⅰ）参照。
5) International Organization for Standardization.
　　ISOという略称は，あきらかにこの英語の頭文字の配列と相違している。同機構は公用語を英・仏・露語としている関係上から，それぞれの表記から略した場合の混乱を回避するために，各国語の略称をギリシア語の isos（相等しいの意）にかける形で，正式の略称を定めているとされる。
6) 近年の三極を始めとする広汎な国際的標準の制定の事例として，現行の第3世代携帯電話の周波数使用帯域の決定のプロセスが挙げられる。2000年6月，ITU

(国際電気通信連合)の世界ラジオ通信会議において世界約130箇国の政府は，懸案となっていた次世代携帯電話サーヴィス「IMT-2000」に関して，806-960メガヘルツ・1,710-1,885メガヘルツ・2,500-2,690メガヘルツの3つのバンドを割り当てることを正式に決定した。各国政府・地域は混信の生じないよう地域の事情を考慮して，この中から任意の帯域を選んで使用する(『日本経済新聞』2000年6月3日づけ)。米国が軍用に高い周波数帯域で多くの周波数を割り当てていたことから，互いの共通部分でバンドを決定すると他国は使用帯域が大きく制約されることになり，協議は難航していた。結局，使用地域に応じて同一端末で自動的に使用帯域を切り替える形で決着したが，端末側に負担をかけることになり，端末のサイズが犠牲となった。これは国際的な法的標準の決定の一例である。冷戦後の国際的な安全保障秩序を仕切る米国が，軍事目的の情報伝達容量を優先しなければ，バンドは一つで済み，端末はより小型化されたはずだった。この決定プロセスでの主たるアクターは，主要国の政府とEUであった。

　コミュニケーションは1世紀以上前のケーブル式電話(1876年)の発明以来，早くからグローバル化した領域である。通信手順と接続規格が標準化されないかぎり，国際電話は不可能となる。早くもこの翌年には，旧商工省(現経産省)と宮内省(現宮内庁)との間で，我が国最初の電話回線が引かれている。発明者のベルが来日し，宮内省で電話機を実演してみせたのである。グローバル・コミュニケーションの傾向は世紀を挟み，マルコーニによる無線電信の発明(1895年)と，ラジオの発明(1915年)によって決定的となった。一国の政府は使用周波数帯を始め，独自の電信のコードや放送規格を定めることができるが，組織的に妨害電波を発さないかぎり，受信機をもった個人が他国から情報を受容することを妨げることはできないからである。

　マルコーニ社は1895年の英国を皮切りに各国で無線通信に関する特許権を申請し，国際的な通信機器の独占体制を構築した。一方特許取得に出遅れたライヴァル，ドイツのテレフンケン社他の働きかけで1906年に日本を含む30箇国が参加して第1回国際無線電信会議がベルリンで開催され，通信方式の標準化とモールス符号を用いたSOS通信方式を取り決めた，国際無線電信条約が初めて締結された。今で言うならばマイクロソフト製のサーヴァー向けウィンドウズOSと，オープン・アーキテクチャーのLinux系ソフトの相克に類する展開となった。巨人の名を冠したタイタニック号の惨劇(1912年)のさいの救援活動をきっかけとして，遭難時に普遍的な通信方式でSOSを連呼することの有効性が広く認識される。かくして第2回国際無線通信会議が開かれ，マルコーニ社による無線電信の支配体制は解体

された．以後，通信に関しては国際的な協議機関が機能しており，先の条約は1932年に国際電気通信条約（ITU）に引き継がれ，今日に至っている．
7) 例外は幕府直轄の大阪・京都にいた商工層の町衆であろう．古代中国以来の社会的安定を最重視する農本主義の統治体制は，日本では近世にかえって強化され，その外部にあった彼らには納税の義務もなく，公方（将軍）への忠誠心もなかった．
8) 西洋の議論を吸収したうえで，日本固有の文化・社会現象を土着の言葉を手がかりに分析する営為の先駆けは，九鬼周造『「いき」の構造』（岩波書店，1930年）であり，それに続くものとして中根千枝『タテ社会の人間関係』（講談社，1967年），近くは阿部謹也『「世間」とは何か』（講談社，1995年）に始まる「世間」学を挙げるべきであろう．
9) 1854年（安政元年）に下田でもたれた幕府の露西亜応接掛とロシア使節プチャーチンとの樺太における国境確定交渉の席上，幕府はアイヌを日本が支配していると主張し，プチャーチンはこれに異を唱えなかったと云う．支配の根拠として，松前藩が蝦夷人を「撫育」してきたことを挙げている．この野蛮人に対する「撫育」という観念自体が中華思想である．松前藩は藩主が代々将軍から朱印状を授けられるという体裁で存続した特異の藩で，そのことから同藩が北方の交易のために置かれていたことが判る．朱印状は藩主に内地の日本人の渡航に関する許可権を与える代わりに，蝦夷人に対する，また蝦夷人の間での非道を禁ずることを求めていた．松前藩は到底アイヌを掌握しきれていたわけではなかったが，一定の司法権を有し，ときに事件や紛争に介入した（及川将基論文『立教大学 日本史論集』第7巻，立教大学日本史研究会，1998年1月，*http://www.rikkyo.ne.jp/esp/oikawas/*，「研究論文」，「発表論文」の項「『撫育』の論理と松前藩」）．

アイヌ（「人」の意）と琉球の人々は，日本国内における「サブ・ネーション」（本書第5章参照）に当たると考えられる．琉球に至っては，1609年に島津氏が成立間もない江戸幕府の許しを得て琉球に侵攻し，尚王を捕らえて王国を完全に支配下に置いたあとも，明・清との朝貢貿易を続けさせるために冊封体制のシステムの下での独立国の体裁をとらせた．江戸期を通じて民衆は国王と薩摩藩に二重に徴税される羽目になり，英国にとってのインドのように植民地を抱えた薩摩藩は税収を増すとともに，鎖国体制の下で幕府以外に唯一，対外貿易で利潤を上げることができた．

アイヌ・琉球の両者とも，本来はレファレンダム（国民投票）を行って日本から独立する可能性をもっていた．アイヌは内地からの入植者との混血が進んで人口が減りすぎ，また居住地も分散しているので今日ではもはや独立は困難であるが，特

定の部族が多く住む地域を入植者の地籍はそのままに自治区に指定して，文化的な自主性を大幅に認めることは可能である（仮に旧ソ連邦が終戦時に北海道本島で一部であれ分割占領を行っていたならば，統治の正当性を高めるためにソ連は必ずやアイヌ諸族の自治区を設けたはずである）。他方沖縄はいつ何時でも，県民投票（レファレンダム）によって日本国から独立しないまでも対等を謳った連邦関係に入り，全土を自由貿易地域やタックス・ヘヴンに指定するというオプションを有している。むろん日本国憲法の改正が必要になるが，沖縄から正面きってこの問題が提起された場合に，ヤマトの側はもはやこれを拒むことはできまい。

　高度の外交手腕を要するが，完全に独立して日中米の3大国の狭間で同盟関係を軸に立ち回り，最大限の経済的利益を引き出すという選択肢もないわけではない。日米両国政府はそのことを熟知しており，日本政府は本土復帰後今に至るまで国家財政から巨額の開発投資を続けてきた。2002年4月に施行された沖縄振興特別措置法に基づき整備が進められている，国内唯一の沖縄特別自由貿易地域（本島中部）およびITと金融の2つの特区も，沖縄を国内につなぎ止めておくための懐柔策だ。県民感情を考えれば米政府も東アジア最大の軍事拠点を失う公算が大きいことから，沖縄の自立につながる動きを歓迎するわけはなく，現状が続くことを願っているはずである。

10）　そもそも無人島だった小笠原に対して，近代国際体系の中で最初に領有を宣言していたのは英国で，1827年のことだった。捕鯨船の立ち寄るこの島にはその後少数の欧米人が定住し，幕府は末期の62年に組織的な開拓団を送り込む。このさいに英国公使は列国の共有とすることを求めた。おりしも生麦事件が起こり，報復で英国に占領されることを恐れた幕府は島から撤収してしまう。維新の断絶ののちに新政府はようやく再入植に着手するのだが，この時は米英が牽制しあってか，領有通告に異議は出なかった（http://nihongo.human.metro-u.ac.jp/bonins/，'A Bibliography of Humanities-Related Works on the Ogasawara (Bonin) Islands', 'Works in Japanese'，「津田葵 (1998) 今，なぜ，小笠原？：社会言語学的観点からみた小笠原研究の意味することとその研究の意義」）。

11）　中国・台湾と領有権をめぐって係争中の尖閣諸島は，日清戦争よりも前の1885年以降，清朝の支配が及んでいないことを確認の上，閣議決定によって編入されたものである。

　外務省の見解については http://www.mofa.go.jp/mofaj/，「■各国・地域情勢」の項「アジア」，「地域情勢」の項「尖閣諸島」参照。東シナ海大陸棚の海底油田の開発が動き出すまで，両国が異議を唱えることはなかった経緯を明らかにしている。

より詳細には，平松茂雄「尖閣諸島の領有権問題と中国の東シナ海戦略」(『杏林社会科学研究』第 12 巻第 3 号, 1996 年 12 月, *http://akebonokikaku.hp.infoseek.co.jp/page043.html*) 参照。

12) ただしハンティントンが言い当てたのは，イスラム世界との間での戦争の可能性ということ以上のものではない。たしかに今回起こった「戦争」は国家対国家の近代的な戦争とは異なる型のものだったが，ハンティントンの予言していた「フォルト・ライン」(本書第 5 章補論 i) 注 31 参照) で起こったわけではない。

　今回の事件は，乗っ取った相手方の大規模公共交通機関を利用した自爆的な攻撃で，乗客と建物周辺の一般市民は巻き込まれたが，後者の犠牲は正規軍がミサイルや爆撃機を使った場合にも相当程度避けられないものだ。米国の政治・経済の中枢という戦略的な目標の攻撃には成功したものの，巻き込まれた人命の数から結果的には無差別的なテロとしての側面もあった。ブッシュ政権と米メディアはそこを捉え，個人とそのセクトによるテロの面を強調して口を極めて非難した。第 2 次世界大戦中の日本軍の特攻と同様，人権観念の強い西側の諸国には，そもそも理解しえない行動である。キリスト教はイスラム教と異なり，宗教的大義のための献身的な死を奨励してもいない。西側にとっては価値観の点で究極的には不可解なできごとで，事件が双方の立脚する宗教と文明の相違を先鋭的に突きつけたことは事実だ。首謀者側にしてみれば，パレスチナ占領とユダヤ人の残虐行為を止めさせるための聖戦の一環であり，シオニズムの背後にいるアメリカに対して可能な手段を用いて行った戦略的な反撃ということにすぎない。イスラム教はキリスト教と異なって，もともと国民国家とは無関係に発展してきた大宗教であり，首謀者とそれに共鳴するイスラム世界の広汎な民衆の意識はイスラム対シオニスト，イスラム対アメリカという構図であろう。

　アメリカは今回もお決まりの，自由を脅かす敵に対する闘いという国内の結束を煽る最上級のレトリックを用いた。この大統領のレトリックの対象は時代により，ファシズムであったり，共産主義であったり，独裁政権であったりしたが，国家に基礎を置かない相手に対して用いられたのは，今回が初めてであろう。このレトリックはつまりは「アメリカの敵」ということであって，一方で「戦争」(war) という表現が使われ，国防戦略の見直しが始まったのもそのためである。

13) この the West, western を「西欧」と誤訳している翻訳や紹介が，国内にはかなり在る。ハンティントンは明らかに北米大陸を含むものとして使用している。

　なお西欧が独自の文化圏となった要因としては，紀元前後に古代ローマ帝国による広大な版図の一体的な統治が行われていたところへ，キリスト教が東方から流入

してさらに社会的均質性を高めたことが大きかったことは言うまでもない。古代ローマは東西に分裂し，西ローマもまた解体したあとで現在のドイツを中心とする地域が，都市国家に分裂していたイタリア半島の支配に乗り出して教皇を奉じ，「神聖ローマ帝国」と称してキリスト教主義のローマの復活を告げる。この国にはたしかに古代ローマのミニチュアのような側面があった。一つには英仏が近代的な中央集権国家へと変貌してゆくさいに選帝侯や都市の国内割拠により統一が遅れたことだが，オーストリアやスイス等，同じドイツ語圏でありながら結局国民国家としての大合同ができなかった地域が出たことは，かつてラテン語を公用語としていた西ローマが解体して今の西欧諸国が形成されたプロセスの小規模な再版と言える。

14) Huntington, *op. cit.*
15) *ibid.*
　ハンティントンは現存する個々の国家がそれぞれの「文化」を有していると考えており，共通の「文明」の裏づけがある場合に，文化の統合は容易であると見なしていることが読みとれる。
　ハンティントンの「文明」論のもう1つのからくりを種明かししておくならば，彼の云う「文明」とは「西洋」と「イスラム」を除けばすべてリージョン（広域）にほかならないということである。そしてこれらはいずれも，やがては統合の結果として経済圏へと発展しうる。日本のサイズが中途半端であることも言うまでもない。
16) 竹島は断崖絶壁の孤島で，そもそも前近代に継続的に人が居住できた環境ではない。本来は排他的経済水域，主に漁業権の問題である。鬱陵島と竹島（韓国名「獨島」）の領有に関しては，すでに元禄期に李朝との間で紛争があった。今日韓国側が根拠として挙げる古文書はこの元禄以降のもので，しかも肝心の箇所の記述が孫引きになっていて解釈の余地がある。それ以前の文書についても，島の特定に解釈の余地がある。また双方が日韓併合前にこの島の領有を決めていることも問題を複雑にしている。継続的に読めて偏向のない参考として，*http://ja.wikipedia.org/*,「日本」の項「中国地方」，「島根県」，「竹島」。また『毎日新聞』2005年3月22日づけ特集記事。
17) *http://www.yomiuri.co.jp/*,「ネット＆デジタル」，「特集」，「◆中国のネット検閲（4/19）」。
18) 『日本経済新聞』2005年4月11日づけ。
19) 「日本側は，過去において日本国が戦争を通して中国国民に重大な損害を与えたことについての責任を痛感し、深く反省する」（日中共同声明，1972年9月）。最

初は「迷惑」という日本語を，日中で意味合いが違うにも関わらずそのままの用字で外務省が文書に記していたと云う（*http://www.21ccs.jp/*,「21st CHINA QUARTERLY」,「田中角栄の迷惑，毛沢東の迷惑，昭和天皇の迷惑」）。

20) 歴代の総理大臣は戦後一貫して公式参拝を続けていたのだが，1975 年に三木氏が「私人として」参拝したことで流れが変わる。それまでは公式云々が内外で問題にされることすらなく，報道の扱いも相応であったので，80 年代半ばに中曽根氏が強行して「公式参拝」を始めたような印象を一般に与えている。85 年 8 月，中曽根首相が 10 年間途絶していた公式参拝を再開したところ，翌月に中国は同神社に A 級戦犯が合祀されているとして抗議（中国外務省談話）を行った。それ以降は参拝すること自体が，近隣諸国の反発を覚悟で行う党内保守派にとっての踏み絵のようになって，今日に至っている（歴代総理の参拝の一覧は *http://www.matsuyama-u.ac.jp/*,「学部・学科」の項「法学部」,「教員・ゼミ紹介」の項「教員の紹介」,「田村譲」の項「Webpage」,「ミニ事典」,「や」,「靖国神社に参拝した歴代首相」）。

合祀の問題は占領解除後の国内的プロセスで，53 年の法改正に基づいて旧厚生省がリストを作成し，59 年に最初の合祀が行われ，78 年の宮司交代を機にいわゆる A 級戦犯にまで拡大された（公表は翌 79 年）。

21) 冷戦下では西欧において，官公労を始めとする大労組を後ろ盾とするコスモポリタン的な社会民主主義政党と，こうした雇用上の庇護に与れない低所得層を支持基盤とする親ソ派の共産党という図式は広くみられた。フランスが典型である。民主党形成以前の日本の旧野党の構図はこのヴァリアントと言えるが，戦後に抬頭した新興宗教のうちで自民党を支持せず独自の路線を歩んだ創価学会が支持する公明党が，共産党と競合してきた点が特殊な因子である。かつて親スターリン派であった日共宮本指導部は 50 年にコミンフォルムに批判されて振り回され，フルシチョフによるスターリン批判，さらに 60 年代の中ソ論争を経て，日共は親中に転じ，その間隙を縫って旧社会党左派が旧ソ連に接近する。戦後日本の大野党の常として社会党は寄り合い所帯で，教条的な協会派も含んでいたことから，これと相容れない勢力は早くも 60 年に分離していた（後の民社党）。やがて文化大革命を機に日共が中共とも反目したのが，今日にみる同党の自主独立路線である。

22) もう一つの典型は英労働党のブレア政権の掲げる「第三の道」，独社民党シュレーダー政権の「新しい中道」に代表される，大労組を支持基盤とし，一定のセーフティネットを確保した上で保守政権ばりの市場経済化を邁進する途である。

両政権のイラク戦争への対応を対比すれば判るように，国際関係の観点から今日

の政権政党としての主要な対立軸は厳密には2つある。1つは本文に述べたグローバリゼーションを推進するか否かという軸であり，いま1つが少なくとも1期めのブッシュ政権に顕著であった「単独行動主義」に傾く米外交政策に同調するか否かである。この2つの軸によってマトリクスを描くことができる。

23) 本書第3章補論ⅱ）注14参照。

事 項 索 引

あ

ISO　256
アイヌ　268
安保理常任理事国問題　262
域内低開発国・地域　64
イスラム　212, 259, 261, 270
一国寡占　116, 125, 228, 234, 244
一国標準　142, 144
イラク戦争　264, 272
ヴァーチュアル・クライシス　210
ウィンドウズ　154,
ウェストファリア体制　190, 209
宇野学派　238
AFTA　61
LD 転炉　7, 15, 18
ODA　183
沖縄　269

か

過剰資本　243
仮想的恐慌　201
GATT　51
韓国財閥　85, 130, 223
企業グループ　69, 80, 105
企業合同　71
技術革新　115, 195
規模の経済　117, 168
求人倍率の推移　109
金融コングロマリット　94, 109
金融コンツェルン　66, 77, 82, 84, 102
金融資本　66, 70, 236, 243
組み立てトラスト　4, 8, 71
グローバリゼーション　35, 49, 215, 253, 257, 264, 266, 273
グローバル再編　26, 33
経済統合　59
芸術作品　127
現代帝国主義論　179, 236
現地部品調達率　53
限定的標準　147
広域　172, 253, 256
広域経済　172, 173
広域経済圏　55, 63, 179, 217
工場制機械工業　226, 227
高度サーヴィス業　132, 227, 247
国際寡占間競争　48, 228, 234
国際企業グループ　58
国際産業資本　56, 57, 58, 228, 229
国際政治経済学　193, 217
国際トラスト　7, 50
国民経済　255
国民国家　183, 257, 261
国民国家システム　190
国民国家の起源　232
国家間システム　181
国家独占資本主義　235
古典的帝国主義　175, 177, 244
コングロマリット　71, 78, 82, 89
コングロマリット型合併　97, 101
コンツェルン　80, 82
コンドラチェフ波　195, 197, 199, 206, 211

さ

サブ・ネーション　182, 185, 235, 268
サブ・リージョン　187
産業革命　114, 125, 227
産業コンツェルン　69, 80, 82, 84
産業段階　116, 125, 237
CPU　148, 152, 158
事実上の標準　147, 149
支配的標準　147
資本集中のコングロマリット形態　80
資本集中のトラスト形態　71
収穫逓増　135, 161
集合的労働形態　227, 239, 241
自由貿易　233, 234
自由貿易協定（FTA）　52, 61, 63, 64, 254

集約的生産要素　118, 128
純粋持ち株会社　97
準民族　181, 187, 190
情報化産業　118, 125
新興コンツェルン　80, 84, 137
神聖ローマ帝国　271
セーフガード　254
世界＝経済　215
世界寡占　48, 67, 117, 228, 245
世界恐慌　201, 211
世界経済　253
世界経済の基本標識　177
世界市場　47, 253
世界独占　149, 150, 151
世界標準　139, 142, 143
尖閣諸島　269
戦略提携　33, 45, 46, 151
戦略的企業間関係　159
総合財閥　66, 80
装置産業　4
装置トラスト　7, 71
ソ連型社会主義　121, 123, 176, 226, 236

た

第3次トラスト運動　72
第4次トラスト運動　78
大国間戦争　180, 198
ダウ平均　108
竹島　271
多国籍企業　51, 55, 57, 60, 245
WTO　52, 254
単独行動主義　61, 273
知　136
知的資源集約型　126, 128, 130
TOB　26, 31, 74, 87
テロ　211, 261
天下　257, 260
同時多発テロ　265
トラスト　49, 71, 82, 86, 91

な

ナショナリズム　264

ニュー・エコノミー　108
ネットワーク生産　227, 242
ネットワーク生産様式　241

は

覇権　179, 195, 220, 233
覇権国　203, 206, 211
覇権周期　195
覇権周期論　203
反日デモ　262, 263
東アジアの国際関係　261
標準形成　140
複雑系　167
プレイステーション　152
分散的労働形態　227, 239, 241
紛争の段階　228, 232
文明　212, 259, 270, 271
ベッセマー転炉　4, 15
貿易摩擦　63
法的規格　144, 145, 256
法的標準　140, 154, 256, 267
ポスト一国寡占　240

ま

マックOS　148, 156
メートル法　255
メジャー　27

や

靖国神社参拝問題　264, 272
八幡製鐵所　16
要素賦存　130, 136

ら

Linux　156, 157, 267
臨界量　45
冷戦　171, 180, 244
冷戦期帝国主義　177, 228, 235
歴史的コングロマリット　77
歴史的トラスト　70

企業索引

ICI　　41
IGファルベン　　39, 43, 83
IBM　　146, 149, 154
アヴェンティス　　31
アップル　　146, 148, 153, 154, 156
アルキャン　　26, 34
アルコア　　25, 34, 35
アルセロール　　11
インテル　　148, 158, 159
エアバス・インダストリー　　133
ABB（アセア・ブラウン・ボベリ）　　63
エクソン・モービル　　27, 29, 35
SK　　69, 84
SCE　　152
NEC　　147
NKK　　7, 12
LTV　　19, 21, 73, 87
エンロン　　210

花王　　247
グッドイヤー　　32, 44
現代　　8, 24
コーラス　　11

サノフィ・サンテラボ　　31, 42
GM　　5, 8, 13, 16, 17, 19, 20, 23
JFE　　12
シェブロンテキサコ　　28, 37
シティグループ　　95
新日本製鐵　　12, 16
スズキ　　23
スティネス　　80
住友ゴム　　32, 43

ダイムラークライスラー　　14

ダウ　　30, 41
帝人　　30, 41
ティッセン・クルップ　　11, 12
デュポン　　30
東レ　　30, 42
トタルフィナ・エルフ　　28
ナショナル・スティール　　4, 7, 12, 18, 21
日産　　6, 14, 17, 80, 84
BASF　　29, 39, 83, 40
BMW　　13, 22
BP　　27, 28, 36
ピレリ　　45
フィアット　　23
フォード　　5, 8, 9, 13, 19, 44
フォルクスヴァーゲン（VW）　　13
ブリヂストン　　32, 44, 46
浦項綜合製鐵　　85, 21
ボルボ　　13, 22

マイクロソフト　　148, 153, 155
マルコーニ　　267
三井化学　　29, 38
三井住友FG　　110
ミッタル　　21
三菱化学　　31
三菱自動車　　23
三菱東京FG　　106, 110

USスティール　　4, 16, 22
ユニリーヴァ　　6, 18

ルノー　　14, 22

人名索引

ウォーラースティーン　205, 214
宇野弘蔵　200, 235
榎本里司　133, 248
奥村和久　224

北村洋基　113, 131, 134
クラーク　132
ケインズ　200
ゴールドスティーン　197, 199
コンドラチェフ　194, 195

佐藤定幸　48
サロー　173
下谷政弘　84, 87, 105
シュムペーター　115, 195
杉本昭七　176

田中明彦　190
ダニング　134
トインビー　194, 199, 206, 249

ナーヴァー　90, 93
ナイ　203

夏目啓二　158

西川長夫　190

ハイマー　48
ハンティントン　213, 259, 271
ヒルファーディング　66
フクヤマ　218
ブローデル　206, 214
ヘーゲル　172
堀江英一　69, 80, 83, 88, 105
ホルスティ　192

松村文武　189, 247, 249
マルクス　47
南克巳　174, 235
村上泰亮　190
モデルスキー　197, 203, 205

山下範久　215

レーニン　47, 176, 189

初 出 一 覧

第1章　資本の集積・集中の現段階
　　京都大学『経済論叢』第157巻　第5・6号
　　　　「多国籍企業と資本の集積・集中の現段階」
　　補論　装置産業のグローバル再編
　　　　書き下ろし

第2章　多国籍企業の理論
　　京都大学『経済論叢』第158巻　第3号
　　　　「資本制発展の『現』段階規定に関する一考察」第Ⅰ節に加筆

第3章　寡占形態の一般理論
　　書き下ろし
　　補論ⅰ）　合衆国におけるコングロマリット分類の解明
　　　　龍谷大学『経済学論集』第38巻　第4号
　　　　　「持ち株会社解禁と日本企業のコングロマリット化」第Ⅰ節
　　補論ⅱ）　持ち株会社解禁とコングロマリット型合併
　　　　龍谷大学『経済学論集』第38巻　第4号
　　　　　「持ち株会社解禁と日本企業のコングロマリット化」第Ⅱ節

第4章　産業と競争の段階の理論
　　前掲「資本制発展の『現』段階規定に関する一考察」第Ⅱ節に加筆
　　補論ⅰ）　デ・ファクト・スタンダードの解明
　　　　龍谷大学『経済学論集』第38巻　第2号
　　　　　「デ・ファクト・スタンダードの解明」第Ⅰ・Ⅱ節
　　補論ⅱ）「収穫逓増」論をめぐって

龍谷大学『経済学論集』第 38 巻　第 2 号
　　「デ・ファクト・スタンダードの解明」補論

第 5 章　ポスト冷戦と世界経済
　京都大学『経済論叢』第 159 巻　第 1・2 号に加筆
　補論ⅰ）　覇権周期論の展開
　　書き下ろし
　補論ⅱ）　ポスト冷戦期における「覇権」の問題
　　書き下ろし

第 6 章　現代世界経済分析の方法について
　龍谷大学『経済学論集』第 37 巻　第 1 号
　　「世界経済における『段階』の再措定」

終　章　グローバリゼーションとは何か
　書き下ろし

著者略歴

有賀　敏之（あるが　としゆき）

1960年　信州飯田に生まる
　　　　京都大学経済学部卒
　　　　京都大学大学院経済学研究科博士後期課程修了
1999年　筑波大学先端学際領域研究センター（TARA）助教授
現　在　大阪市立大学大学院創造都市研究科　研究科長・教授
　　　　京都大学博士（経済学）
　　　　E-mail：mail@glob-al.biz

平成11年 8 月 5 日　初　版　発　行
平成14年12月20日　第 二 版 発　行
平成17年 6 月25日　第 三 版 発　行　　《検印省略》
平成28年10月31日　第三版 2 刷発行　　略称―グローバル政治（三）

グローバリゼーションの政治経済学
〔第三版〕

著　者	有　賀　敏　之
発行者	中　島　治　久

発行所　同 文 舘 出 版 株 式 会 社
　　　　東京都千代田区神田神保町 1 - 41 〒101-0051
　　　　電話 営業(03)3294-1801 編集(03)3294-1803
　　　　振替 00100-8-42935
　　　　http://www.dobunkan.co.jp

Ⓒ T. ARUGA　　　　　　　印刷：新　製　版
Printed in Japan 2005　　製本：新　製　版
ISBN4-495-43443-8

JCOPY〈出版者著作権管理機構 委託出版物〉
本書の無断複製は著作権法上での例外を除き禁じられています。複製される場合は、そのつど事前に、出版者著作権管理機構（電話 03-3513-6969、FAX 03-3513-6979、e-mail: info@jcopy.or.jp）の許諾を得てください。